ECKHARD MEINBERG
SWEN KÖRNER

DOPING – KULTURWISSENSCHAFTLICH BETRACHTET

BRENNPUNKTE DER SPORTWISSENSCHAFT

HERAUSGEGEBEN
VON DER

DEUTSCHEN SPORTHOCHSCHULE KÖLN

REDAKTION

BIRNA BJARNASON-WEHRENS

ECKHARD MEINBERG

NORBERT SCHULZ

BAND 36

Doping – kulturwissenschaftlich betrachtet

Herausgegeben von

ECKHARD MEINBERG
und
SWEN KÖRNER

ACADEMIA VERLAG SANKT AUGUSTIN

Die Reihe BRENNPUNKTE DER SPORTWISSENSCHAFT,
die von der Deutschen Sporthochschule Köln herausgegeben wird, ist mit dem Anspruch konzipiert worden, einen Beitrag zur Integration der vielfältigen sportwissenschaftlichen Forschungsbemühungen zu leisten.
Zu diesem Zweck werden disziplinübergreifend aktuelle Themenschwerpunkte formuliert, mit denen die verschiedenen sportwissenschaftlichen Perspektiven der Einzeldisziplinen, bezogen auf einen Problembereich des Sports, gebündelt werden sollen.
Die Reihe ist konzipiert für Sportwissenschaftler, Sportlehrer, Sporttherapeuten, Sportärzte sowie Sportstudierende.

Herausgeber:
Deutsche Sporthochschule Köln

Redaktion:
Apl. Prof. Dr. Birna Bjarnason-Wehrens, Prof. Dr. Dr. h.c. Eckhard Meinberg, Dr. Norbert Schulz

Redaktionsanschrift:
Prof. Dr. Dr. h.c. Eckhard Meinberg, Deutsche Sporthochschule Köln, Am Sportpark Müngersdorf 6, D-50933 Köln

Brennpunkte der Sportwissenschaft wird herausgegeben von der Deutschen Sporthochschule Köln und erscheint im Academia Verlag, Sankt Augustin.

Das **Umschlagmotiv** bezieht sich auf die Skulptur des „Gottes aus dem Meer“ (Zeus oder Poseidon), gefunden am Kap Artemision (460 v. Chr.), Bronze, Höhe 209 cm, Spannweite 210 cm, Athen/Nationalmuseum. Eine Kopie steht im Lichthof der Deutschen Sporthochschule Köln.

Umschlaggestaltung:
AIDALOS DESIGN Braunschweig

Bibliografische Information der Deutschen Bibliothek
Die Deutsche Bibliothek verzeichnet diese Publikation in der Deutschen Nationalbibliografie; detaillierte bibliografische Daten sind im Internet über http://dnb.ddb.de abrufbar.
ISBN 978-3-89665-623-0

1. Auflage 2013

Bahnstraße 7, D-53757 Sankt Augustin
Internet: www.academia-verlag.de
E-mail: info@academia-verlag.de

Printed in Germany

Inhalt

Doping – kulturwissenschaftlich betrachtet

Vorwort

Vorbei sind die Zeiten, da sich der Sport als scheinbar ungetrübte heile Welt präsentieren konnte. Länger schon ist dieser Glaube zu einem Irrglauben mutiert. Diese hehre Vorstellung musste sich den harten Realitäten beugen, wurde als ideologischer Schein entpuppt. Denn auch der Sportbetrieb hat durchaus seine dunklen Seiten, wozu neben Gewalttätigkeiten, Korruptionen und anderen Verformungen auch das epidemisch verbreitete, inzwischen zur Alltäglichkeit geronnene Dopen gehört. In der länger schon währenden Ära der rastlosen Verwissenschaftlichung wäre es schon eine Kuriosität, ließen sich nicht auch die verschiedensten Wissenschaften von dieser Tatsache zu vermehrten Forschungsanstrengungen herausfordern. Und in der Tat: Waren es zunächst naturwissenschaftliche Untersuchungen, die eine Monopolstellung in Sachen Doping innehatten, so ist mittlerweile der Kreis jener Wissenschaften erweitert worden, die sich dem mehrschichtigen Dopingkomplex im Sport zuwenden und diesem ganz spezielle Fragestellungen abzutrotzen versuchen.

Ein schlagender Beleg dafür sind u.a. jene Studien, die sich von im weitesten Sinne kulturwissenschaftlichen Ambitionen inspirieren lassen und damit zwangsläufig das Argument stärken, dass Sporttreiben nicht naturgegeben ist, sondern hergestellt, gemacht (facere) wird. Zwar ist für sportliche Aktivitäten die Auseinandersetzung mit der menschlichen Natur konstitutiv, geht es seit alters um das Wetteifern „natürlicher Kräfte“, aber die Natur selbst legt die Umgangsweisen dafür nicht fest, artikuliert nicht von sich her, wie Sporttreiben zu gestalten ist.

Dies geschieht vielmehr durch die Kultur, seit der römischen Antike von Cicero bis auf den heutigen Tag auch als 2. Natur bezeichnet, die, so neuerdings Konersmann, darin einen spezifischen Traditionsstrang fortführend, ein „Erstes und Einziges“ ist (*Konersmann*, 2012, S. 22). Die Kultur, so könnte man es auch noch anders umschreiben, zieht sich wie eine zweite Haut um den Menschen, die nicht abzutrennen ist, weil gerade diese Abtrennungsprozesse wiederum kulturelle Praktiken erfordern. Richtunggebend ist für kulturwissenschaftliche Ansätze ein besonderes Kategoriengefüge, das u.a. durch Begriffe wie Identität, Werte, Handlungsziele, Bildung, Bilder, Zeichen, Symbole, Mythen, Technik, Distinktion, Kontingenz, Natur, Kontinuität, Sinn, Kritik, Institutionen, Werk, Lebensformen wie Deutung (Geertz definiert übrigens Kultur als ein „Gewebe von Bedeutungsnetzen“, *Geertz*, 1983) und dergleichen mehr zusammengeschlossen wird. Auch Naturwissenschaften sind kulturell imprägniert. Ohne einem den Naturalismus überlegenen Kulturalismus das Wort reden zu müssen, werden all diese Termini und andere mehr in den folgenden Beiträgen unterschiedlich gewichtet.

Die menschliche Kultur, die seit ihrem Beginn einen unabschließbaren Humanisierungsprozess in Gang gesetzt hat, ist zweifelsfrei ambivalent, insofern sie stets auch empfänglich, d.h. offen für Missbrauch ist, was die diversen Dopingaktionen im Wettkampfsport u.a. bezeugen. Derlei Praktiken sind mit bestimmten Vorstellungen des Sports unverträglich. Nichtsdestoweniger ist in der letzten Zeit immer häufiger die Rede von einer Dopingkultur, was ein Indiz von anderen dafür ist, dass der klassische Kulturbegriff, der kulturelle Handlungen mit einem noblen Habitus verbindet, normativ entleert worden ist. Nach den Buchstaben eben dieser überlieferten Kulturauffassung wäre Doping eher ein Zeichen von Unkultur, von sportlichem Banausentum, das eine Entweihung der Spielidee vornimmt.

Indes: Im Zuge einer inflationären Verwendung des gegenwärtig kursierenden Kulturverständnisses, das sich aller normativen Korsettstangen entledigt hat und nahezu alles Menschengemachte flugs zur Kultur und Kult stilisiert und erklärt, ist Dopingkultur (eigentlich müsste man im Plural von Dopingkulturen sprechen!) offensichtlich und auf den ersten Blick nichts Anstößiges – ein Begriff, der seine eingeschränkte Berechtigung angesichts der normativen Enthaltsamkeit von Kultur dadurch erhalten könnte, dass auch Dopinghandlungen letztlich in irgendeiner Form kulturelle Ausprägungen darstellen.

Wie auch immer man Dopingkultur interpretiert und bewertet, eines ist sicher: Es handelt sich dabei um eine Praxis, die kulturell eingebunden bleibt. Verallgemeinert: sportliche Betätigungen belegen vielfältig, dass und wie der „Mensch von Natur ein Kulturwesen" (*Gehlen*, 1940, S. 78) ist und dabei dem „anthropologischen Grundgesetz der natürlichen Künstlichkeit" (*Plessner*, 1980, S. 383) schillernden Ausdruck verleiht. Genau das ist der weite Horizont, vor dem die „Brennpunkte" aufgespannt werden. Es ist dies eine Möglichkeit, die thematische Bandbreite rund um den Dopingsport zu entfalten, die sich über philosophische, anthropologische, tierethische, politische, soziologische, wie auch psychologische, pädagogische, rechtliche und historische Aspekte erstreckt und zugleich die Notwendigkeit kulturwissenschaftlicher Forschungen weiter forcieren helfen kann.

Konkreter: Der Sammelband wird durch einen philosophischen Essay von V. Schürmann eröffnet, der die häufig zu beobachtende Behauptung, dass Doping im Sport eine Verbesonderung von Enhancementbestrebungen sei, in Frage stellt und schließlich nicht mitvollzieht. Aus wohl überlegten Gründen stimmt er dagegen ein Loblied auf klare Grenzziehungen zwischen Doping und Enhancement an. Danach folgt ein Beitrag von E. Meinberg, der Dopingpraktiken für die Anthropologie zu erschließen versucht. In seinen vorspruchhaften Überlegungen einer nicht-essentialistischen, auf das konkrete menschliche Handeln bezogene pragmatische Anthropologie werden genuin anthropologische Topoi mit der Selbstformung von Dopingaktiven verknüpft und am Fall des Lance Armstrong exemplarisch illustriert. Anthropologie und Ethik stehen neuzeitlich in einem untrennbaren Verweisungszusammenhang, was auch in dem Artikel von M. Segets sichtbar wird, der jedoch in der Hauptsache verschiedenartige ethische Dimensionen des Dopings einkreist und dadurch diese, wie sonst selten geschehen, am Pferdesport erhellt. Dafür wählt er ein systematisches Beziehungsdreieck von Tier-, Sport- und Bioethik. Analog dem menschlichen Handeln fungiert auch bei „nicht menschlichen Athleten" das „Wohl" der Tiere als ein Regulativ, von dem her Tierdoping beurteilt werden kann.

S. Körner lenkt die Leitfragstellung des Sammelbandes auf den Spitzensport im Kontext moderner funktional differenzierter Gesellschaften zurück, wodurch zwangsläufig ein soziologisches Blickfeld freigegeben wird, das den Funktionssinn des Dopings mit Mitteln systemtheoretischer Instrumentarien zu beleuchten versucht. Das Zentrum bildet die beobachterabhängige Funktionsfrage, die Doping im Sportsystem als Lösung mit Eigenwertcharakter zu betrachten erlaubt. Das Versprechen des Dopings, seine vermeintlichen oder tatsächlichen Wirkungen, bedient einerseits die technologische Steigerungserwartung des Spitzensports. Andererseits, so die Pointe, verjüngt sich gerade am entdeckten Normverstoß die große Moralerwartung des Sports: Die Erwartung eines „sauberen" Sports ist regelmäßig das Resultat ihrer Missachtung.

Die beiden sich daran anschließenden Artikel teilen wenigstens zwei Gemeinsamkeiten: einmal akzentuieren sie Politisches am Doping in spezifischer Weise und zum zweiten zugleich den Präventionsgesichtspunkt. J. Mittag und D. Wendland argumentieren gleichsam auf der großen europäischen Politikbühne, indem sie unterschiedliche Verlautbarungen, Dokumente und Absichten der EU-Institutionen auf Ziele, Einsatzmöglichkeiten und Begrenzungen einer offiziellen europäischen Antidopingpolitik als Bestandteil eben dieser kontinentalen sportpolitischen Großwetterlage auf die sie bestimmenden zwei Handlungslogiken sichten sowie auf mögliche Wandlungsprozesse hin taxieren. Dabei behaupten sich als maßstabsetzend zwei scheinbar unverrückbare Orientierungskonstanten: Fairness und Gesundheit. Es wird trotz aller politischen und historischen Wechselfälle weiterhin primär auf eher ethische und moralische Aufklärungsarbeit gesetzt, die seit geraumer Zeit durch rechtliche Unterstützungsangebote ergänzt wird, weshalb überwiegend am tiefsitzenden Glauben an Moral als der Steuerungsleistung für den Spitzensport festgehalten wird, was jedoch in Frage gestellt werden kann.

Der von J. Krieger und S. Wassong entfaltete politische Überlegungszusammenhang wird kleinformatiger aufbereitet und lässt sich von einem zeithistorischen Interesse führen, insofern die Anti-Doping-Politik des IOC auf den Prüfstand gestellt wird, von der ernsthaft ab den 60er Jahren des letzten Jahrhunderts gesprochen werden kann und bei der die medizinische Kommission unter dem Vorsitz von De Merode eine Schlüsselstellung einnimmt. Dieser Aufsatz schildert Etappen der zunächst relativ zaghaften Dopingbekämpfungsmaßnahmen und kann u.a. nachweisen, dass sich seit 40 Jahren die medizinische Kommission mehr und mehr ausdifferenziert hat und dadurch nachhaltiger zu wirken vermochte.

Was den Beitrag von M. Nolte mit Krieger und Wassong thematisch verbindet ist zum einen der zeithistorische Zuschnitt und zum anderen die Fokussierung auf eine ebenfalls wirkmächtige Institution des Sports, der Fifa. Ausgangspunkt ist die Fifa WM-1966 in England, in der erstmalig ein globales Reglement zur Dopingbekämpfung im Fußball zur Anwendung gelangte. Entgegen der Behauptung der Wochenzeitschrift „Spiegel“, dass einige Spieler des Vizeweltmeisters Deutschland damals geltende Regeln verletzt hätten und gedopt worden sein, gelingt Nolte der Gegenbeweis, indem er darlegen kann, dass zwar drei Spieler Medikamente eingenommen hätten, um ihre Gesundheit zu schützen, jedoch keineswegs zum Zwecke einer regelwidrigen Leistungssteigerung durch Doping.

Der daran anknüpfende Artikel von E. Meinberg verfolgt dagegen eine originär pädagogische Absicht und hat in der Bildung ihren Dreh- und Angelpunkt. Sofern das Dopen überhaupt in einen pädagogischen Gesichtskreis gezogen wird, überwiegen nicht von ungefähr Ansätze einer um Erziehung und Unterricht zentrierten Präventivpädagogik. Bildungstheoretische Reflexionen sind gemessen daran selten(er), weshalb der Verfasser deren Notwendigkeit und zugleich Möglichkeiten für eine umfassendere Rechtfertigung der Antidopingpädagogik anstoßen will.

Dass Dopingprävention im Dopingzeitalter geradezu eine unausweichliche Kernaufgabe für den Sport und speziell deren Verbände ist, unterstreichen sowohl die Welt- als auch Nationale Antidopingagenturen mit der Installierung von Antidopingbeauftragten, die im Mittelpunkt des Essays von A. Steinmann stehen. Im eher skeptischen Porträt zur Figur des Antidopingbeauftragten setzt sich die Autorin für die Professionalisierung dieser Tätigkeit ein, weil u.a. nur so garantiert werden könne, dass die Prävention ein Essential werden und vor allem dauerhaft glaubwürdig agieren könne. Im Zuge einer derartigen Professionalisierung wird den Universitäten ein besonderer Part zugewiesen, nicht zuletzt auch auf Grund ihrer „Neutralität“ gegenüber diesem Forschungsgebiet. Die Verbände werden danach mit einer begleitenden Funktion betraut, weshalb ein Zusammenwirken der verschiedenen Institutionen die Verberuflichung des Antidopingbeauftragten angemessen vorantreiben könne.

Wer über Dopingprävention schreibt und redet, kann schlechterdings über Aufklärung nicht schweigen, ist es doch das ranghöchste Ziel, durch Prävention möglichst aufgeklärte Aktive dem Sport zuzuführen. Das beabsichtigen jedoch nicht nur Antidopingbeauftragte, deren Qualifikation bislang umstritten ist, sondern seit jeher ein etablierterer Beruf, nämlich Journalisten inklusive Sportjournalisten. Es ist überhaupt nicht anzuzweifeln, dass letztere eine aufklärerische Leistung im Kampf gegen Doping wahrzunehmen haben. Das fordert allein schon ihr Ethos. Aber, so die Grundthese von H. Ihle und J.-U. Nieland, die Gefahr groß ist, in eine „Unterhaltungsfalle“ zu tappen. Obwohl sich die meisten Journalisten gemäß ihres beruflichen Selbstverständnisses als

„neutrale Informanten" verstehen, begreifen sie sich, unter dem Druck der Medialisierung, zusehends als Entertainer, wovon Dopingberichterstattung nicht verschont bleibt. Als aus Ausweg aus diesem Dilemma schlagen die Verfasser einen kritischen Sportjournalismus vor, der zur Selbstreflexion fähig ist und über ihre eigene Funktion selbst aufklärt. Mithin: Auch Unterhaltung ist eine Haltung.

Eine immer wieder kehrende Frage lautet, warum sich bestimmte Sportler überhaupt dopen, andere jedoch nicht. Welches sind tatsächliche und mögliche Beweggründe für bzw. gegen das Dopen? Es ist genau dieses Motivationsproblem, mit dem sich J. Kleinert in seiner Untersuchung auseinandersetzt, die drei Argumentationsschritte durchläuft und miteinander verzahnt. Den Auftakt bildet der „theoretische Grundgedanke", der Doping/Nicht-Doping als einen intrapsychischen Spannungszustand erklärt und mit der Internalisierung als bedeutsamen Vorgang zum selbstbestimmten Verhalten verknüpft, für deren Interpretationstiefe Regulationsarten in Betracht kommen, die sich nicht ausschließen müssen und somit komplementäre Interpretationsleistungen vollbringen können. Ausgehend von diesen theoriegeleiteten Voraussetzungen sowie auf der Grundlage bisheriger Forschungsergebnisse erfolgt eine eigenständige an 312 Sportler/innen verschiedener Sportarten vorgenommene empirische Studie, die sowohl den Ausprägungen wie den Strukturen von Gründen für und gegen Doping nachgehen. Es wird vermutet, dass die psychische Binnenstruktur der Motive bei dopingfreien Sportlern eine andere ist als bei denjenigen Konsumenten, die zu illegalen Substanzen greifen. Auf dieser Basis werden Vorschläge für eine angemessene Prävention unterbreitet.

Last but not least laboriert auch der Behindertenleistungssport an diversen Dopinghandicaps, wie B. Steven-Vitense und D. Jaitner demonstrieren, womit sie zugleich einen Forschungsgegenstand ins Auge fassen, der gegenwärtig weitgehend unterbelichtet ist. Umso bemerkenswerter ist ihr Versuch einer Dopingtypologie im Sport mit Behinderten, wobei sie empfehlen, die um sich greifenden Klassifizierungsmanipulationen nicht als Dopinghandeln einzustufen, weil dadurch die individuelle Leistungsstärke der betroffenen Aktiven nicht gesteigert wird. Hierbei handle es sich vielmehr um eine spezifische Art der Manipulation durch Verhaltenstechniken, bei deren Habitualisierung das Täuschen, der „schöne Schein" und andere zum unverwechselbaren Dopingrepertoire gehören – wie übrigens bei gesunden Dopingüberführten auch. Manipulieren, die Fähigkeit des Verbergens ist ohne Taktieren nicht zu haben, weshalb es nicht zu weit hergeholt ist, diese Problematik in die Linie der frühneuzeitlichen Lebensklugheitslehren zu stellen und auf diese zu beziehen, wie sie besonders in der Moralistik Gestalt angenommen haben, die auch für heutige Lebenskunstphilosophien (vgl. Schmid) noch ergiebig erscheinen. Durch diesen historischen Bezugsrahmen in systematischer Absicht erhalten die Überlegungen zum Behindertensport eine wohltuende Tiefenschärfe.

Damit schließt sich zugleich der Kreis dieser „Brennpunkte", deren Beiträge ausdrücklich nicht als eine hierarchisch gegliederte Abfolge zu lesen sind.

Vorrangige Absicht ist es, zum Teil ganz verschiedenartige kulturwissenschaftliche Angriffspunkte zu benennen, die der Dopingsport bereithält.

Literatur

Geertz, C. (1983). *Dichte Beschreibung. Beiträge zum Verstehen kultureller Systeme.* Frankfurt a. M.: Suhrkamp.

Gehlen, A. (1993). Der Mensch. Seine Natur und seine Stellung in der Welt. In A. Gehlen, *Gesamtausgabe* (hrsg. v. K.-S. Rehberg; Bd. 3.1.). Frankfurt a. M.: Klostermann. (Original veröffentlicht 1940).

Konersmann, R. (2012). Kulturphilosophie. In R. Konersmann (Hrsg.), *Handbuch Kulturphilosophie* (S. 13-23). Stuttgart: Metzler'sche Verlagsbuchhandlung.

Plessner, H. (1980). *Gesammelte Schriften* (hrsg. v. G. Dux, O. Marquard & E. Ströker). Frankfurt a. M.: Suhrkamp.

Freibriefe zur Perfektionierung? Zur Notwendigkeit klarer Grenzsetzungen

Volker Schürmann
Institut für Pädagogik und Philosophie,
Deutsche Sporthochschule Köln

Zusammenfassung

Das Anliegen ist, am Beispiel der Verhältnisbestimmung von Enhancement und Doping die Notwendigkeit begrifflicher Grenzziehungen kenntlich zu machen. Die zentrale These ist, dass Doping definitiv an eine eigene Logik des Sports gebunden ist und deshalb von vornherein ein anderes Phänomen als Enhancement ist. Hybridisierungen dieser Grenzsetzung sind daher einem Kategorienfehler geschuldet. Die nicht zu leugnende Schwierigkeit, bestimmte Einzelfälle eindeutig einer der beiden Seiten der Grenze zuzuordnen, gilt Hybridisierern fälschlich als Argument für die Unschärfe der Grenze selber; die Grenze muss aber schon gesetzt sein, um Einzelfälle strittig finden zu können. Der Verdacht ist, dass solche Hybridisierungen nicht unschuldig sind, sondern ‚gut für's Geschäft'. Die öffentliche Diskussion, welchen Sport wir wollen, wird durch einen letztlich ökonomisch gewünschten Freibrief zur Perfektionierung unterhöhlt.

Summary

In terms of describing the relation between enhancement and doping in sport science it is essential to indicate and differentiate between conceptual definitions. Here the central thesis of this paper points out that the term doping is bound to an independent logic of sport and therefore quintessentially represents a different phenomenon than the term enhancement does. By hybridizing the borderline between those terms a categorical mistake is done. Without a doubt it is sometimes difficult to assign individual cases to a certain side of the borderline. But it is essential to draw clear borderlines. Here the process of hybridization can be seen as a threshold of these imprecise borderlines. In this context one can suspect that these hybridizations are not innocent but ´good for business´. In the end the discussion, what kind of sport we want, is undermined by an economical charter to perfectionism.

Einleitung

Nüchtern betrachtet spricht nichts, jedenfalls nicht grundsätzlich, gegen Verbesserungsmaßnahmen an menschlicher Physis und Psyche. Im Falle der Heilung ist uns dies nicht nur selbstverständlich, sondern hier ist es geradezu umgekehrt. Dort wo Heilung von Krankheit angesagt ist, wirft es moralische Probleme auf, wo aus welchen Gründen auch immer keine Verbesserung erfolgt. Dass medizinische Grundversorgung sehr ungleich in der Welt realisiert ist, ist als solches ungerecht und zu Recht Anlass politischen Protestes. Aber auch dort, wo Verbesserungsmaßnahmen nicht medizinisch indiziert sind, also bei den sogenannten Enhancement-Praktiken, gibt es zunächst wenigstens keinen grundsätzlichen Grund zu moralischer Besorgnis. Vorreiterrolle und Paradigma hierfür sind die Schönheitsoperationen. Es mag eine Frage des persönlichen Geschmacks sein und bleiben, ob und welche solcher Maßnahmen man selber ergreifen würde oder an Anderen goutiert. Aber es kann hier keinen grundsätzlichen Vorbehalt gegen unser modernes Verständnis von Selbstbestimmung geben, dass es primär Privatsache ist, wie man sich selbst und seinen Körper gestaltet. Dies ist bei uns geschütztes Rechtsgut, und das ist auch gut so. Wenn selbst der Selbstmord(versuch) nicht strafbar ist, wie sollten dann Verbesserungsmaßnahmen am eigenen Körper sanktionierbar sein, mag der persönliche Geschmack so etwas auch im Einzelfall noch so sehr als Entstellungsmaßnahme werten?

Moralische und rechtliche Probleme tauchen hier allenfalls in der Folge auf. Wenn Schönheitsoperationen rigoros Privatsache sind, dann spricht nichts dafür, dass sie von Krankenkassen finanziert werden. Aber ist es nicht auch ungerecht, wenn diese Möglichkeit individuellen Enhancements an den eigenen Geldbeutel, also an die soziale Stellung, gebunden ist? Müsste nicht „Schönheitsoperationen für Alle!“ eine Parole im Sinne gesellschaftlicher Gerechtigkeit sein analog zu „Bildung für Alle!“?

Nun sind Enhancement-Maßnahmen auch ein enormes Geschäft, und in mancher Interessenlage spricht viel dafür, sie hoffähig zu machen.[1] Auch hier stiften die Schönheitsoperationen das Paradigma. Wenn es gelingt, eine Einschränkung der psychischen Befindlichkeit durch abstehende Ohren zu diagnostizieren, wird die Enhancement-Maßnahme plötzlich doch ein Fall von Heilung – und die Krankenkasse bezahlt doch, was man ja auch noch als gerecht beurteilen kann, denn wer wollte denn ernsthaft dafür eintreten, dass nur die Reichen sich die Reparatur von abstehenden Ohren leisten können? Man kann also sehr schnell Fälle herstellen – im Gedankenexperiment oder auch ganz real –, in denen strittig ist, ob eine Verbesserungsmaßnahme auf die Seite der Heilung gehört oder auf die Seite des Enhancements. Dieses Strittig-sein setzt die Unterscheidung zwischen medizinisch indiziert | nicht medizinisch indiziert zwar voraus, aber der Zeitgeist glaubt sich trotzdem schnell und bereitwillig, dass solche herbeigezauberten Streitfälle ein sicherer Indikator dafür sind, dass sich Grenzen auflösen, irrelevant oder „hybride“ werden. Und dann gab es nicht nur einen Streit, ob der Fall X auf die Seite A oder auf die Seite B gehört, sondern dann schleicht sich – ein Schelm, wer böse Absichten wittert –

[1] Laut Wikipedia, Stichwort Malaria, schrieb Norbert Blüm in der Süddeutschen Zeitung v. 7.10.2003 dazu: „Die Pharmaindustrie gibt weltweit doppelt so viel Forschungsmittel im Kampf gegen Haarausfall und Erektionsschwächen aus wie gegen Malaria, Gelbfieber und Bilharziose. Das ist marktwirtschaftlich konsequent, denn die Kunden mit Erektionsschwächen und Haarausfall haben in der Regel mehr Kaufkraft als die Malaria- und Gelbfieberkranken.“ (Zugriff am 18.3.2013)

die Geschäftsgrundlage ein, dass Heilungen als Enhancement-Maßnahmen gelten und umgekehrt, und dass das ja alles sowieso bloß ein Streit um Namen sei, und überhaupt: Verbesserungen wollen wir doch alle, nicht wahr!?

Ich finde solch geschäftstüchtige Hybridisierungen sachlicher Unterscheidungen alles andere als überzeugend. Sie scheinen mir aber sehr verbreitet zu sein (was zu erklären eine eigene Aufgabe wäre). Ich möchte dem im Folgenden eine kleine Liste von Unterscheidungen resp. Grenzsetzungen entgegenhalten. Dies geschieht selbstverständlich exemplarisch, nämlich am Beispiel der Verhältnisbestimmung von Enhancement und Doping im Sport. Das Beispiel ist aber grundsätzlicher gemeint, was schon daran sichtbar wird, dass einige Unterscheidungen auch über das Fallbeispiel hinaus relevant sind. Oder sehr pauschal: Grenzziehungen sind nicht als solche schon Dualismen.

Grenze 1: Vormoderne | Moderne

Es ist sicher so, dass Menschen in allen historischen Epochen und in allen Kulturen versucht haben, sich auch hinsichtlich ihres körperlichen Zustandes zu verändern bzw. zu verbessern. Dieser Hinweis ist wichtig, um dem Eindruck entgegen zu treten, dass die zeitgenössischen Enhancement-Praktiken und -Phantasien etwas völlig Neuartiges sind (*Schardien*, 2012, S. 308). Bayertz und Schmidt (2006) gehen allerdings soweit, solche Verbesserungswünsche zu einer ahistorischen anthropologischen Konstante zu machen: „Zufrieden waren die Menschen mit ihrem eigenen Körper noch nie." (*ebd.*, S. 43) Es seien lediglich die Methoden und technischen Verfahren, die historisch wechseln. „In der ‚modernen' Gesellschaft finden wir grundsätzlich dieselben Praktiken, nun allerdings auf der Basis avancierterer technischer Möglichkeiten." (*ebd.*) – so analog auch Schardien (2012, S. 308). Abgesehen von der generellen Kritik am Konzept ahistorischer Konstanten manifestiert sich darin eine problematische Voraussetzung: Warum sollten wir denn nicht unzufrieden damit sein oder werden können, permanent und auf Dauer unzufrieden mit uns zu sein?

Es gilt deshalb, einen gravierenden und qualitativen Unterschied festzuhalten: Vormodern galt die Natur des Menschen als gegeben – von Natur oder von Gott gegeben und als solche nicht veränderbar –, und als gestaltbar galt die kulturelle Außenseite, die sog. zweite Natur. Änderungen dieser sog. zweiten Natur konnten nicht so weit gehen, die erste Natur selber für gestaltbar zu halten. Selbstverständlich gab es Streitfälle und historisch wandelnde Vorstellungen, wo genau die Grenze verläuft, aber die klare Unterscheidung von erster, gegebener, und zweiter, veränderlicher, Natur war dabei vorausgesetzt und alternativlos. Z.B. galten Buckel nicht als etwas zu Heilendes oder sonstwie zu Beseitigendes. Erst mit der Aufklärung beginnt die historische Epoche, in der auch und gerade die vormals erste Natur als gestaltbar, also z.B. als heilbar gilt.[2]

Die klare Grenzsetzung von Vormoderne und Moderne hebt die alte und fraglose Grenzsetzung von erster und zweiter Natur auf – und zwar in folgendem Sinne: Die Unterscheidung von Natur und Kultur benötigen wir immer noch – denn wir können nicht über Veränderungen reden ohne mitsagen zu müssen, was sich verändert, und dieses Was der Veränderung ist relativ zu diesen Veränderungen invariant („gegeben"). Aber in der Moderne kann man wissen, dass diese jeweilige Unterscheidung nicht der Natur angelastet werden kann – sie besteht eben nicht von Natur aus –, sondern ist eine je von uns getroffene Unterscheidung, also eine innerhalb der Kultur. In der Moderne ist *jeder* Verweis auf eine vermeintlich von Natur her gegebene Natürlichkeit vormodern-anachronistisch. – Das hat auch Körner (2012, S. 144) richtig beobachtet, zieht aber selber keine Schlüsse daraus, wenn er zugleich von *der* „Naturalisierung der Menschenwürde im Recht" redet (*ebd.*, S. 143). Solche Naturalisierungen betreiben eben nur naturrechtliche Konzeptionen des Verfassungs- und Völkerrechts, die genau deshalb vormodernen Ballast transportieren. Modernes Recht dagegen, das sich selbst recht versteht, hat sich von einer naturrechtlichen Fundierung emanzipiert und betreibt insofern auch keine Naturalisierung von Rechtsprinzipien.

Grenze 2: Doping | Enhancement

Doping im Wettkampf-Sport und Enhancement sind entschieden nicht dasselbe. Unterschiede zwischen beidem sind auch nicht lediglich gradueller Natur. Beides zu verwechseln oder miteinander zu vermischen ist vielmehr ein Kategorienfehler – analog dazu, als würde man ernsthaft dagegen argumentieren, dass der gerade geäußerte Gedanke rot ist. Genau so, wie die Kategorie der Farbigkeit für Gedanken von vornherein nicht in Frage kommt[3], genau so ist der empirische Begriff des Dopings von vornherein durch eine andere Kategorie formatiert als der empirische Begriff des Enhancements.

Der grundsätzliche Unterschied liegt darin, dass *Doping* definitorisch gebunden ist an die eigene Logik des Wettkampfsports, also insbesondere daran, dass der Begriff der sportlichen Leistung definitorisch an den Leistungsvergleich mit einem als gleichwertig postulierten Gegner gebunden ist. Die Grundnorm sportlicher Wettkämpfe ist der zu gewährleistende offene Ausgang des Wettkampfs, d.h. die zu gewährleistende Gleichwertigkeit der Gegner, *damit* die individuelle Leistung den Ausschlag über Sieg und Niederlage geben *kann*, d.h. die zu gewährleistende Fairness des Wettkampfverlaufs. *Sportliche*

---

[2] „Vielleicht – wenn man es beizeiten angriffe, könnte man Höcker, und schiefe Hüften wieder gerade richten. Bisher hat die Kunst sich darauf eingeschränkt, solche Fehler zu verbergen. Das ist nicht viel." (*Villaume*, 1787, S. 39; vgl. *ebd.*, FN 15, S. 39f.)

[3] Weshalb die „Blässe des Gedankens" eben eine metaphorische Rede ist.

Leistung liegt nicht darin, irgendwie/egal wie in einem Wettstreit zu gewinnen, sondern definitiv darin, auf eine bestimmte, nämlich faire Art zu gewinnen. Es ist sozusagen keine sportliche Kunst, einen Marathonlauf dadurch zu gewinnen, dass man eine Abkürzung wählt und sich nicht erwischen lässt. In diesem Sinne gibt es im privat betriebenen ‚Sport' (also beispielsweise im Fitness-Studio) von vornherein kein Doping, sondern ggf. Substanzenmissbrauch, weil dort der Gegner fehlt und also privat betriebener ‚Sport' nicht durch Fairness formatiert ist. Und genau in diesem Sinne ist auch Enhancement im allgemeinen von vornherein kein Doping, und umgekehrt ist Doping nicht einfach Enhancement unter spezifischen Rahmenbedingungen (des Sports). Der zu gewährleistende offene Ausgang zwischen gleichwertigen Gegnern ist nicht lediglich eine spezifische Rahmenbedingung, sondern ist definitiv für den Wettkampfsport. *Deshalb* ist Doping nicht spezifiziertes Enhancement, sondern etwas genuin Eigenes.

Umgekehrt wird ein (ideologiekritischer) Schuh daraus: Die im momentanen Zeitgeist, und vielfach auch in der Sportwissenschaft anzutreffende Verwischung der Grenzen zwischen Doping und nicht-wettkampfsportlichen Maßnahmen der (Leistungs-)Verbesserung („Doping für die Haare") dient lediglich dazu, beides im gesellschaftlichen Alltag hoffähig und akzeptabel zu machen. Versuche der Aufweichung solcherart Grenzziehungen sind traditionell als gegenmoderne Strategien bekannt. Diese arbeiten typischerweise mit der Gleichsetzung und damit offensiven Verwechselung von Gleichheit der Menschen und Gleichheit der Rechte. Heute geht es weniger subtil zu: Das Geschäft der Selbstoptimierung befeuert einfach das Geschäft, d.h. sich selbst. Es „erfindet täglich neue Spukgestalten des entfesselten Kapitalismus", mithin Gespenster, die auch am helllichten Tage unterwegs sind (*Steinfeld*, 2013). Mit Schardien (2012) kann man sagen, dass dieses Geschäft – tendenziell, diesseits einer pauschalen Verurteilung – unbekümmert ist um die Folgen, und insbesondere unbekümmert um unsere Nächsten, mithin ein zynisches Geschäft ist.

Doping als verbotene Mittel und Verfahren zur Leistungssteigerung zu definieren, ist daher eine Unterbestimmung. Um Doping als Doping zu definieren, muss angegeben werden, inwiefern die aufgelisteten Mittel und Verfahren als verbotene gelten. Sie gelten gerade nicht aufgrund der leistungssteigernden Wirkung als solcher als verboten, sondern sie sind verboten, weil sie die Offenheit des Ausgangs des Wettkampfs unterlaufen, sprich: weil sie unfair sind. Wenn ein Wettkampfteilnehmer dopt, sind die dadurch gegebenen Leistungsvorteile so groß, dass sie nicht mehr durch die individuellen Leistungen der Wettkampfgegner ausgeglichen werden können. Also ist Doping ein Bruch mit der eigenen Logik des Sports. Weil Doping die Offenheit des Wettkampfs außer Kraft setzt, ist Doping ein Verstoß gegen den „Geist des Sports". Und sekundär: Wird Doping nicht entschieden genug als systemisches Phänomen des Hochleistungssports geächtet – z.B. indem es als Problem sog. schwarzer Schafe individualisiert wird (vgl. *Bette & Schimank*, 1995) –, dann erzwingt das Doping des einen das Doping des anderen, um wieder ‚Gleichwertigkeit' herzustellen. Und auch dies soll nicht sein.

Der WADA-Code kodifiziert dieses Doping-Verständnis zwar technisch unglücklich, aber in der Sache eindeutig. Die Oberfläche des Textes ist insofern unglücklich gewählt, als die Auflistung der je verbotenen Mittel und Verfahren als „Definition" von Doping bezeichnet wird. Dies suggeriert, dass hier der Kern des Codes formuliert sei – und alles andere, insbesondere die salbungsvollen Worte der ‚Präambel', „nicht so wichtig" sei. Aber so darf man selbstverständlich keine (Rechts-)Texte lesen – es ist nicht zulässig, Textteile aus ihrem Zusammenhang herauszureißen und zu behaupten, diese Teile würden schon als Teile für sich aussagekräftig sein. Und so auch hier: Der WADA-Code formuliert genauso explizit die Kriterien, nach denen etwas auf die Liste der verbotenen Mittel und Verfahren kommt – und ergo sind diese Kriterien intrinsischer Bestandteil derjenigen ‚Definition' von Doping, die der WADA-Code formuliert.

Das Dopingverbot nimmt daher gerade keinen Bezug auf eine sog. natürliche Leistungsfähigkeit, um daran eine vermeintlich künstliche Leistungsfähigkeit als Doping verbieten zu können. Ausgangspunkt sind selbstverständlich unterschiedliche individuelle Leistungsfähigkeiten, bedingt durch unterschiedliche Talente, unterschiedliches Training etc., denn anderenfalls würde jeder sportliche Leistungsvergleich unentschieden enden. Ein sportlicher Wettkampf verlangt aber die Gleichwertigkeit ungleicher Leistungsfähigkeiten – der Unterschied zwischen den individuellen Leistungsfähigkeiten der Wettkampfgegner darf/soll nicht so groß sein, dass er nicht durch individuelle Leistungsanstrengung im Wettkampfverlauf ausgeglichen werden kann. Dabei ist weder vor-gegeben, was dabei „individuelle" Leistungsfähigkeit ist, noch ist vorgegeben, hinsichtlich welcher Aspekte Gleichwertigkeit herzustellen ist. Will sagen: Weder die Individualität der Leistungsfähigkeit noch die (Un-)gleichwertigkeit der Leistungen existieren „von Natur aus"; vielmehr sind sie sportpolitisch entschieden und u.a. im Regelwerk der jeweiligen Sportart festgelegt. So gelten beispielsweise Gewichtsunterschiede beim Boxen oder Ringen als regelungsbedürftig im Hinblick auf Gleichwertigkeit, während die Größenunterschiede von Hochspringern auf der Seite der ‚natürlichen' Talente verrechnet werden. Oder, anderes Beispiel: Im Kalten Krieg gab es manch politische Aufregung um den Status des sog. Staatsamateurs – aber bis heute gelten die Trainingsbedingungen tunesischer Rodlerinnen als ‚natürliche' Umweltbedingungen und ergo als im Hinblick auf gerechte Teilnahmemöglichkeiten an den Olympischen Spielen als nicht regelungswürdig.

Fairness als Grundnorm des Geistes des Sports bedeutet nichts weiter als die aktiv herzustellende und aufrecht zu erhaltende Offenheit des Ausgangs des sportlichen Wettkampfs. Das verlangt die zu gewährleistende Gleichwertigkeit ungleicher Gegner. Bei Gleichheit der Gegner gibt es nur dauerhafte Patt-Situationen, aber keinen Wettkampf – bei Ungleichwertigkeit der Leistungsunterschiede gibt es keinen *sportlichen* Wettkampf. Genau so, wie die Menschenrechtserklärungen nicht die Gleichheit der Menschen postulieren oder gar behaupten, sondern die Gleichheit der Rechte der Menschen, genau so geht es im Namen von Fairness um Gleichwertigkeit resp. Gerechtigkeit, nicht aber um Gleichheit der sportlichen Gegner. Genau so, wie die Menschenrechtserklärungen Unterschiede der Menschen (z.B. hinsichtlich Hautfarbe, Religionszugehörigkeit, sexuellen Vorlieben, körperlichen und geistigen Fähigkeiten) voraussetzen, um geltend zu machen, dass solche Unterschiede nicht zur Diskriminierung führen dürfen, genau so dürfen in einem sportlichen Wettkampf die vorausgesetzten individuellen Leistungsunterschiede nicht unfair sein oder werden, d.h. sie müssen durch eigene Leistungsanstrengung ausgleichbar bleiben.

Zahllose Beiträge zur Dopingdebatte sind insofern problematisch, ja kontraproduktiv. Sowohl Befürworter als auch Gegner des Dopingverbots im Sport unterstellen sehr häufig, dass die leistungssteigernde Wirkung gewisser Substanzen und Verfahren rein als solche das ist, was als Doping verboten ist. Ignoriert wird dabei, dass *sportliche* Leistung etwas grundsätzlich, nämlich durch Fairness, Bedingtes ist – nicht die pure Tatsache, als Erster im Ziel zu sein, sondern Erster zu sein ohne eine Abkürzung genommen zu haben. Und dem entsprechend kann die Unterscheidung zwischen (Un-)gleichheit der sportlichen Gegner und Gleichwertigkeit der Leistungsfähigkeiten im Wettkampf erst gar nicht getroffen werden. Genau so (unsinnig) wie das ‚Argument', dass die von den Menschenrechtserklärungen postulierte Gleichheit der Rechte eine Illusion sei, weil Menschen nun einmal nicht gleich seien, genau so ergibt sich dann die (unsinnige) Folgerung, dass Athleten sowieso nie gleiche Fähigkeiten hätten und also sowieso keine Gleichwertigkeit der Startchancen gegeben sei.

Um es an einem rein willkürlich gewählten Beispiel festzumachen: Schon die Eingangsbemerkungen von Foddy und Savalescu (2007) gehen völlig an der Sachlage vorbei. „Nach gegenwärtigem Dogma ist Leistungssteigerung im Sport falsch." (*ebd.*, S. 93) Diese Auffassung stütze sich „auf die Auffassung, die Anwendung von Leistungs-Enhancement[!] verletze das ‚humanistische' Verständnis dessen, was Sport[!] bedeuten sollte". Und entsprechend ist das eigene Anliegen, zeigen zu wollen, „dass Leistungssteigerung unvermeidlich und nicht in den Griff zu kriegen ist" (*ebd.*). Hier herrscht nichts weiter als offene Ignoranz gegenüber dem, was sportliche Leistung, Fairness und Geist des Sports meint. Entsprechend beruhen alle dort diagnostizierten „Sieben Fehlannahmen zum Sportdoping" (*ebd.*, 102ff.) ihrerseits auf einer grundlegenden Fehlannahme. Diese Fehlannahme, sportliche Leistung nur abstrakt als „Leistungssteigerung" zu thematisieren und von vornherein nicht an eine eigene Logik des Sports zu binden, macht, dass es keine Grenze zwischen Doping und Enhancement gibt. Der suggerierte Eindruck aber ist der gegenteilige: Ist erst einmal „Leistungssteigerung" überall dasselbe, dann ist es keine große Kunst zu zeigen, dass sich Doping und Enhancement auch nicht unterscheiden (und ergo Doping auch freigegeben werden könnte, weil wir ja auch ansonsten Enhancement-Praktiken verfolgen). Was dort erst gar nicht thematisiert wird, sind die „Kriterien“ (*Schardien*, 2012, 316), gemäß denen eine Leistungssteigerung *im Sport* beurteilt werden kann oder muss.

Eine klare Grenzziehung zwischen Doping und Enhancement ist also deshalb möglich, weil wir in der Moderne leben und jeder Verweis auf die Natürlichkeit einer von Natur aus gegebenen Leistungsfähigkeit ein Anachronismus ist (vgl. *Schürmann* 2012). Der Verweis auf fair/unfair ist stattdessen einsehbar als eine kulturell getroffene und so gewollte Unterscheidung. Dass die Unterscheidung zwischen fair und unfair kulturell getroffen und so gewollt ist, heißt entschieden nicht, dass es eine willkürliche Unterscheidung ist. Zutreffend ist, dass es gleichsam sportpolitische Aushandelungssache ist, *wo* jeweils die Grenze verläuft – es ist nicht von vornherein klar, dass die Größe von Hochspringerinnen auf der Seite der ‚natürlichen‘ Talente zu verrechnen ist. Und manchmal geht es bei dieser Grenzziehung zwischen fair und unfair durchaus auch ‚unfair‘ zu – ich persönlich bin davon überzeugt, dass es gegen den Geist der Olympischen Charta geht, wenn sich das IOC nicht um strukturell unterschiedliche Trainingsbedingungen in den verschiedenen Nationen kümmert und hier wenig grundsätzlichen Regelungsbedarf sieht. Immerhin sind auch hier mittlerweile Kampagnen zur *Olympic Solidarity* nötig. Solch lokale ‚Unfairness‘ im Aushandeln des Grenzverlaufs von fair | unfair dokumentiert gleichwohl nicht einfach ein Interessen-Darwinismus, denn das strikte Festhalten an der Grundnorm der Fairness stiftet das Maß dieser Aushandelung: Die Grenze zwischen fair und unfair ist *so* zu ziehen, dass die Offenheit des Wettkampfs gewährleistet ist. Im Aushandeln dessen, *wo* die Grenze verläuft, ist insofern noch vorausgesetzt, *dass* sie als Grenze zu ziehen ist, um als klare Grenzziehung den Witz des Sports zu gewährleisten.

Grenze 3: Optimiertes Leben | Gelingendes Leben

Will man nicht der Rückkehr in vormoderne Ständegesellschaften das Wort reden, dann braucht es einen dynamischen Begriff von Gesellschaftlichkeit und von Personalität. Es ist die Errungenschaft der bürgerlichen Revolutionen, d.h. des Bruchs mit Ständegesellschaften, dass Personen nicht als („durch Geburt“) in ihrer sozialen Position festgelegt gelten, sondern dass diese soziale Position a) als veränderbar und b) als durch eigenes Tun als veränderbar gilt. Ja, mehr noch: Es wird das Recht postuliert, sich nach eigenen Maßstäben entwickeln zu können und die Veränderung der sozialen Position gemäß dieser eigenen Entwicklung gestalten zu können. Oder als Formel: Postuliert wird in modernen Gesellschaften die *Perfektibilität* („unbestimmbare Verbesserbarkeit“) oder auch *Bildsamkeit* des Menschen (vgl. *Benner & Brüggen*, 1996), weil jede und jeder Einzelne als unaustauschbar einmalig gilt und in der Bildung dieser unaustauschbaren Einmaligkeit („Würde“) unterstützt und geschützt zu werden verdient. Oder noch kürzer: Moderne Gesellschaften haben die postulierte Unergründlichkeit des Menschen zu wahren. Exakt dies ist der letzte Ausweis resp. der Maßstab dessen, was als gutes Leben gelten kann.

Innerhalb dieses generellen Anliegens gibt es eine grundsätzliche konzeptionelle Differenz, die hier als Differenz zwischen optimiertem und gelingendem Leben bezeichnet werden soll. Man kann diese Differenz etwas plakativ als Unterschied eines kantianisierenden und eines hegelschen Konzepts fassen, insofern die Unergründlichkeit des Menschen im Konzept des optimierten Lebens den Status eines regulativen Ideals einnimmt, im Konzept des gelingenden Lebens dagegen den Status eines Maßes. Der zentrale Unterschied ist ein logischer: Im Konzept des optimierten Lebens ist die Verbesserbarkeit des Menschen tatsächlich eine *unbestimmbare* Verbesserbarkeit. Festgehalten wird ‚lediglich', dass *jeder* je erreichte Bildungsstand im Prinzip noch weiter überboten werden kann. Personale Entwicklung ist dort insofern maßlos; betont wird ein letztlich rastloses Immer-besser, das dann, logisch sekundär, durch Regeln, Gesetze, Moralen, durch ein Ideal des Optimums eingehegt werden soll und muss. Logisch gesprochen: Das Konzept des optimierten Lebens ist durch das Konzept einer asymptotischen Annäherung an ein regulatives Ideal definiert und damit an die Figur der von Hegel so genannten „schlechten Unendlichkeit" gebunden. Das Konzept des gelingenden Lebens ist demgegenüber an die logische Figur der „wahren Unendlichkeit" gebunden: Der Maßstab der Bewertung der sich vollziehenden Entwicklung ist dort, programmatisch, nicht ein Ideal jenseits der je realisierten Entwicklung, sondern das „ganz gegenwärtige" Maß *in* der Entwicklung (ausführlicher *Schürmann* 2011a).

Diese grundsätzliche konzeptionelle Differenz ist weder spitzfindig noch pur akademisch. Sie lebt gleichsam von einem erheblichen Folgeproblem des Konzepts des optimierten Lebens. Dieses Konzept widerstreitet nämlich strukturell dem eigenen Anliegen. Gedacht als Recht und Schutz der je eigenen selbstbestimmten Entwicklung zur einmaligen Persönlichkeit („Mündigkeit"), torpediert die Logik der schlechten Unendlichkeit dieses eigene Anliegen. Spaemann (1971) hat den Finger in diese Wunde gelegt: Gedacht als *unbestimmbare* Verbesserbarkeit ist letztlich *niemand* mündig, sondern immer nur auf dem Weg dorthin. Konsequent gedacht, müsste es – pars pro toto – vor jeder Wahl unserer Volksvertreter eine Evaluation aller Stimmberechtigten geben, ob diese überhaupt mündig genug sind, ihre Stimmabgabe verantwortlich vollziehen zu können. Genau das aber ist mit dem Rechtsanspruch auf selbstbestimmte Entwicklung weder gemeint noch vereinbar. Und entsprechend ist die Grundidee der einmaligen Persönlichkeit auch gleichsam elliptisch. Sie kreist um *zwei* Pole, und sie erschöpft sich nicht in einer unendlichen Annäherung an ein Ideal. Zu unserer Idee von Persönlichkeit gehört zweifellos dazu, dass sie der Möglichkeit nach veränderbar ist, es gehört dazu, dass wir mit sturen oder versteiften Persönlichkeiten, die sich durch nichts und niemanden mehr irritieren lassen, ein Problem haben; aber zu unserer Idee von Persönlichkeit gehört auch, dass Persönlichkeiten „in sich ruhen" – und das meint ja nicht, einerseits ein bisschen stur zu sein, und andererseits ein wenig flexibel, sondern das meint ein logisches Zugleich, in einer schönen Formel von Plessner: Sich zu dem zu machen, was man schon ist. Das zutiefst Persönliche, das einen sozusagen ausmacht, ist eben nicht lediglich für die nahe oder ferne Zukunft bloß aufgegeben, sondern ist immer schon als Grundlage und Maß gegeben, um es gestalten zu können.

Ein *optimiertes Leben* im Sport wäre somit ein solches, das auf Erfolg und rastlose Leistungssteigerung setzt, *reguliert* durch ein Ideal, genannt „Fairness". Ein *gelingendes Leben* im Sport wäre demgegenüber ein solches, das auf durch Fairness bedingte sportliche Leistung setzt. Fairness ist hier nicht lediglich regulativ – Lenks 11. Gebot: „Du sollst Dich nicht erwischen lassen!" –, sondern konstitutiv für den sportlichen Wettkampf. Damit wäre die zu gewährleistende Offenheit im Ausgang eines sportlichen Wettkampfs zwischen gleichwertigen Gegnern das Maß, an dem sich die Entwicklung u.a. der Leistungsfähigkeiten der Athleten zu messen hat.

Insofern hat „Steigerung" mehr als die zwei Seiten der „Maximierung und Optimierung" (*Körner* 2012, S. 140). Mindestens die Seite der Optimierung ist nicht so eindeutig, wie Körner meint. Nur im Konzept des *optimierten Lebens* ist Fairness eine Frage einer „*große*[*n*] Moral" (*ebd.*, S. 139), gemäß der der „Einsatz bestimmter Technologien in einem dezisionistischen Akt mit einem Verbot belegt" wird (*ebd.*). *Nur* im Konzept des *optimierten Lebens* ist die Gleichwertigkeit der sportlichen Gegner eine „Fiktion" (*ebd.*, S. 134), und *nur* in jenem Konzept ist „Doping ein Umweltproblem" (*ebd.*, S. 141). Im Konzept des *gelingenden Lebens* wird der normative Maßstab gerade nicht als große Moral von außen an den Sport herangetragen, denn Fairness ist hier das intrinsische Maß dessen, was Wettkampf-Sport zum Wettkampf-Sport macht.

Der Unterschied wird darin sichtbar, dass Körner das positivierte Recht des Sports rechtspositivistisch interpretieren muss: Die normative Dimension sei gerade nicht eine Frage des Rechts, sondern der hinzukommenden Moral (vgl. *ebd.*, S. 139), worin schon eingeschlossen ist, dass derart komplementäre Moral gegenüber dem Recht eine bloße Fiktion ist. Völlig zutreffend ist, dass die normative Dimension des Sports dadurch ins Spiel kommt, „dass in ihm gegen mehr als bloß einzelne sportartspezifische Regeln verstoßen werden kann" (*ebd.*). Ein Verstoß gegen den Geist der Regeln ist etwas anderes ist als ein Verstoß gegen eine einzelne Regel – dieser Umstand gilt für Regelwerke generell, oft sichtbar gemacht durch Generalklauseln.[4] Eben deshalb ist mit dem sog. Geist des Regelwerkes ein normatives Maß gegeben, das grenzwertig noch zum Recht selbst gehört und nicht erst durch eine vorrechtliche Moral eingefüttert zu werden braucht.

[4] Die Straßenverkehrsordnung kann gar nicht *alle* Einzelfälle regeln, die je im Straßenverkehr auftreten. Daraus kann man nicht ableiten, dass man für spezifisches rüpelhaftes Verhalten nicht sanktioniert werden kann, weil es noch in keinem konkreten Paragraphen eigens geregelt ist. Denn in diesen Fällen gilt, wie generell, § 1, der alles Verhalten im Straßenverkehr an generelle Rücksichtnahme bindet.

Grenze 4: Eschatologie | konkrete Utopie

Schardien (2012, S. 307) greift den Befund der unbestimmbaren Verbesserbarkeit auf: „die erreichte Verbesserung verweist stets auf noch weitergehende Steigerungsmöglichkeiten." Sie stellt dem den, prima facie, Protest von Seiten der Theologie gegenüber (*ebd.*, S. 309). Christliche Theologie hegt angesichts einer Aufforderung zur unbestimmbaren Verbesserbarkeit den berechtigten Verdacht der menschlichen „Hybris". Der Mensch bilde sich ein, dass seine Entwicklung allein in eigener Hand liege – er wolle somit Gott spielen und leugne darin die grundlegende „schöpfungsgemäße Grundpassivität" (*ebd.*). Freilich könne dies nur der erste Blick sein, denn auch und gerade der „christliche Glaube setzt darauf, dass ‚das, was ist, nicht alles ist' und vor allem nicht alles bleibt" (*ebd.*, S. 309f.). Auch und gerade die christliche Theologie kennt insofern eschatologische Hoffnungen, freilich mit der besonderen Betonung und mit der Folgelast, das Verhältnis von jenseitiger Erlösung und diesseitig gutem Leben bestimmen zu müssen (vgl. *ebd.*).

Dabei ist, systematisch gesehen, der Verweis auf eine jenseitig-eschatologische Verheißung zunächst der große Pluspunkt gegenüber jedem „innerweltlichen Enhancement-Streben", denn dieses ist in der Tat durch jene „Hybris" grundgelegt. Enhancement-Strategien kennen in der Tat kein Bedingtsein des eigenen Tuns – sie kennen ausschließlich eigene Zwecksetzungen, die dann – mehr oder weniger erfolgreich – mit Hilfe von Enhancement-Praktiken umgesetzt werden. Selbstverständlich kann man daran scheitern, das vorgegebene Ziel zu erreichen, aber es ist nicht vorgesehen, dass sich in einer Enhancement-Praktik erst herausbildet, was das Ziel und was eine Verbesserung denn wohl sei. In dieser Logik ist es zum Beispiel ganz ausgeschlossen, dass elterliche Freude über die Geburt eines Kindes auf nicht-pathologische Weise die Traurigkeit angesichts einer Behinderung dieses Kindes überwiegt. Da niemand sich ein behindertes Kind wünscht, kann es in jener Logik nur ein Defizit sein. Der christlich postulierte Bruch zwischen Diesseits und Jenseits dagegen zieht eine „notwendige Zäsur" (*ebd.*, S. 317) in die Entwicklung, der gemäß nicht wir allein sagen und festlegen können, was uns nach der Zäsur erwartet. Insofern ist das, was „Erlösung", also gutes Leben ist, in christlichem Verständnis niemals *nur* durch die von uns gebildeten Vorstellungen generiert, sondern immer auch durch eine „Grundpassivität" konstituiert. Erlösung ist nicht ohne göttliche Gnade zu haben – und diese Gnade ist zwar durchaus abhängig vom konkreten menschlichen irdischen Lebensvollzug, aber als Gnade eben nicht durch uns allein herstellbar.[5] – Wir sollten, um hier einmal normativ zu werden, diesen Pluspunkt einer utopischen Dimension gegenüber rein voluntaristischen Enhancement-Strategien nicht preisgeben.

---

[5] Ein Hinweis für Nicht-Christen, insbesondere Atheisten: Das systematische Argument ist als solches nicht an das Fallbeispiel der christlichen Theologie gebunden. Man kann es auch, anderes Beispiel, an der junghegelianischen Auseinandersetzung mit der Philosophie Hegels festmachen; vgl. dazu Schürmann (2011b).

Die politische Differenz, die hier bleibt, ist ein Folgeproblem und insofern eine Binnendifferenzierung dessen, was jeweils Utopie heißt. Eine Eschatologie muss jene Zäsur in der Entwicklung an die Differenz diesseits | jenseits binden. Gegenüber personalem Tun ist dann das, was dieses personale Tun seinerseits bedingt, im strikten und wörtlichen Sinn eine Passivität – mithin eine höhere Macht, die personalem Tun gänzlich entzogen ist. Demgegenüber bindet eine konkrete Utopie jene Zäsur an die Differenz Eigenes | Fremdes. Dies setzt die Passivität nicht außer Kraft, denn das Fremde ist nicht lediglich das Andere unserer selbst, sondern eben das, was uns bedingt und unsere (bisherigen) Maßstäbe relativiert; aber gleichwohl ist die Differenz von Anderem und Fremdem nicht einfach gegeben, sondern muss als Differenz durch unser Tun hergestellt und gewahrt werden. Wie Gerhart Polt in seinem Film *Man spricht Deutsch* wunderbar in Szene gesetzt hat, kann man sich ‚in der Fremde' durchaus so verhalten, dass man sich dort ganz wie zu Hause benimmt. Oder plakativ formuliert: Anti-eschatologisch und konkret-utopisch müssen wir das Jüngste Gericht schon selber bilden. Erst dann ist das, was Hybris unterläuft, nicht lediglich an einen Glauben gebunden, sondern ein konkreter Aufruf zur konkret-bestimmten Gestaltung des irdischen Lebens, in ihm Platz zu lassen für das Fremde.

Grenze 5: Willkür-Freiheit | Gemeinde-Freiheit

Jedes Nachdenken um normative Dimensionen personalen Tuns und deren (Un-)wirksamkeit setzt immer schon voraus, dass personales Tun ein Tun in Freiheit ist. Etwas so und so tun zu *sollen*, setzt je schon voraus, dass man es auch nicht so und so tun könnte und dass man es ‚trotzdem' in freier Zustimmung so wie gesollt tut. Doch Freiheit ist noch lange nicht Freiheit. Vielmehr gibt es ganz verschiedene, ja einander ausschließende Konzeptionen von Freiheit.

Auf die vielleicht wichtigste Entgegensetzung hat jüngst Kobusch (2011, 2012) (noch einmal) aufmerksam gemacht. Er unterscheidet eine so genannte „Willkür-Freiheit" von einer von ihm so genannten „kommunikativen Freiheit". Der Unterschied ist ein grundsätzlicher, der nicht harmonisiert werden kann. Willkür-Freiheit ist egologisch konzipiert. Die Grundidee liegt darin, dass ich/jeder Einzelne (nur) selbst und allein darüber befinden kann, was ich tun will und zu tun gedenke. Es muss Alternativen im Tun geben, sonst gäbe es keine Freiheit, und/aber ausschließlich ich bin es, der nach meinem eigenen Bilde darüber zu entscheiden hat, welche Alternative ich wähle. Oder eben: Die Entscheidung liegt in meiner Willkür; Freiheit heißt dort, dass ich autark, selbstgenügsam bin. In diesem Konzept von Freiheit ist die Welt, und insbesondere alle anderen freien Personen, ein pures factum brutum. Ich muss in meinem Wollen mit diesen Fakta rechnen, und in den allermeisten Fällen ist es schlicht lebensunklug, wenn man ‚mit dem Kopf durch die Wand will'. Auch Willkür-Freiheit heißt somit nicht, dass man einfach ‚tun und lassen kann, was einem gerade so beliebt'. Trotzdem ist der Unterschied zur kommunikativen

Freiheit ein grundsätzlicher. Im Konzept der Willkür-Freiheit taucht die Welt ausschließlich als Beschränkung meiner Freiheit auf: gemessen daran, was ich ‚eigentlich' nach meinem Gusto tun würde, sollte ich, lebensklug geworden, damit rechnen, dass ich das nicht in vollem Ausmaß realisieren kann. Die Welt taucht hier nirgends, erst recht nicht in der Form anderer Personen, in der Rolle eines Ermöglichungsgrundes von Freiheit auf. Genau dies aber ist das Charakteristikum kommunikativer Freiheit: die Anderen sind nicht primär Beschränkungen dessen, was ich ‚eigentlich' tun würde, sondern ermöglichen allererst unsere Freiheitsspielräume.[6] Hier gilt, dass man frei nicht allein sein kann. Freiheit ist hier definitorisch an das wechselseitige sich-Anerkennen als Person gebunden (was als solches nicht zwingend i.e.S. „kommuniziert" sein muss, sondern primär als Rechtstatsache gültig ist). Dieser Unterschied betrifft dann auch noch eine uns lieb gewonnene Redeweise, prominent geworden etwa bei Rosa Luxemburg: „Die Vorstellung, je meine Freiheit reiche so weit, bis sie durch die Freiheit der anderen eingeschränkt und begrenzt würde, ist deswegen auch ganz unangemessen. Denn auch sie belegt die Verwechslung mit der Willkür, die als eine an sich unendliche, auf alle möglichen Inhalte sich erstreckende Willensbewegung gedacht wird. In Wirklichkeit beschränkt sich wahre Freiheit selbst, weil sie die Freiheit der anderen nicht als etwas ihr Fremdes, sondern als den ihrem Wollen eigentlich zukommenden Inhalt will." (*Kobusch*, 2011, S. 364)

Kommunikative Freiheit ist insofern also gerade nicht Ausdruck einer unterstellten Autarkie des Einzelnen, sondern in Strenge Ausdruck unserer Autonomie, unserer Selbstgesetzgebung. Je meine Freiheit ist überhaupt nur Freiheit im Rahmen eines gemeinsamen Nomos, also etwa als Zustimmen, Widerstreiten oder Gleichgültigkeit. In Hegelscher Terminologie kann man also sagen, dass Freiheit ein geistiger Sachverhalt ist, nämlich Gemein(d)e-Freiheit. Wenn Geist (spirit, not mind) das „Leben der Gemein(d)e" ist (Hegel), dann sind wir – also die sich wechselseitig als Person anerkennenden Personen – in Bezug auf unsere Freiheit gleichsam in Gottes Position: Der Geist freier Personalität ist mitten unter uns, sofern wir ihn in wechselseitigem sich-Anerkennen gleichsam gestiftet haben.

Man mag das für eine falsche Hybridisierung von christlicher Theologie und philosophischem Atheismus halten. Ich rechne jedenfalls damit, dass Theologen empört sein werden, weil dieser Freiheitsbegriff ohne transzendenten Gott auskommt, und dass brachiale Atheisten unirritierbar sein werden, weil dieser Freiheitsbegriff einen sakralisierten Geist benötigt. Ich würde das freilich als Bestätigung ansehen, an klaren Unterscheidungen festzuhalten – und sei es nur deshalb, um diese dort, wo es darauf ankommt, aufgeben und durch einen eigenen dritten Weg ersetzen zu können.

---

[6] Eine Hürdenläuferin kann sich nicht ernsthaft, anders als in ihrem Alltag, wünschen, dass dort keine Hürden im Weg stehen. Die Hürden ermöglichen erst diesen Wettkampf – sich die Hürden weg zu wünschen, heißt entsprechend nicht, es *im Hürdenlauf* einfacher haben zu wollen, sondern heißt, lieber Sprinterin sein zu wollen.

Literatur

Bayertz, K. & Schmidt, K. W. (2006). »Es ist ziemlich teuer, authentisch zu sein ...!«. Von der ästhetischen Umgestaltung des menschlichen Körpers und der Integrität der menschlichen Natur. In J. Ach & A. Pollmann (Hrsg.), *No body is perfect. Baumaßnahmen am menschlichen Körper. Bioethische und ästhetische Aufrisse* (S. 43-62). Bielefeld: transcript.

Benner, D. & Brüggen, F. (1996). Das Konzept der Perfectibilité bei Jean Jacques Rousseau. Ein Versuch, Rousseaus Programm theoretischer und praktischer Urteilsbildung problemgeschichtlich und systematisch zu lesen. In O. Hansmann (Hrsg.), *Seminar: Der pädagogische Rousseau. Bd. II: Kommentare, Interpretationen, Wirkungsgeschichte* (S. 12-48). Weinheim: Dt. Studien-Verl.

Bette, K.-H. & Schimank, U. (1995). *Doping im Hochleistungssport*. Frankfurt a.M.: Suhrkamp.

Foddy, B. & Savulescu, J. (2007). Ethik der Leistungssteigerung im Sport: Medikamenten- und Gen-Doping. In B. Schöne-Seifert & D. Talbot (Hrsg.), *Enhancement. Die ethische Debatte* (S. 93-113). Paderborn: Mentis.

Kobusch, T. (2011). Die Kultur des Humanen. Zur Idee der Freiheit. In A. Holderegger, S. Weichlein & S. Zurbuchen (Hrsg.), *Humanismus. Sein kritisches Potential für Gegenwart und Zukunft* (S. 357–386). Basel: Schwabe [gekürzt in Information Philosophie, 38 (5), 7-13].

Kobusch, T. (2012). Welt der Gründe oder Welt der Vernunft? Zur Einseitigkeit des Rationalismus. *Allgemeine Zeitschrift für Philosophie*, 37 (3), 243-264.

Körner, S. (2012). Doping im Spitzensport der Gesellschaft. In S. Körner & S. Schardien (Hrsg.), *Höher – Schneller – Weiter. Gentechnologisches Enhancement im Spitzensport. Ethische, rechtliche und soziale Perspektivierungen* (S. 129-148). Münster: Mentis.

Schardien, S. (2012). Sehnsucht nach Mehr. Gentechnologisches Enhancement und theologische Eschatologie im Vergleich. In S. Körner & S. Schardien (Hrsg.), *Höher – Schneller – Weiter. Gentechnologisches Enhancement im Spitzensport. Ethische, rechtliche und soziale Perspektivierungen* (S. 305-325). Münster: Mentis.

Schürmann, V. (2011a). *Die Unergründlichkeit des Lebens. Lebens-Politik zwischen Biomacht und Kulturkritik*. Bielefeld: transcript.

Schürmann, V. (2011b). Glück im Junghegelianismus. In D. Thomae, C. Henning & O. Mitscherlich-Schönherr (Hrsg.), *Glück. Ein interdisziplinäres Handbuch* (S. 200-205). Stuttgart, Weimar: Metzler.

Schürmann, V. (2012). Natürlichkeit oder Fairness? Begründungsstrategien zum Doping-Verbot im Spannungsfeld von Recht und Moral. In C. Asmuth & C. Binkelmann (Hrsg.), *Entgrenzungen des Machbaren. Doping zwischen Recht und Moral* (S. 75-87). Bielefeld: transcript.

Spaemann, R. (1971). Autonomie, Mündigkeit, Emanzipation. Zur Ideologisierung von Rechtsbegriffen. In S. Oppolzer (Hrsg.), *Erziehungswissenschaft 1971. Zwischen Herkunft und Zukunft der Gesellschaft* (S. 317-324). Wuppertal: Henn.

Steinfeld, T. (2013, 26. Januar). Das Wollen wollen [über Selbstoptimierung]. *Süddeutsche Zeitung* v. 26./27.1.2013, V2/1.

Villaume, P. (1787). Von der Bildung des Körpers in Rücksicht auf die Vollkommenheit und Glückseligkeit der Menschen oder über die physische Erziehung insonderheit. In M. Schwarze & W. Limpert (Hrsg.), *Quellenbücher der Leibesübungen, Bd. 2/1* (S. 1-290). Dresden: Limpert o.J. [1929].

Über Dopingaktive, Selbstformung und Lebensführung. Das Paradebeispiel: Lance Armstrong. Ein anthropologischer Zugang

Eckhard Meinberg
Institut für Pädagogik und Philosophie,
Deutsche Sporthochschule Köln

Zusammenfassung

Obwohl mittlerweile immer mehr Wissenschaften dem Dopen im Sport eine jeweils unterschiedlich motivierte Aufmerksamkeit schenken, existieren selbstverständlich noch zahlreiche, auch relevante Themenbereiche, die nahezu unbeackert geblieben sind. Dazu zählen u.a. auch anthropologische Argumente und Fragestellungen, die deshalb bedeutsam sind, weil sie den einzelwissenschaftlichen Horizont übergreifen und zum Beispiel dem Doping grundsätzlich „Menschliches" abgewinnen können. Zwar gibt es einige mehr implizite, jedoch höchst selten explizite anthropologische Ansatzpunkte. Deshalb wird hier bewusst Partei für einen solch expliziten anthropologischen Umgang mit dem Dopingproblem ergriffen. Dies erfolgt im Kontext einer *pragmatischen Anthropologie*, die am Fall Lance Armstrong erprobt wird und somit eine besondere Art einer Dopinganalyse bietet.

Summary

Although meanwhile, more and more sciences are interested in sports doping, it is a matter of course that there are fields which are not cultivated enough. One of these are anthropological questions and arguments. Currently, these few approaches have a more or less implicit character. Despite of this, my essay will underline the necessity and one possibility of an explicit, so called pragmatical anthropology, which has a wider horizon than special sciences. Lance Armstrong will be the example for this try of a small anthropological doping analysis.

Zum Einstieg: Eine systematische Verortung der Thematik

Seitdem Doping im Sport alltäglich geworden und dadurch eine neue Konfiguration Dopingsport entstehen lässt, ist dieser mehr und mehr auch in den wissenschaftlichen Aufmerksamkeitshorizont geraten. In der Tat eröffnet Doping ganz unterschiedlichen Wissenschaften neue Gegenstandfelder mit spezifischen Interessenlagen sowie abwechslungsreiche Diskursmöglichkeiten (vgl. *Meinberg*, 2008). Allerdings muss man freimütig eingestehen, dass Dopingsport in den verschiedenen Wissenschaftsdisziplinen eher randständig behandelt wird, das grelle Rampenlicht nach wie vor scheut. Das gilt auch für die hier vorzustellende Problematik, deren Erkenntnislage insgesamt noch recht schmalbrüstig ist. Titelgetreu rankt dieser Beitrag um die von der Lebensführung nicht abkoppelbare Selbstformung sowie deren Praktiken, exemplarisch durchgesprochen an Lance Armstrong, den weltweit populären Stofflieferanten für alle möglichen und unmöglichen Berichterstattungen. Dieser texanische Pedalgigant hat seine international immer noch beachtliche Fangemeinde schockiert und gleichzeitig seine Dauerkritiker bestätigt. Dieser „Fall", ein tiefer Sturz, und im Dopingsport, ausgenommen sogenanntes politisch verordnetes „Staatsdoping", bislang einzigartig, kann auch unter dem Aspekt der Lebensführung angegangen werden – und sobald dies erfolgt, drängen sich wenigstens drei unmittelbar miteinander verzahnte Bereiche auf, in denen die Lebensführung ein Kardinalthema ist: Anthropologie, Ethik und Pädagogik.

Sie stehen in einem engen Verweisungsgefüge und geben ein eher unverdächtiges Dreiecksverhältnis ab – wohlwissend, dass die individuelle Lebensführung selbstverständlich auch durch überindividuelle, „objektive Prägefaktoren" bestimmt wird, wie etwa soziale, ökonomische, ökologische und politische Bedingungsfelder. Dass Erziehung, Bildung und Lernen der Lebensführung dienen, ist leicht nachvollziehbar, ebenso dass Ethik im weiteren Sinne, nicht lösbar von Erziehungs- und Bildungsprozessen, zum Lebenkönnen unabdingbar ist.

Aber: Weshalb ausgerechnet Anthropologie? so könnte angefragt werden. Die Zuständigkeit von Pädagogik und Ethik in Sachen Lebensführung leuchtet unmittelbar ein, und wer die Debatten rund um Doping auch nur relativ oberflächlich beobachtet, der wird rasch bemerken, dass in der Tat eine Reihe von genuin pädagogischen und ethischen Bemühungen existiert. Mit der Anthropologie jedoch verhält es sich anders. Explizit taucht das Wort im Zusammenhang mit Dopingsport nur sporadisch oder gar nicht auf. *Anthropologische Dopinganalysen*, die weder ein Gefallen an A- noch B-Proben haben, und die Bezeichnung anthropologisch beziehungsweise Anthropologie offensiv im Titel vor sich her tragen, sind, von wenigen Ausnahmen abgesehen, kaum zu registrieren (vgl. dazu *Meinberg*, 2005); es handelt sich momentan um ein bislang unbestelltes Terrain, für das systematisch kaum einmal Pflöcke eingerammt wurden, geschweige denn das Feld überhaupt abgesteckt wäre, was insofern bedauerlich ist, da Anthropologie letztlich *radikal* ansetzt, das Problem an der Wurzel zu fassen trachtet. Vereinfacht: Die Tatsache, dass *nur Menschen dopen* – andere Lebewesen tun dies nicht! – wird noch zu sehr vernachlässigt. Aber von welchem Anthropologieverständnis ist hier auszugehen? Dazu ein vorläufiger Antwortversuch:

Bekanntlich erzeugt der Spitzensport, zum Hochleistungsgigantismus tendierend, wie nur wenige menschliche Handlungsfelder sonst, Helden, die bestaunt, verehrt und bewundert werden, handelt es sich dabei doch manchmal um das menschliche Fassungsvermögen überschreitende „Wunderleistungen", so dass es nicht von ungefähr kommt, wenn zum Beispiel FAZ-Online aus Anlass der Olympischen Spiele in London angesichts für schier unmöglich gehaltener Taten chinesischer Schwimmer/innen titelt: „Chinesisches Wunder“ (30.07.12) und die Süddeutsche-Online einen Artikel überschreibt: „Olympisches Wasser voller Wunderkinder“ (01.08.12). Und auch Lance Armstrong erhielt zu seinen Tour-de France- Hochglanzzeiten den Status eines ungläubig beäugten Wundermenschen, wobei allerdings immer schon, nicht nur hinter vorgehaltener Hand, ein Dopinggeraune vernehmbar war, wie übrigens auch bei den gegenwärtigen Schwimmwunderkids, eben weil man derartige Spitzenleistungen nicht für menschenmöglich halten will.

Gemessen am sportlichen Otto-Normal-Verbraucher erhebt sich dann stets die brisante, letztlich unbeantwortbare Frage: Ist das eigentlich (noch) *menschlich*, was hier bedeutet: Kann man das als (normaler) Mensch überhaupt leisten, ist das nicht übermenschlich, un – glaublich, eine Leistung von einem anderen Planeten, also außerirdisch, nicht von dieser Welt? So und ähnlich lauten die Fragen und auch das Wort *unmenschlich* im Zusammenhang von ganz außergewöhnlicher Leistungsfähigkeit, die das für „normal“ empfundene sportliche Können grenzenlos überschreitet, wird verwendet.

Eine andere gängige Lesart von unmenschlich hat dagegen einen negative Klangfärbung, wenn sie gleichgesetzt wird mit inhuman, menschenunwürdig, menschenverachtend, wozu das Substantiv *Unmensch* passt, das moralische Verachtung bezeugt; vor Unmenschen sollte man sich fernhalten. Wenn A. Hecker in seinem „FAZ-Feuilleton“ für seinen Beitrag die Titelgebung: „Lance Armstrong. Der Unmenschliche“ reserviert und in den Ausführungen dazu die Bezeichnung unmenschlich nicht wieder aufgreift, dürfte er mehr der zweiten Variante von unmenschlich zuneigen. Eine Pointe: Mit dieser Charakteristik des L. A. als unmenschlich steckt man mitten in meinem Thema. Weshalb?

Beide Gebiete: Sowohl die Anthropologie wie die Ethik werden davon zentral betroffen, wobei ich in meiner weiteren Gedankenführung die Anthropologie und das Anthropologische akzentuieren werde. Denn: Wer ein Verhalten als unmenschlich qualifiziert, der macht sich ein Bild vom Menschen, bewusst oder unbewusst, das sich am Menschlichen des Menschen orientiert. Von diesem Bild her wird Menschliches von Unmenschlichem geschieden. Danach ist das Unmenschliche eine Sonderform des Menschen, genauso wie etwa der Unsinn eine Ausprägung von Sinn ist.

Kurzum und grob generalisiert: Anthropologie versucht, zu bestimmen, was der Mensch ist, der sich offenbar erst zu einem „menschlichen Menschen“ empor zu arbeiten hat. Bezeichnend betitelt Rombach seine m. E. bis heute unterschätzte Anthropologie „Strukturanthropologie. Der menschliche Mensch“ (*Rombach*, 1987) – auch und schon ein Hinweis darauf, dass das Menschliche am Menschen offenbar keine reine Mitgift der Natur ist. Der Mensch steht unter dem Zwang, sich bestimmen zu müssen, ohne – und das ist entscheidend – sich im Lebensweg ein für alle Mal festlegen zu müssen. Hier gilt das von vielen nachgesprochene Nietzsche-Wort, wonach der Mensch das „nicht festgestellte Tier“ ist, was natürlich in gewisser Weise, streng genommen, auch schon eine besondere Art der Festlegung bedeutet. Dieses Nichtfestgestelltsein hat im Laufe der Geschichte zu einer Vielzahl von „Festlegungen des Menschen“ geführt, die dann fälschlicherweise auch für *das Wesen* des Menschen gehalten werden (vgl. dazu umfassend *Lenk*, 2010) und unter anderem zu immer andersartigen Unternehmungen und Kreationen vom „Neuen Menschen“ geführt hat.

Der Mensch und damit die Anthropologie ist auf der beständigen Suche nach dem Menschen, sodass es sich verbietet, den Menschen auf *ein* Wesen, *eine* Natur zu fixieren. Die heutige Anthropologie, will sie ernst genommen werden, ist von ihrem Ansatz her eine *non-essentialistische* Anthropologie, die sich nicht damit brüstet, das Wesen des Menschen dingfest machen zu können; sie ist, paradox, eher eine Anthropologie der wesensmäßigen Unbestimmtheiten, sie arbeitet sich an der enormen Plastizität und Weltoffenheit (Scheler) des Menschen ab. Und just diese Auffassung ist es, von der sich meine Ausführungen leiten lassen.

Ein anderes Charakteristikum ist das *pragmatische* Element, ein auf das Handeln und Verhalten bezogener Grundzug, den ihr Kant in seiner „Anthropologie in pragmatischer Hinsicht“ (*Kant*, 1798) eingepflanzt hat. Ausgehend von dem Bild des Menschen als *Natur-* und *Kulturwesen* tritt bei ihm die Anthropologie, als Resultat einer 30-jährigen Standardvorlesung, in der Doppelgestalt einer „physiologischen“ und „pragmatischen“ Anthropologie auf, die Unterschiedliches zum Objekt hat, wie er in der „Vorrede“ klarlegt. Anthropologie als Kenntnis des Menschen verfährt „physiologisch“, insofern sie erkundet, was „die Natur aus dem Menschen macht“, und sie ist pragmatisch ausgerichtet, insoweit sie das zu ergründen sucht, „was der Mensch als freihandelndes Wesen aus sich selber macht oder machen kann und soll“. Das vom Menschen in Freiheit Gemachte avanciert also zum Leitthema der pragmatischen Anthropologie, und das ist die Kultur – zugleich wird die Verbindung zur Ethik durch das „Soll“ betont. Der Mensch, das hat die Geschichte gelehrt, kann Vielerlei machen, aber die ethische Frage ist, ob er auch all das, was er machen kann, soll.

Mit dem Menschen ist das Können verwoben, auch dies ragt in die Hemisphäre einer pragmatischen Anthropologie hinein, die um die Selbstauslegung der Wirklichkeiten und Möglichkeiten des Menschseins kreist. Die Bezugnahme auf Kant ist demnach kein Griff in die anthropologische Mottenkiste; denn die Frage nach der Freiheit, dem Können und den Grenzen ist weiterhin ebenso akut und aktuell, wie das Verhältnis zwischen Natur und Kultur für eine jede Lebensführung unentbehrlich ist. Gleichwohl ist selbstverständlich nicht nur Zeitbedingtes aus heutiger Sicht gegenüber Kant überholt, was nachdrücklich Böhme in einer gewandelten und ganz bewusst in Anspielung auf Kant so formulierten „Anthropologie in pragmatischer Hinsicht“ (vgl. *Böhme*, 1985) untermauern konnte. Auch Böhme votiert für einen solchen Typus von Anthropologie, jedoch distanziert er sich an entschiedenen Punkten von dem Königsberger Philosophen – und zwar ganz zentral, wenn unter anderem, anders als Kant, der den „vernünftigen Menschen“ feierte und angefochten zum Ideal erhob,

Böhmes Anthropologie keine „ideale Selbststilisierung“ vor Augen hat. „In der Lehre von den „Zuständen“ des Menschseins möchte sie vielmehr den einzelnen dazu auffordern, vielgestaltig zu werden und Übergänge zu lernen, zumindest der anderen eingedenk zu bleiben, wenn er die eine wählt“ (*ebd.*, S. 9).

Dass der Mensch in seinem Tun immer auch, trotz aller Aktivität mit Widerfahrnissen und dem Unvorhergesehenen rechnen muss, damit sein Handeln glückt, hat Kamlah in seiner philosophischen Anthropologie (1973) bemerkenswert hellsichtig herausgearbeitet. Im Gegensatz zu den distanzierenden Naturwissenschaften problematisiert die Anthropologie Menschen, „die wir selbst“, also vom Gegenstand „betroffen“ (Böhme) sind. Für Kamlah ist „dieses bedürftige und bedrängte Selbst ... das risikoreiche Thema der Anthropologie“ (*Kamlah*, 1973, S. 14), das aufgrund seiner spezifischen Erkenntnisform, die Plessner als „exzentrische Positionalität“ definiert, sein „Leben führen muss“. Der Mensch ist, um Sartre zu modifizieren, zur Lebensführung „verurteilt“, von ihr kann er nicht befreit werden. Damit diese allerdings gelingt, müssen Erziehung, Bildung und Lernen auf den Plan treten, wobei angesichts der Freiheit kein Persilschein auf das tatsächliche Glücken ausgestellt werden kann. Eines ist sicher: Die anthropologisch notwendige Lebensführung ist eine *erstrangige Kulturaufgabe*, die auf den rechten Umgang mit der Natur und Kultur zugleich abzielt; denn Lebensführung ist, genau genommen, stets Leibesführung – im Sporttreiben besonders aufdringlich, freilich nicht nur dort. Da der anthropologische Befund der Lebensführung, der allen anderen spezialistischen wissenschaftlichen Erkundungen darüber, wie ein Leben geführt wird und wie es möglicherweise geführt werden soll, voraus – und zugrunde liegt, ist es sachlich zwingend und möglich, die Lebensführung von Dopingakteuren anthropologisch ins Licht zu setzen.

Lebensführung als Selbstformung

Jeder einzelne muss lernen, sein Leben zu leben, indem er es führt – und die meisten wollen nicht nur schlicht und einfach dahinleben, sondern einigermaßen „gut“, beabsichtigen ihrem Dasein eine bestimmte Qualität zu verleihen, sodass es lebenswert wird. Daraufhin entwickelt das Selbst allerlei Taktiken, Strategien und Techniken. Lebensführung ist ein unabschließbarer Prozess der Selbstformung.

Formen ist eine pädagogisch aufgeladene Kategorie, deren Spuren weit bis in die Antike zurückweisen, ohne dass sie hier aufgenommen werden müssten. Formen meint Gestalten und Entwerfen, bedarf der Einbildungskraft, ist ein ästhetisches Geschehen und somit auch eine ästhetische Kategorie, weshalb es nicht überrascht, wenn beispielsweise Schiller in der Moderne am Ende des 18. Jahrhunderts von einem „Formtrieb“ spricht, der, neben dem Stofftrieb, grundlegend für eine Theorie der ästhetischen Erziehung/Bildung sei. Ein Leben führen erfordert demnach unweigerlich ästhetische Fertigkeiten. Das Selbst versucht, dem eigenen Leben eine bestimmte Form zu geben. Das ist möglich, weil es eine individuell verschiedenartig ausgeprägte und auszuprägende Bildsamkeit gibt. Der Mensch ist, so kürzelhaft, auch das sich formende und geformte Lebewesen. Der Formende formt sich nicht nur selbst, vielmehr wird er auch durch andere geformt. Der reiche pädagogische Metaphernschatz hält dafür unter anderem Bilder und Gleichnisse wie Töpfer, Bildner, Gärtner und ähnliche bereit, die als Formgeber Symbolkraft gewinnen.

Der von Plessner aufgedeckte anthropologische Befund der „exzentrischen Existenzform“, sein Leben führen zu müssen, bringt die Notwendigkeit der pädagogischen Formgebung mit sich und unterstreicht das Zusammenspiel von Lebensführung und Selbstformung, die ihrerseits ein Können, heute vielfach verengt auf Kompetenzen, abverlangt.

Blickt man von dort her auf das professionelle, wie auch auf das mehr amateurhafte Sporttreiben, so begegnet dort der Formbegriff mit einer Häufigkeit wie kaum sonst. Ganz lapidar herrscht der Grundsatz: Um etwas zu können, muss man sich in Form bringen, was auch umgekehrt zutrifft: Um die rechte Form zu erreichen, muss man etwas können. Die jeweilige Form verdeutlicht den augenblicklichen Könnensstand. Stets ist es darum zu tun, in Form zu kommen, möglichst zum rechten Zeitpunkt die rechte Form zu finden. Manch ein Sportaktiver verzweifelt schier daran, dass er außer Form ist, sich in einem sogenannten Formtief befindet, „keinen Lauf hat“, ein „sportliches Tal“ durchschreitet, dass mithin der Formaufbau irgendwie nicht stimmig ist und nicht „störungsfrei“ verläuft. Demgegenüber stehen wiederum andere, die in der Lage sind, punktgenau ihre Best- oder Höchstform zu erreichen (in gegenwärtigen Sprachjargon heißt das: die Leistung zum rechten Zeitpunkt „abrufen“ – welch ein sprachliches Missgeschick?), den anvisierten Rekord tatsächlich brechen und die Früchte harter Arbeit ernten.

Voraussetzung dafür ist in aller Regel ein strenges Übungsregime, das im professionellen Sportbetrieb durchrationalisiert und minutiös geplant wird und mit technischen Hilfsmitteln ausgestattet, ansonsten kann anscheinend keine Formgebung, erst recht keine Formsteigerung erfolgen. Das unermüdliche Üben, gepaart mit unzähligen Wiederholungen bestimmter Bewegungsabläufe soll die Passgenauigkeit, den sportiven Körper in Form zu bringen, erhöhen, und das möglichst unabhängig von der jeweiligen Tagesform. Hilfreich dafür sind unter anderem von Ernährungsberatern ausgeklügelte Ernährungspläne, damit der Körper die Übungsprozeduren erfolgreich besteht und immer noch belastbarer wird. Da sich länger schon herum gesprochen hat, dass es angeblich der Kopf ist, der über Sieg und Niederlage entscheidet, werden Mentalcoaches herangezogen, um durch gezielte, manchmal trivial anmutende Mentalübungen die Adepten auf sportliche Großtaten vorzubereiten. Die Übungsprogramme gehen über die rein physische Körperertüchtigung hinaus, erfassen Geist und auch Psyche, falls diese schwächelt, instabil und erfolgshemmend zu wirken droht; dann wird mittels psychologisch geschulter Übungsleiter nachgeholfen, um etwa ein beschädigtes Selbstbewusstsein der Athleten aufzurichten. Auch diese Maßnahmen sollen formverstärkende Effekte erzielen.

Um möglichst sportliche Erfolge in Aussicht zu stellen, werden in einigen und immer mehr Sportarten schon frühzeitig die Weichen zu stellen versucht. Bereits im frühen Kindesalter beginnt die Talentsichtung, für die der neue Berufszweig, der Scout inthronisiert wurde, der weltweit darauf bedacht ist, möglichst keinen Hoffnungsträger durch das Sichtungsnetz schlüpfen zu lassen – und sobald fündig geworden, die auserwählten Talente mit diversen Übungsformen zu traktieren.

Wer vom Üben im Sport redet, der spricht zwangsläufig über Trainieren, jener Tätigkeit, welche die jeweilige individuelle Bestform ermöglichen will. Folgt man dem nie um Überspitzungen verlegenen Sloterdijk, so hat er in seinem Buch „Du musst dein Leben ändern“ (2009) diagnostiziert, dass Training in unserer Gesellschaft einen über den Sport ausgedehnten, universalen Zuschnitt erhalten habe, sofern für Jedermann ein „Trainingsdruck“ entstehe und die europäische Neuzeit zu einem „beispiellosen Trainingslager“ avanciert sei, das in einem „Reizklima der Leistungssteigerung“ gedeiht. Sloterdijks Zeitdiagnose wäre unvollständig, würde er im Zusammenhang mit den nicht nachlassenden Steigerungsambitionen die Enhancementbestrebungen ausklammern, welche er als eine veräußerlichte Steigerungsform apostrophiert. Zu dieser global agierenden „enhancement-Industrie“ rechnet er neben der plastischen Chirurgie, der Wellness-Szene und dem Fitness-Management auch das „systematisch“ betriebene Doping (*Sloterdijk*, 2009, S. 530).

Wem es nicht gelingt, durch eisernes Üben und harte Trainingsfron seine Formkurve auf die Spitze zu treiben, der kann, dank der Pharmaindustrie, durch die Einnahme einer besonders leistungsstarken Pillenmixtur seiner Form auf die Sprünge helfen. Formverbesserung um jeden Preis ist das erklärte Ziel der Dopenden. So auch von L. A. Wer diesen Heroen nach stundenlangen, kräftezehrenden Bergetappen beobachtet hat, wie er kurz vor der Bergwertung aus dem Sattel gestiegen ist und dann zu einem Sprint „angetreten“, an seinen Gegnern „vorbeigeflogen“ ist, der muss sich unwillkürlich gefragt haben, ist das wirklich noch menschlich? Geht das mit rechten Dingen zu? Offensichtlich nicht, wie man seit seinem jüngsten Eingeständnis weiß. Dann kann der Fahrradlaie in etwa ahnen, was die Medikation aus diesem Gruselkabinett zu bewirken im Stande sein kann.

Die ersehnte Formoptimierung scheint dadurch garantiert zu sein, wenngleich nicht immer und überall in diesem extremen Ausmaß wie bei dem Texaner. Selbstformungsstrategien setzen jedenfalls auf die Effekte dieser Medikationen, die sich als formgebend erweisen. Üblicherweise sind es Menschen, nämlich Trainer oder andere Übungsleiter bzw. ein ganzer Trainerstab, von denen sich die Sportaktiven formen lassen. Dopenden reichen diese sozialen Interaktionen mit Menschen offenbar nicht aus. Sie fügen eine materielle Intervention qua Medikation hinzu. L. A. und die vielen ungenannten Anderen überschreiten diese Grenze der Unterstützung. Doping ist, so gesehen, auf Entgrenzungen aus.

Die ganz auf den Sport zugeschnittene Lebensführung, von der man sich gleichzeitig „außersportliche“ Erfolge, Ruhm, Ansehen und Wertschätzung verspricht, ist eine solche, die Limitationen ignoriert und dafür, wie der Volksmund es wenig schmeichelhaft ausdrückt, „über Leichen geht“. Eine derartige Lebensführung ist auf Grenzenlosigkeit angelegt, eine absurde Vorstellung, für die der professionelle, heutzutage teils circensisch vermarktete Hochleistungssport, fester Bestandteil einer einträglichen Unterhaltungsindustrie, besonders anfällig zu sein scheint. Eines seiner modernen Markenzeichen, der Rekord (Gutmann) lebt ja von der Idee der permanenten Überbietung – manche nennen es „Rekordwahn“ oder „Rekordsucht“, was nichts anderes meint als Grenzverschiebung.

Nochmals: Ein zentrales Element der Lebensführung von L. A. besteht im Bemühen, Grenzen wegzuräumen und zu ignorieren. Wie noch zu sehen ist, liegt ihm daran, nicht lediglich sportive Grenzen zu überwinden, vielmehr auch mit anderen Limitierungen zu brechen. L. A. formt sein Selbst durch permanente und penetrante Grenzüberschreitungen. Wie bei allen anderen Dopern, jedoch auch bei vielen dopingfreien Aktiven, orientiert er sein Selbst am Bild vom defizitären Selbst und misst es am *Idealbild* des perfekten Menschen, und das heißt im Fall L. A. eines formvollendeten Aktiven, dem es gelingt, ständig Bestformen zu erreichen. Ausgehend vom Bild des imperfekten Athleten unternimmt er es, sein Können auf Gedeih und Verderb zu perfektionieren, das, gemäß den Kodizes des Spiels, als eine besondere Spezies vom *Scheinkönnen* klassifiziert werden muss. Der Mensch, der sich allgemein an der Welt formt und von dieser geformt wird, trägt eben deswegen in der Anthropologie auch den Titel und das Etikett „Weltmensch“, „Homo Mundanus“, eine Auszeichnung, die jüngst Welsch in seinem gleichnamigen Mammutwerk gegen alle anthropozentristischen Überheblichkeiten beeindruckend zementiert hat (*Welsch*, 2012). L. A. und Dopinggenossen produzieren in der Lebenswelt Radsport eine Scheinwelt. Völlig unabhängig davon hat Kant diese Welt des Scheins mitsamt ihren ganz unterschiedlichen Ausformungen ausdrücklich in seine Anthropologie aufgenommen. Dieses „mehr Scheinen als Sein“, alltagssprachlich fest verankert, deutet unmissverständlich auf die Doppelexistenz des Selbst hin.

L. A. ist jemand, der nichts unterlassen hat, mit aller Macht und Kraft über Jahre hinweg dieses Scheinkönnen und diese Scheinexistenz aufrecht zu erhalten, was ihm bekanntlich über längere Zeit gelungen ist. Seine Daseinsführung basierte vorübergehend auf (immer neuen) Scheinerzeugnissen, möglicherweise, und das ist eine bloße Vermutung, kann er Schein und Sein nicht immer auseinander halten, wenigstens ist das Scheinhaftige, mit dem er Andere geblendet hat, konstitutiv für seine Lebensführung. Er gerierte sich als wahrer Scheinheiliger, imaginierte Bilder von sich als den Unbesiegbaren, der es sogar schaffte, selbst sein Krebsleiden zu überwinden. Sein Wunsch und seine Hoffnungen gingen dahin, dass die von ihm produzierten Selbstbilder des „Außerirdischen“ quasi vom Publikum adoptiert wurden. Das ist ihm über lange Zeit hinweg gelungen und ließ ihn zum Idol vieler Generationen aufsteigen.

Und: Wie vieles in unserer gegenwärtigen Gesellschaft, mit ihren Schatten- und Scheinwelten, ihrer unentwegten Reizüberflutung und dem Hang zum Virtuellen, befeuert von Verbesserungssehnsüchten- und süchten, entpuppen sich manche dieser Verhaltensweisen als „Blase", bei L. A. als verkörperter Schein. Das Zerfransen dieser Blase enthüllt sein Sein als das, was es ist: als Schein. L. A. kreierte eine eigene „Marke", die seine Einzigartigkeit noch einzigartiger machen sollte, um ein Leben im Superlativ austragen zu können.

Er vertraute sich zum Teil einem geliehenen Können an, was ihn auch zu dieser Ikone machte. Liessmann verallgemeinert die gesellschaftliche Funktion von Idolen prägnant: „Idole, so könnte man sagen, tun nur so, als ob sie nicht von dieser Welt wären. Sie suggerieren eine Vollkommenheit und ästhetische Perfektion, die fingiert ist: Sie beanspruchen einen Status, der ihm gar nicht zukommt; sie verlangen eine Aufmerksamkeit und Verehrung, die nur auf einer Täuschung beruhen kann" (*Liessmann*, 2010, S. 172). Diese Aussage trifft voll auf L. A. zu! Dessen sportliche Exzellenz ist von der Art einer „als ob Exzellenz". Und trotzdem, so fährt Liessmann fort, „können wir auf unsere Idole nicht verzichten, lassen uns immer willig und genau von ihnen verführen, bringen sie zum Niederknien, beten sie an, ahmen sie nach und verzeihen ihnen alles" (*ebd.*, S. 173). Ähnlich verhält es sich mit L. A., der den zweifelhaften Ruhm als einer der größten Dopingakteure der Sportgeschichte für sich in Anspruch nehmen kann; denn auch er hat seine Bewunderer und Sympathisanten, die ihm weiterhin die Stange halten.

Abstrahiert von L. A., war es Kant, der in seiner pragmatischen Anthropologie „Weltkenntnis" zutage fördern will, und im ersten Teil, überschrieben „anthropologische Didaktik", wobei man tunlichst mögliche Assoziationen an eine anthropologisch begründete Didaktik, die womöglich Regieanweisungen für den Schulunterricht enthält, vermeiden sollte, dagegen „von der Art, das Innere sowohl als das Äußere des Menschen zu erkennen" handelt. Dieser Teil ist in drei Bereiche zergliedert, der sich zuerst dem Erkenntnisvermögen, dann dem Gefühl der Lust und Unlust und drittens dem Begehrungsvermögen widmet. Kant, und deshalb diese Referenz, platziert das zuletzt problematisierte Verhältnis vom Sein und Schein in diesem ersten Buch, also unter der Rubrik Erkenntnisvermögen und siedelte es dort an, wo er die menschliche Sinnlichkeit mit dem Verstand kontrastiert und nicht nur beiläufig den Schein zur Sprache bringt. Denn was uns in der Person L. A. begegnet, ist vom Prinzip her geläufig: Es ist dies die Tatsache, dass sich Menschen verstellen, in unterschiedliche Masken schlüpfen, schauspielern – oder im Einklang mit dem Buchtitel von Goffman „Wir alle spielen Theater".

Kant, der vornehmlich den moralischen Schein im Auge hat, notiert es so: „Die Menschen sind insgesamt, je zivilisierter, desto mehr Schauspieler; sie nehmen den Schein der Zuneigung, der Achtung vor Anderen, der Sittsamkeit, der Uneigennützigkeit an, ohne irgendjemand dadurch zu betrügen" (*Kant*, 443). Die Schauspielerei zwischen Menschen, die so tut, als ob der Schein das

Sein sei, ist nach Kant so lange nicht verwerflich, wie die Anderen das Schauspiel als Schauspiel erkennen und sich daran auch ihrerseits beteiligen.

Allerdings besteht eine Grenze, wo dem Scheinen, den Maskeraden betrügerische Absichten beigemischt sind. Dann liegt eine Grenzüberschreitung vor, die Kant nicht duldet und die er derart beschreibt: „Nur der Schein des Guten in uns Selbst muss ohne Verschonen weggesteckt, und der Schleier, womit die Eigenliebe unsere moralischen Gebrechen verdeckt, abgerissen werden; weil der Schein da betrügt, wo man durch das, was ohne allen moralischen Gehalt ist, die Tilgung seiner Schuld, oder gar, in Wegwerfung derselben, die Überredung, nichts schuldig zu sein, sich vorspiegelt, z. B., wenn die Bereuung der Übeltaten am Ende des Lebens für wirkliche Besserung, oder vorsätzliche Übertretung als menschliche Schwachheit, vorgemalt wird" (*ebd.*, 445).

Das Vorgaukeln von etwas, also ein Scheinprodukt, ist gravierend, weil sich das Selbst dadurch selbst betrügen kann. Nicht anzweifelbar, da L. A. nach eigenem Selbstverständnis ein ausgemachter Betrüger, ein Selbstbetrüger ist, der Andere hinters Licht geführt und als eine Maxime seiner Lebensführung verinnerlicht hat: Betrüge und lass dich dabei nicht ertappen! Und falls es doch geschehen sollte, dann leugne so lange beharrlich, bis die Indizien erdrückend werden und spiele anschließend die Rolle des „Bereuers" (Kant).

Mit dem zuletzt Erörterten, den Kollaps der sportlichen Scheinexistenz von L. A., der einen Bruch in seiner Lebensführung durch die Aufdeckung des betrügerischen Selbst hervorgerufen hat, kann man sich dieser speziellen Selbstformungspraktiken, die, von außen betrachtet, eine De-formation ist, durch andere Hinsichten weiter annähern.

Selbstformung und Haltungen

Der Vorsatz, die verdunkelte Scheinwelt des L. A. ein klein wenig auszuleuchten, stützt eine der Hauptthesen, die von der Verquickung zwischen Anthropologie und Ethik, sind doch die beiden Schlagwörter allesamt auch ethisch relevant, vornehmlich wo jener Ethikstrang rehabilitiert wird, der von der umfassenden Fragestellung angetrieben wird, wie wir Menschen leben, was wir aus uns machen wollen, können und sollen. An diesem Prozess der Selbstherstellung, der ein solcher der Selbstformungen ist und ohne die Hilfe von anderen nicht möglich wäre, ist entschieden auch ein spannungsreiches Ensemble an Haltungen beteiligt.

Kant sondert eine physiologische Anthropologie, die den Menschen als Naturwesen fokussiert von der pragmatischen Spielart ab, die den Menschen als Kulturwesen thematisiert. Solange diese Versionen beziehungslos nebeneinander bestehen, hat dies oft zur Verabsolutierung eines Naturalismus oder eines Kulturalismus geführt, die sich zum Teil feindselig und absolutistisch gegenüberstehen. Hier wird stattdessen für eine Koexistenz beider Modi plädiert, was sich beispielsweise an den Haltungen veranschaulichen lässt. Die „physiologische Anthropologie", behält man diesen Terminus bei, interessiert sich naheliegender Weise für physische Haltungen, während eine pragmatische die moralisch-sozialen in den Blick nimmt. In Wahrheit gehört beides zusammen, was Eickhoff konstatiert:

> „Leibliche und geistige Haltungen bilden eine untrennbare Einheit. Der Mensch ist ein Lauftier. Permanent unterwegs. Immer auf dem Fuß... im Unterwegssein bleibt er keinem Ort verhaftet, sondern lebt im Horizont einer Passage. Doch wie er unterwegs ist, so geht er, so verhält er sich, so ist sein Fühlen und Denken, so gibt er sich eine Haltung" (*Eickhoff*, 2008, S. 26),

die natur- und kulturbedingt ist, ein Zusammenspiel von Natur und Kultur meint.

Dass solche Haltungen eine individuelle Note haben, ist empirisch gut belegt.

> „An einer Kulturhaltung ist immer die ganze Persönlichkeit beteiligt, denn zu einer Haltung gehören physische und psychische Vermögen – die Eignung von Atem, Muskel und Gehirn, sowie der Wille, eine jeweilige Haltung einzunehmen" (*ebd.*, S. 27).

Das Selbst formt sich durch spezifische Haltungen, die entscheidendes Medium seiner Lebensweise sind und eine Bindung mit dem Leibsein haben. Die Lebensführung manifestiert sich entschieden in einem persönlich getönten Set an Haltungen, die größtenteils kulturell vorgegeben sind und individuell geprägt werden müssen. Allemal unentbehrlich sind *moralische Haltungen*, an denen übrigens die sachliche Nähe von Anthropologie und Ethik auffällig ist, was, um auf nur ein Beispiel von unzähligen anderen zu verweisen, an der Aufrichtigkeit eingesehen werden kann. Hier findet die natürliche Haltung des aufrechten Stehens sein Pendant in einer besonderen moralischen Haltung, die aufrecht, ohne Falschheit daher kommt, die den rechten moralischen Stand und eine darauf bezogene Standfestigkeit beglaubigt.

In der menschlichen Existenzform liegt die Nötigung, sich zu sich und der Welt zu verhalten, „Stellung zu nehmen" (Gehlen), was durch die Formung von Haltungen geschieht, und sofern sie eine moralische Grundierung und Essenz haben, auch als Tugenden bezeichnet werden. Deren griechische Ursprungsbedeutung ist arete und meint Bestheit, Bestform, frei von jedweder ethisch-moralischen Verengung. Tugend ist, vereinfacht, die Tüchtigkeit auf einem speziellen Gebiet. Lässt man einmal die wechselvolle Geschichte des Tugendverständnisses auf sich wirken, so hat die Tugend und haben Tugenden durchaus einen angestammten Platz im Themenrepertoire einer pragmatischen Anthropologie, so auch bei Kant, wobei dieser freilich, und für ihn bezeichnend, hauptsächlich eine ethische Färbung des Tugendbegriffs vornimmt, ist Tugend doch „die moralische Stärke in Befolgung einer Pflicht, die niemals zur Gewohnheit werden, sondern immer ganz neu und ursprünglich aus der Denkungsart hervorgehen soll" (*Kant*, S. 437).

Zum einen: Tugenden sind, nicht nur für Kant, kein Dauerbesitz des Individuums, müssen vielmehr stets neu erworben werden und zum anderen verraten sie eine „moralische Stärke", fügen sich zum Charakter einer Persönlichkeit. Tugendhaftigkeit ist Ausweis von Charakterstärke. Es ist daher konsequent, dass der Charakter ebenfalls ein Forschungssektor der pragmatischen Anthropologie ist.

Der zweite Teil der Kantischen Anthropologie widmet sich der „anthropologischen Charakteristik“ und behandelt darin nicht nur den Charakter der Person, sondern auch des Geschlechts, des Volks, der Rasse und den der Menschengattung; es wird eine relativ weit gefasste Anthropologie des Charakters entfaltet, was zu jener Zeit überhaupt nicht unüblich war. So hat etwa W. v. Humboldts „Vergleichende Anthropologie“, für die er ein Jahr vor Kants Anthropologie den torsohaften „Plan“ (1797) vorgelegt hat, als deren Gegenstandsbereich den „ganzen Menschen“ festgelegt. Und auch dort erhält der Charakter einen weiten Umfang, ebenso wie in seinen zum Teil sehr aktuell erscheinenden sprachphilosophischen Analysen, die unter dem Gesichtspunkt der Sprache den Nationalcharakter eines Volkes untersuchen (vgl. dazu *Trabant*, 2012).

Die Haltungen und den Charakter zum Ausgangspunkt genommen, kann eine direkte Verbindungslinie zu L. A. gezogen werden. Denn kaum etwas hat Außenstehende an dem ehemaligen Vorzeigeathleten so irritiert und empört wie die Chuzpe, mit der er seine Seriensiege errungen und sich zum vermeintlich „Unsterblichen“ stilisiert hat. Das weltweite Aufsehen, die Resonanz, die Kritik, die sich an ihm entzündet hat, zielt fast ausnahmslos auf seine moralischen Haltungen, die ihn gerade nicht zum Tugendbold machen konnten – im Gegenteil: Er war nicht im Stande, sein selbst gemaltes Wunschbild langfristig durchzuhalten; es wurde als Trugbild enttarnt. Der angeblich Tugendhafte frönte in Wahrheit dem Laster. Tugenden und Laster, moralische und unmoralische Haltungen liegen dicht beieinander, weshalb Kant in seiner Anthropologie folgerichtig ist, wenn er auch das Gegenstück der Tugend, das Laster einbezieht. Tugenden und Laster sind zwei Seiten einer Münze: Das kulturell geschätzte Gute und das verschmähte Böse. Wer an Tugenden denkt, denkt Laster mit und umgekehrt. Jüngst hat Seel diese Wechselseitigkeit in seiner Studie „111 Tugenden, 111 Laster“ (2011) hellsichtig vorgeführt und erklärt den beiderseitigen Zusammenhang so: „Tugenden sind Laster, die ihr Schlimmstes nicht ausleben; Laster sind Tugenden, die ihr Bestes versäumen“ (*Seel*, 2011, S. 226). Indes werden dadurch die Differenzen nicht aufgehoben. Denn

> „Tugenden respektieren und fördern, Laster hingegen verletzen und behindern die Selbstachtung und Selbstbestimmung der Menschen. Tugenden sind gut, Laster hingegen schlecht für ein gutes menschliches Leben und Zusammenleben“ (*Seel*, 2011, S. 226).

Jene moralischen Haltungen, welche die Vita des L. A. als Sportler im Nachhinein so schlagzeilenträchtig haben werden lassen, sind diese Laster, die seinen Tour de France Abonnementerfolgen die Aura des Außergewöhnlichen genommen haben. Wenn man es zuspitzen will: *Seine Tugend war das Laster, das, wie die Tugend, im Plural auftritt.* Die insgesamt auf Entgrenzungen des Normalen, des Üblichen bedachte Lebensführung des L. A. artikuliert sich in der Vorherrschaft des Lasterhaften. Dopen im Sport, so will es die Spielidee, ist eine Untugend, in der mehrere Laster zusammengehen. Genauso wie tugendhafte Haltungen koexistieren, steht es mit den Lastern, wie man am Verhalten des L. A. prototypisch zu erkennen vermag.

Es war und ist ein nahezu identisches Ritual und Drama, dem alle Dopinggeouteten folgen: Zunächst wird mit aller Entschiedenheit und Ernsthaftigkeit die Tat abgestritten. Dieser Phase der Leugnung schließt sich dann häufig, nach Vorliegen „harten Beweismaterials", ein zögerliches Zugeständnis an. Nicht selten kommt es vor, dass die Dopingüberführten für ihr Tun die Verantwortungsübernahme abweisen, da man ihnen die Dopingmittel auf mysteriöse Weise unfreiwillig und ohne Kenntnis untergeschoben habe, wie etwa besonders einfallsreich die „Baumannsche" Zahnpasta. Dem anfänglichen Nein: Ich habe nicht gedopt, folgt ein butterweiches „Jein". Im dritten Stadium angelangt, wird, zufolge erdrückender Zeugenaussagen, die Dopinghandlung zugegeben und gerechtfertigt, so im Radsport Usus, mit der Bemerkung, dass sich angeblich alle dopen. Laut Armstrong sei das Dopen so normal, wie das Aufpumpen eines Fahrradreifens, weshalb er „nur für Waffengleichheit gesorgt habe", wie er es im Angesicht seiner Beichtmutter O. Winfrey vor einem Millionen Fernsehpublikum mit großer Nonchalance ausgedrückt hat. Nach seinem eigenen Selbstverständnis sei er daher recht eigentlich auch kein Betrüger, dessen Cocktail, bestehend aus Kortison, Epo und anderen Zutaten ihm keinen nennenswerten Vorteil eingebracht habe. L. A. präsentiert sich als Vertreter des ganz normalen Dopingwahnsinns im heutigen Hochleistungssport.

Die zumeist halbherzig zugegebene Dopinglüge wird ganz oft mit dem Versuch einer als entlastend wirkenden „Entschuldigung" verbunden, dass alle Radrennfahrer dopen und deshalb mildernde Umstände zu gelten hätten. Armstrong liiert die Lüge mit einem anderen Laster, der Arroganz, bezichtigt er sich selbst als „arroganten Sack". Recht hat er; denn seine darin zum Ausdruck kommende Selbstüberheblichkeit scheint, wie vieles in seinem Leben, fast grenzenlos zu sein. Armstrongs Lastergewebe ziert natürlich auch die Unaufrichtigkeit, die manchmal mit dem Lügen gleichgesetzt wird, da beide Verhaltensweisen die Wahrhaftigkeit unterdrücken. Zu den hervorstechenden unmoralischen Haltungen des L. A. zählt die Missachtung gegenüber seinen Gegnern, seiner Umgebung und den Teamgefährten. Grundsätzlich ist es so: Jeder, der dopt, missachtet seine Mitspieler, Gegner, Zuschauer, mögliche Sponsoren und andere.

L. A. scheint, glaubt man den Betroffenen, diese Missachtung perfektioniert zu haben, was ihn teilweise in die Nähe psychopathischen Verhaltens rückt, ohne darüber richten zu wollen und zu können. Legt man die von R. Hare konstruierte „Psychopathy-checklist" an, in der Persönlichkeitsstörungen in Richtung Psychopathie erfasst werden, so ist ein Typ unter anderem charakterisiert durch „krankhaftes Lügen", ein übersteigertes Selbstwertgefühl, „betrügerisch-manipulatives Verhalten", Mangel an Schuldbewusstsein und anderen Indikatoren diagnostizierbar. Einiges davon ist dem Verhalten des L. A. verwandt.

D.h.: Übermäßig ausgeformte Laster begünstigen psychopathische Erscheinungsformen. Ohne an dieser Stelle den Lasterkatalog des L. A. zu ergänzen, soll nur noch auf dessen unsouveränes Verhalten verwiesen werden als Kontrapunkt zur Tugend der Souveränität, der nach Böhme besonders eigentümlich ist:

> „In der Ethik leiblicher Existenz... geht es um ein Standhalten, nämlich ein Standhalten gegenüber den Herausforderungen und Verlockungen einer beliebigen Manipulation des eigenen Körpers...Das Standgewinnen heißt..., in sich Standgewinnen im eigenen Leibe" (*Böhme*, 2003, S. 36).

L. A. hat, wie sämtliche Dopingjünger, dieses Standhalten als Ausdruck der Souveränität gänzlich vermissen lassen.

Das Zusammenwirken dieser und anderer Laster bringt, normativ-ethisch geurteilt, so etwas wie Unmenschlichkeit hervor. Der unmenschliche Radsportgigant hat die Achtung und letztlich die Würde anderer Menschen in doppelter Weise mit den Füßen getreten: Physisch und moralisch. Er hat vorübergehend eine Lebensführung gewählt, die der Biophilie (Lebensliebe) entgegensteht, sie ist von einer Destruktivität geleitet, die andere, aber auch ihn selbst betrifft. Anthropologisch gesprochen: sowohl die „1. Natur" wie die „2. Natur" wird beschädigt.

Nach langem Schweigen, Leugnen und Zögern stellt er sich mannhaft und ringt sich zu einem Geständnis durch, das von vielen als „Beichte" angekündigt wurde, die selbstverständlich nicht als Zwiegespräch und in einem abgeschirmten Raum stattfand, sondern spektakelsüchtigen „Gesetzen" gehorchte. Die „Beichte" wurde als ein medienwirksames Spektakulum inszeniert, als Dialog zwischen dem moralisch angeschlagenen Protagonisten und, bezeichnenderweise, *der U.S.A Talkshow First Lady O. Winfrey.*

Gespannt erwartete man die „große" Buße des L. A. Der erhoffte Reueakt entfiel jedoch ebenso wie die im Plauderton vollzogene Beichte. Denn auf eine Umkehr der Gesinnung ließen die Ausführungen von Armstrong nicht schließen, sie verblieben im Unverbindlichen, an dem unter anderem seine Selbstbezichtigung als „Lump" auch nichts ändern konnte. Ob dieses „Geständnis" auch wieder nur dem „schönen moralischen Schein" (Kant) dient oder damit eine echte Läuterung einhergeht, wird die Zukunft zeigen. Es gibt durchaus ehemals gedopte Radsportler, die tatsächlich eine Kehrtwendung vollzogen haben (vgl. unter anderem Jaksche) und sich seither recht glaubwürdig für einen „sauberen" Sport einsetzen. Bei Armstrongs „Bekenntnis" hingegen bestehen Zweifel, ob er tatsächlich eine wirksame Wende vollziehen wird, die seine Lebensführung ändert.

Identifikationsmedien und Selbstformung

Selbstformungsprozesse sind stets Identifikationsvorgänge. Man formt sich durch das und mit dem, was man sein will, als was sich das Selbst versteht. Offensichtlich hat es die conditio humana so eingerichtet, dass der sich selbst auf sein Selbst hin befragende Mensch ein Identitätsbedürfnis hat, für das quasi eine anthropologische Motivation besteht. Identität beruht auf Identifikationen mit etwas. Nun ist das menschliche Universum so gestaltet, dass man sich mit nahezu allem möglichen identifizieren kann, so auch vorübergehend mit bestimmten Menschen, die als Vor-bilder fungieren.

Aus diesem bunt gemischten Identifikationsangebot werden vorzugsweise solche ausgewählt, oft genug auch zufallsbedingt, die bedeutsam, wichtig erscheinen, die relevant sind und werden. H. Frankfurt hat in seiner Analyse „Sich selbst ernst nehmen“ (2007), bestehend aus zwei Vorlesungen, das „Sich sorgen um etwas“ als eine Grundtätigkeit für das „Sich selbst ernst nehmen“ herausgearbeitet, für die, so kann man seinen Gedanken aufnehmen und fortspinnen, Identifikationen maßgeblich sind.

> „Die Tatsache, dass es Dinge gibt, um die wir uns sorgen, ist eindeutig grundlegender für uns – konstitutiver für unser elementares Wesen – als die Antwort auf die Frage, um welche Dinge es sich dabei handelt. Nichtsdestotrotz ist es ganz offensichtlich entscheidend für unseren jeweils besonderen Lebensweg und unsere spezifische Lebensqualität, worum wir uns sorgen – was wir also als wichtig für uns erachten. Eine Person, die sich selbst ernst nimmt, fragt sich natürlich, wie sie dabei richtigliegen kann…“ (*Frankfurt*, 2007, S. 34 f.).

Projiziert man dieses Argument auf L. A., so darf unterstellt werden, dass sich der texanische Radsportbesessene selbst wirklich sehr ernst, ja bitterernst genommen hat und nimmt; er war in seiner sportaktiven Zeitetappe mit seiner Lebensführung so sehr beschäftigt, dass er, wie sich herausstellen sollte, ein Netz der Selbstbefangenheit gesponnen hat, welches er mit allen Mitteln verfeinerte und verfestigte. L. A. definierte sich über seine Sportexzellenz und damit auch über seine Körperstärke, ihn, dem das Schicksal mit seiner Krebserkrankung fast tödliche Wunden geschlagen hatte, verführten Allmachtsphantasien dazu, im Sport unverwundbar zu bleiben.

Als *das* Identifikationsmedium schlechthin erkor er sich das Fahrrad. Nicht irgendein Fahrrad, nein: das Rennrad, um das er sich intensiv *sorgte*, das die Ernsthaftigkeit seines Selbst verbürgte. Seine Welt war die Welt des Fahrrads, die es erlaubte, Zutritt in die „große“ Glamourwelt zu finden, von der hinlänglich bekannt ist, dass sie zu einem großen Teil eine Welt des schönen Scheins ist. L. A. gelingt der Übergang in diese Hochglanzwelt spielerisch, beherrscht er doch das Einmaleins der Scheinproduktion perfekt – allerdings in seinem Fall verurteilenswert, lebt doch der Sport und dessen Faszination von der selbsterbrachten und daher authentischen Leistung, bar jedweder Dopingzufuhr und Blutpanschereien.

Das Rennrad ist der „Stoff“, der ihm seine Identifikations*form* gibt. Die Tour de France ist die Bühne, auf der er am liebsten gespielt hat. Dieses französische Nationalheiligtum ist wie geschaffen für seine Ambitionen, geradezu prädestiniert für die Fabrikation seines Heiligenscheins und seiner Scheinheiligkeit. Mythenübersät, mit Gespür für die großen Dramen und Heldenepen, die nur der Sport schreibt, die über Aufstieg und Fall, Glanz und Elend erzählen, ist diese eine extreme Widerstandsfähigkeit abverlangende Radrundfahrt, diese berüchtigte „Tour der Leiden“ für L. A. eine Plattform par excellence. Auf seinem Rennrad sitzend und stehend, sich biegend und krümmend, nur selten aufrecht wird einem globalen Publikum leibhaftig vorgeführt, womit sich dieser scheinbar Außerirdische identifiziert, und was eine inspirierende Quelle seines Selbst ist. Das Rennrad, so kann man es deuten, ist sein ganz persönliches „Ding an sich“, *das* Instrument, welches über viele Jahre hinweg sein zum Größenwahn tendierendes Selbst nährte.

1900 erschien eine von Bertz ersonnene „Philosophie des Fahrrads“, in der dieses zur damaligen Zeit immer mehr an Bedeutung gewinnende „Fortbewegungsmittel“, sternenweit von heutigen Hightech-Produkten entfernt, eine mehrdimensionale Durchdringung erfährt (vgl. dazu äußerst instruktiv *Court*, 1998, S. 56 ff.) und ein Plädoyer für eine „interdisziplinäre Erforschung“ enthält (vgl. dazu *Schenkel*, 2006, S. 31-37). Man könnte und müsste diese Konzeption als einen ersten Versuch einer Anthropologie und Kulturanthropologie des Fahrrads lesen, die bis auf den heutigen Tag einer überzeugenden Ausarbeitung harrt. Eine Grundannahme von Bertz ist die Bestimmung des Fahrrads als ein Kulturgut, das sich, pauschal gesprochen, als segensreich auf die Menschengattung, über Völker und Nationen hinweg, auswirken könne, weil es „Freiheit und Frieden“ befördere.

Lässt man das einmal so stehen, ist entscheidend, dass Bertz den bereits um die Jahrhundertwende existierenden Berufsradsport ablehnt, diesen als eine „Entartung“ bezichtigt, der aufgrund der Spezialisierung, der aufkommenden Ökonomisierung den „Selbstzweckcharakter“ des „wirklichen Sports“ zerstöre. Außerdem: „Alles höhere Leben, alle Verfeinerung und Vertiefung geht aus der Muße hervor, die wird vom übermäßigen Radsport wie von jeder sportlichen Übertreibung zerschlagen“ (*Bertz*, 1900, S. 100 f.). Kurzsichtigkeit kann man ihm nicht vorhalten. Ungefähr 100 Jahre nach dem Erscheinen dieser Fahrradphilosophie sollte L. A. seine Siegesherrschaft antreten und das von Bertz angemahnte Übermäßige in allerlei Schattierungen verifizieren dank einer auf Entgrenzungen angelegten Lebensgestaltung.

Vorläufiges Fazit

Selbstbilder haben es an sich, dass sie zugleich Fremdbilder erzeugen, und Fremdbilder ihrerseits wirken an Selbstbildern mit. Ein solches, das von L. A. wurde fragmentarisch und in aller Vorläufigkeit aus einer anthropologischen Warte skizziert. Der in außermenschliche Sphären entrückte Radsportmegastar entpuppte sich als beispielloses Dopingmonster, dessen Erfolge durch listige Täuschungsmanöver, versteckte Manipulationen sowie hartnäckiges Lügen und Betrügen garantiert wurden. Er war ein Meister des Intrigierens, das es vereitelte, integren Sport zu betreiben. Um seinem Sportlerselbst diese ganz eigenwillige Form zu schenken, bedurfte es aber auch einer geeigneten Umgebung, die es unterließ, ihn an seinem Tun zu hindern; es wurden Mechanismen und Tätigkeiten erfunden, wie sie in „Geheimdiensten“ nicht unüblich sind.

Der rücksichtslose, von anderen als „eiskalt“ verschriene Ego-Unternehmer baute sich einen heterogen zusammengesetzten Schutzring auf, der seine Machenschaften tolerierte. Notwendig dafür war eine gewisse Solidarität, damit die Wahrheit seiner Leistungsstärke unerkannt blieb. Solch solidarisches Verhalten kennt man übrigens auch aus dem Mafiaunwesen. Allerdings ist das nicht die Solidarität, die im Sport einen universal geltenden Wert darstellt.

Darüber hinaus ist L. A. ein Musterbeispiel dafür, was menschenmöglich, aber auch menschenunmöglich ist. Nicht zufällig etikettiert man ihn als „übermenschlich“, „unmenschlich“ oder auch „außermenschlich“. Genau diese unabschließbare Erkundung dessen, was der Mensch „aus sich machen kann“, jedoch möglicherweise nicht machen sollte, ist das genuine Thema einer pragmatischen Anthropologie. Schließlich ist L. A., dieser Außerirdische, für den er sich selbst und zahllose seiner Bewunderer gehalten haben, er, der ganz anders als andere sein wollte, auf den Boden einer irdischen Anthropologie, oder sollte man sagen: einer unterirdischen Anthropologie zurückgeholt worden.

Literatur

Bertz, E. (1997). Philosophie des Fahrrads. In W. Stahl & E. Bertz (Hrsg.): *Philosophie des Fahrrads* (S. 7-209). Paderborn: Snayder (Original 1900).

Böhme, G. (1985). *Anthropologie in pragmatischer Hinsicht. Darmstädter Vorlesungen*. Frankfurt a. M.: Suhrkamp.

Böhme, G. (2003). *Leibsein als Aufgabe: Leibphilosophie in pragmatischer Hinsicht.* Zug: Die Graue Edition.

Court, J. (1989). *Kleine Ideengeschichte der Sportwissenschaft*. St. Augustin: Academia.

Court, J. & Meinberg, E. (Hrsg.). (2006). *Klassiker und Wegbereiter der Sportwissenschaft*. Stuttgart: Kohlhammer.

Eickhoff, H. (2008). Aufrechtes Dasein. Von den Haltungen des Lebens. *Paragrana, Zeitschrift für Historische Anthropologie,* 17, 21-33. Berlin: Akademie Verlag.

Frankfurt, H. G. (2007). *Sich selbst ernst nehmen*. Frankfurt a. M.: Suhrkamp.

Kamlah, W. (1973). *Philosophische Anthropologie. Sprachkritische Grundlegung und Ethik*. Mannheim: Bibliographisches Institut.

Kant, I. (1968). *Gesammelte Werke* (Weischedel, W.) (Hrsg.). Darmstadt: Wissenschaftliche Buchgesellschaft, Bd. 10.

Lenk, H. (2010). *Das flexible Vielfachwesen. Einführung in die moderne philosophische Anthropologie zwischen Bio-Techno- und Kulturwissenschaften.* Weilerswist: Velbrück Wissenschaft.

Liessmann, K. P. (2010). *Das Universum der Dinge. Zur Ästhetik des Alltäglichen.* Wien: P. Zsolnay Verlag.

Meinberg, E. (2005). Das Prinzip Mensch in den Diskursen um den Dopingsport. In R. Dürr u. a. (Hrsg.), *Pragmatisches Philosophieren. Festschrift für Hans Lenk* (S. 342-354). Münster: LIT.

Meinberg, E. (2008). Topfit = Dopfit? Zur ethischen Situation des Dopingsports. In E. Meinberg & B. Maier (Hrsg.), *Doping oder Sport* (S. 5-27). Purkersdorf: Verlag Brüder Hollinek.

Rombach, H. (1987). *Strukturanthropologie. „Der menschliche Mensch“*. Freiburg, München: Alber.

Schenkel, E. (2006). Eduard Bertz: Philosophie des Fahrrads. In J. Court & E. Meinberg (Hrsg.), *Klassiker und Wegbereiter der Sportwissenschaft* (S. 31-37). Stuttgart: Kohlhammer.

Seel, M. (2011). *111 Tugenden, 111 Laster. Eine philosophische Revue*. Frankfurt a. M.: Fischer.

Sloterdijk, P. (2009). *Du musst dein Leben ändern. Über Anthropotechnik*. Frankfurt a. M.: Suhrkamp.

Welsch, W. (2012). *Homo mundanus*. Weilerswist: Velbrück Wissenschaft.

Tierdoping im Spannungsfeld von Tierethik, Sportethik und Bioethik

Michael Segets
Institut für Pädagogik und Philosophie,
Deutsche Sporthochschule Köln

Zusammenfassung

Tierdoping widerspricht wie Doping im Allgemeinen den konstitutiven Funktionsbedingungen des Sports. Für den Sport ergeben sich aus den kulturell gewachsenen Ansprüchen des Tierschutzes weitergehende Konsequenzen. Die Tierethik führt das Wohl der Tiere als Kriterium an, das durch Doping nicht beeinträchtigt werden darf und das in sportethischen Konzeptionen auf institutionenethischer und individualethischer Ebene berücksichtigt werden muss. Die Möglichkeit eines Tierdopings, welches das Wohl der Tiere nicht tangiert, wirft vor allem im Hinblick auf das Gendoping die bioethische Frage nach der Zulässigkeit genetischer Eingriffe auf. Sowohl die offenen theoretischen Grundsatzfragen als auch die offenen praktischen Graduierungsfragen im Problembereich des Tierdopings legen nahe, die Fairness als ethisches Regulativ verstärkt in den Blick zu nehmen.

Summary

As doping in general, doping animals contradicts conditions of sports with respect to its constitutive functions. There are culturally-established demands of animal protection resulting in further consequences for sports. The ethics of animals quote the welfare of animals as a criterion which may not be harmed by doping and which has to be considered in concepts of sports ethics on the level of ethics concerning institutions as well as individuals. The possibility of doping animals that does not touch their well-being gives rise to the bioethical question of the legitimacy of genetic manipulation particularly on the field of gene doping. Both the open theoretical questions of principle as well as the open questions as to practical graduation in the critical area of doping animals suggest to take into account fairness as an ethical regulator more widely.

Einleitung – Tiere im Sport

Tiere wurden in der Geschichte der Menschheit sowohl ausgebeutet als auch angebetet, sie wurden gefürchtet und geliebt, mit ihrer Hilfe wurden Zivilisationen geschaffen und zerstört (vgl. *Oeser*, 2007, S. 11). Tiere wurden und werden auch im Sport genutzt. Bereits in der Antike fanden sie im Sport oder sportähnlichen Veranstaltungen beispielsweise beim Wettreiten oder bei Wagenrennen Einsatz. Heute ist die Einbindung von Tieren in den Sport vielfältig und weltweit verbreitet, wobei der einzige olympische Sport, bei dem Tiere vertreten sind, der Pferdesport ist. Aufgrund der verschiedenen Beteiligungsformen schlägt Müller (1998, S. 563) eine Einteilung des Sports mit Tieren vor, indem er den Sport *mit* Tieren, den Sport *gegen* Tiere und den *Stellvertretersport* unterscheidet. Zum letztgenannten *Stellvertretersport* zählen beispielsweise Hunderennen, Hahnenkämpfe oder auch der „Brieftaubensport". Allerdings handelt es sich dabei nicht um Sport, da hier keine Menschen an den Kämpfen oder Wettkämpfen unmittelbar beteiligt sind und Tiere keinen Sport betreiben. Auch beim Sport *gegen* Tiere, zu dem die Jagd, das Angeln oder der Stierkampf zählen, ist es fraglich, ob er tatsächlich eine sportliche Betätigung darstellt. Vor allem beim Stierkampf werden die Abgrenzungsprobleme des Sports und dessen Verflochtenheit mit anderen kulturellen Handlungsweisen gegenüber Tieren deutlich (vgl. *Marsh & Morris*, 1989, S. 122-128). Diese Praktiken werden allerdings aus tierethischer Perspektive mit guten Gründen verurteilt (vgl. *Wolf*, 2012, S. 148-152). Beim Sport *mit* Tieren wird die sportliche Handlung „zusammen mit" oder „mit Hilfe von" Tieren ausgeübt. Die betroffenen Tiere sind in erster Linie Pferde, aber auch andere Tiere, wie beispielsweise Hunde oder Kamele, werden eingesetzt.

Die Komplexität des Verhältnisses von Mensch und Tier im Sport kann an weiteren möglichen Differenzierungen angedeutet werden: Der Sport mit Tieren kann dahingehend unterschieden werden, ob trainierte, untrainierte oder wild lebende Tiere eingebunden sind, welche Struktur die Beziehung zwischen Mensch und Tier im Hinblick auf die Kategorien *Kooperation* und *Konkurrenz* in den jeweiligen Sportarten aufweist, und ob zeitliche Faktoren in die Betrachtung einbezogen werden (vgl. *Segets*, 2002, S. 184-189). Ohne die verschiedenen Spielarten des Sports mit Tieren näher auszuführen, lässt sich festhalten, dass diesem Sport ein hohes ethisches Konfliktpotential innewohnt, bei dem nicht lebensnotwendige Ansprüche des Menschen den existentiellen Interessen der Tiere gegenüberstehen. Die Frage nach dem Umgang mit Tieren im Sport und damit auch nach dem Tierdoping ist eine ethische Frage, die zur Bestimmung des grundsätzlichen Verhältnisses von Mensch und Tier führt. Die menschliche Beziehung zu Tieren ist historisch und kulturell geprägt. Es lassen sich epochentypische Grundeinstellungen aufweisen, die zeigen, dass die Definitionen und Interpretationen der Beziehungen zwischen Mensch und Tier und damit auch der moralische Status von Tieren wechselhaft sind (vgl. *Dinzelbacher*, 2000). Dabei ist es stets der Mensch, der sich im Rahmen seiner kulturellen und gesellschaftlichen Eingebundenheit in ein Verhältnis zum Tier setzt. Bereits in der Aufklärung werden ethische Konzeptionen entwickelt und die seitdem wachsende Sensibilität für Fragen des Tierschutzes findet auch in der Gesetzgebung Niederschlag (vgl. *Sambraus*, 1997, S. 6 f.). Der Tierschutz ist aktuell in der Verfassung der Bundesrepublik Deutschland festgeschrieben. Dies kann allerdings nicht darüber hinwegtäuschen, dass auch heute noch ein rein instrumenteller Umgang mit Tieren weit verbreitet ist, wie die Intensivtierhaltung, die wissenschaftlichen Tierversuche oder auch – zumindest in Teilbereichen – die Verwendung von Tieren im Sport zeigen.

Das Verhältnis von Mensch und Tier wird durch die Tierethik analysiert und durchaus kontrovers diskutiert. Für die Tierethik sind der Sport und das Tierdoping lediglich Nebenaspekte, die kaum bearbeitet werden. Für den modernen Sport stellt Doping ein zentrales Problem dar, da es sein Selbstverständnis direkt berührt. Es verwundert daher nicht, dass sich fast jede sportethische Position auch zum Doping äußert; allerdings findet das Tierdoping von sportethischer Seite ebenfalls wenig Beachtung. Um das Tierdoping ethisch einordnen zu können, erfolgt zunächst ein kurzer Blick auf die Tierethik. Anschließend wird das Tierdoping aus Sicht der Sportethik betrachtet, wobei eine sportfunktionale Perspektive favorisiert wird. Aus der Verbindung von tierethischen und sportethischen Überlegungen werden erste Konsequenzen für die Beurteilung des Dopings bei Tieren abgeleitet. Neue Herausforderungen für die Dopingdiskussion ergeben sich aus den gentechnologischen Möglichkeiten, den Aspekten der Züchtung und des Klonens von Tieren. Daher erfolgt ebenso eine Einordnung des Tierdopings aus bioethischer Perspektive, bevor abschließend dessen Verflechtung mit der Kategorie der Fairness aufgezeigt wird.

Tierdoping im Sport – Eine Annäherung aus tierethischer Perspektive

Die Tierethik fragt nach dem moralischen Status von Tieren. Vor allem die Arbeiten von Singer (1996) und Wolf (1990) haben breite Diskussionen um die ethische Berücksichtigungswürdigkeit von Tieren angestoßen. Es besteht ein weitgehender Konsens, dass Tieren zwar nicht der gleiche moralische Status wie Menschen zuzusprechen ist, dass sie aber Adressaten moralischen Handelns sind, auch wenn sie nicht moralisch handeln können. Tierethische Positionen vertreten zumeist einen Pathozentrismus, d. h. bei der Frage, warum Tiere moralisch berücksichtigungswürdig sind, stellen deren Leidensfähigkeit und Schmerzempfindungsfähigkeit den zentralen Argumentationspunkt dar. Inwieweit Tieren allerdings eine eigene Würde oder Rechte zugestanden werden können, ist umstritten (vgl. u. a. *Hoerster*, 2004, S. 95-104; *Wolf*, 2008). Aufgrund ihrer Leidensfähigkeit ist der moralische Status von Tieren ein anderer als der von Pflanzen, der der unbelebten Natur oder der von sonstigen Gegenständen. Tiere müssen daher aus ethischer Perspektive anders geschützt werden als Sportgeräte. Dies ist ein Umstand, der auch mit spontanen moralischen Intuitionen in Einklang steht (vgl. *Spaemann*, 1984, S. 71).

Das „eigentliche" Thema der Tierethik sieht Vieth (2006, S. 112 f.) in der Begründungsproblematik des moralischen Umgangs mit den Tieren. Die ethische Begründung der beiden Extrempositionen, die auf der einen Seite den Ausschluss der Tiere aus dem Kreis der moralischen Berücksichtigungswürdigkeit und auf der anderen Seite die Gleichstellung der Tiere mit dem Menschen unter dem Gesichtspunkt der Leidensfähigkeit vertreten, ist zwar verhältnismäßig einfach, führt aber jeweils zu „inakzeptablen tiermoralischen

Konsequenzen“ (*ebd.*, S. 113). Wenn die auf „fundamentalistischen Prämissen“ (*ebd.*, S. 114) beruhenden tierethischen Konzeptionen konsequent zu Ende gedacht würden, führten sie meist zur „Abschaffung praktisch jeglicher Tiernutzung“ (*Melle*, 1988, S. 273) durch den Menschen. Dies würde auch die Abschaffung des Sports mit Tieren einschließen. Ein solch extremer Tierschutz steht aber im „äußersten Gegensatz zu den gängigen Überzeugungen“ (*ebd.*) und im Gegensatz zu den kulturell gewachsenen Ansprüchen an die Nutzung von Tieren. Auf der anderen Seite widerspricht es den moralischen Intuitionen, Tiere vollständig der Willkür des Menschen auszuliefern. Eine vermittelnde ethische Theorie zu begründen, die sowohl Unterschiede als auch Gemeinsamkeiten zwischen Mensch und Tier schlüssig aufgreift und zu einer widerspruchsfreien moralischen Praxis führen müsste, ist eine Herausforderung der angewandten Ethik. In diesem Sinne analysiert Seel Formen, Bedingungen und Varianten eines „guten Lebens“ und schlägt einen „begrenzten Egalitarismus“ (1995, S. 265) vor, der das Wohl der Tiere und deren Glücksmöglichkeiten achtet, die jedoch nicht mit denen des Menschen vollständig gleichzusetzen seien. Wolf zeigt, „dass die Beziehungen zwischen Tieren und Menschen von vielfältiger Struktur sind und daher im Umgang mit Tieren verschiedenartige moralische Grundkonzeptionen und Handlungsprinzipien eine Rolle spielen“ (2012, S. 102).

Ohne den unterschiedlichen ethischen Begründungen und Konzepten näher nachzugehen oder in den Grundlagenstreit einzugreifen, kann festgehalten werden, dass Tieren gegenwärtig eine prinzipielle Schutzwürdigkeit zugebilligt wird. Dieser Konsens hat nach Einschätzung von Wolf zwar nur begrenzte Auswirkungen auf die Praxis des moralischen Umgangs mit Tieren (vgl. *ebd.*, S. 12), er soll hier aber dennoch als Ausgangspunkt der Einschätzung des Tierdopings herangezogen werden. Eine Vermittlung zwischen den Extrempositionen, dem Verzicht auf jegliche instrumentelle Nutzung und der vollständigen Instrumentalisierung der Tiere, führt dazu, dass weder ein generelles Verbot für den Sport mit Tieren ausgesprochen noch ein Sport befürwortet werden kann, der das Wohl der Tiere missachtet. Es kommt stattdessen darauf an, bestimmte Ausprägungen des Sports mit Tieren kritisch zu hinterfragen. Dazu gehören sowohl der oben erwähnte Sport *gegen* Tiere als auch das Tierdoping. Es muss daher für die Diskussion des Tierdopings zunächst ausreichen, mit Patzig davon auszugehen,

> „dass Tiere einen prima-facie-Anspruch an uns haben, dass ihr vitales Bedürfnis, möglichst schmerz- und angstfrei zu existieren, respektiert wird und dass uns aus diesem Anspruch moralische Verpflichtungen hinsichtlich unseres Verhaltens gegenüber den Tieren erwachsen. Der Anspruch und damit die moralische Verpflichtung wächst naturgemäß mit der Leidensintensität, die wir nach allen uns zugänglichen Daten vermuten müssen, und ist daher sowohl von der Tierart abhängig, um die es jeweils geht […], als auch von der Art des Eingriffs, der erwogen wird. Diese Basis reicht natürlich schon aus, jede Tierquälerei, die dem Tier willkürlich Schmerzen zufügt, als moralisch strikt unzulässig zu kennzeichnen.“ (*Patzig*, 1993, S. 155)

Patzigs Position steht in Einklang mit dem von Hoerster formulierten Moralprinzip des Tierschutzes: „Tiere dürfen dann nicht gequält werden, wenn das Tierinteresse an Schmerzfreiheit offenbar von größerem Gewicht als das durch die Verletzung geförderte Menscheninteresse ist." (*Hoerster*, 2004, S. 82 f.)

Gemeinsam ist den Konzeptionen der Tierethik, dass sie an dem „Individualwohl von Tieren" (*Wolf*, 1992, S. 172) ansetzen. Tieren kann es subjektiv gut oder schlecht gehen, d. h. sie haben ein „Wohl" und die Möglichkeit, ein „gutes Leben" zu führen (vgl. *Seel*, 1995, S. 318). Neben physischen Schmerzen gilt es daher auch, psychisches Leiden durch Angst und Stress zu vermeiden, da sie ebenfalls dem Wohlbefinden entgegenstehen (vgl. *Wolf*, 1990, S. 94 f.). Während bei physischen Verletzungen oder dem Tod eines Tieres eine deutliche Beeinträchtigung seines Wohlbefindens vorliegt, bleibt bei den psychischen Beeinträchtigungen eine grundsätzliche Unsicherheit bestehen, wann das Wohl der Tiere ausreichend gewährleistet ist und wann nicht. Eine Schwierigkeit liegt daher in der „Leidenskalkulation" (*Melle*, 1988, S. 272) und damit in Abwägungsfragen, da sich psychische Belastungen nur indirekt über Analogien erschließen lassen. Dabei sind die Analogieschlüsse prinzipiell fragwürdig, zumal wenn die Möglichkeit einbezogen wird, dass Tiere über „Bewusstseins-, Denk- und Empfindungsformen" (*Thurnherr*, 2000, S. 60) verfügen können, die den Menschen unzugänglich sind. Besonders bedeutsam ist daher der Einbezug von Expertenwissen in die Beurteilung von Belastungen, auf das Hoerster (2004, S. 84-86 und S. 94) hinweist. Dieser Umstand ändert jedoch nichts daran, dass die ethische Grenzziehung und die Graduierung von Interessen problematisch bleibt (vgl. *Vieth*, 2006, S. 124).

Zusammenfassend kann festgehalten werden, dass sowohl auf der Theorieebene der gemäßigten tierethischen Positionen als auch auf der konkreten Ebene der Erfassung und Abschätzung des Leidens Abwägungs- und Graduierungsfragen das eigentliche Problem darstellen.

Der Sport rückt kaum in das Blickfeld der tierethischen Analysen, da er gemäß Melle zu den „trivialen Gründen" (1988, S. 263) gehört, Tieren Leid zuzufügen. Allerdings hat sich die Tierethik bislang nicht systematisch mit dem Einsatz von Tieren im Sport beschäftigt. Lediglich einzelne, verstreute Querverweise und Bezüge zum Sport sind aufzufinden, in denen jedoch das Doping von Tieren nicht thematisiert wird (vgl. *Spaemann*, 1984, S. 71; *Wolf*, 1990, S. 9 und S. 103; *Thurnherr*, 2000, S. 53). Öffentliches Aufsehen erregen die Dopingfälle im Pferdesport, wobei das Tierdoping kein exklusives Problem des Spitzensports darstellt, sondern bis in den Freizeitbereich verbreitet ist (vgl. *Cronau*, 1997, S. 644). Bei der Diskussion der Dopingfälle stehen oftmals veterinärmedizinische oder rechtliche Aspekte im Vordergrund (vgl. *Schlatterer*, 2010; *Borchers*, 2011). Grundlegende ethische Verortungen der Dopingproblematik im Pferdesport werden dabei nicht vorgenommen. Kietzmann (2012) diskutiert die Unterscheidung zwischen Doping und verbotener Medikation im Pferdesport vor dem Hintergrund des Tierschutzgesetzes und den Grundsätzen der Deutschen Reiterlichen Vereinigung. Dabei vertritt er eine prinzipielle „Nulllösung“ (*ebd.*, S. 200) und die Forderung, dass das Wohl der Tiere „ohne Einschränkung stets über allen anderen Ansprüchen und Interessen stehen“ (*ebd.*, S. 201) soll.

Unstrittig dürfte sein, dass das Individualwohl von Tieren als das zentrale ethische Beurteilungskriterium der Tierethik auch bei deren sportlichen Nutzung angelegt werden muss. Ebenso kann ein Konsens in der Tierethik dahingehend ausgemacht werden, dass der Sport als ein nicht notwendiger Teil des menschlichen Lebens und das Vergnügen an ihm keine vernünftige Legitimation von Schmerzen oder Tod eines Tieres sein können, da dem Interesse des Tieres an Schmerzfreiheit ein höheres Gewicht zukommt als dem menschlichen Interesse am Sport. Der kulturell gewachsene Anspruch des Menschen auf die Tiernutzung im Sport muss daher mit den Forderungen des Tierschutzes in Einklang stehen. Die zentrale Frage des Tierdopings aus tierethischer Sicht lautet damit, ob das Wohl der Tiere durch den Einsatz von Dopingmitteln und -methoden betroffen ist. Das deutsche Tierschutzgesetz verbietet Doping, zwar ohne es näher zu definieren (vgl. *ebd.*, S. 196), aber es ist wohl „eine tierschutzrelevante künstliche Beeinflussung des natürlichen Leistungsvermögens“ (*Pick & Pick*, 1997, S. 636) beim Tier gemeint. Tierschutzrelevant ist dabei, was dem Individualwohl des Tieres widerspricht. Der WADA-Code sowie beispielsweise die Pferdesportverbände gehen in ihrer Definition des Dopings weiter als das Tierschutzgesetz, da sie ebenfalls Mittel und Methoden verbieten, von denen keine Schäden oder Nachteile für das Pferd zu erwarten sind (vgl. *Schlatterer*, 2010, S. 32). Soweit die Möglichkeit besteht, ein Tier zu dopen, ohne dessen Wohl zu beeinträchtigen, sprechen also keine tierethischen Gründe gegen den Einsatz von Doping. Wohl aber muss diese Einflussnahme auf die Leistungsfähigkeit aus sportethischer Sicht beurteilt werden.

Tierdoping im Sport – Eine Annäherung aus sportethischer Perspektive

Die Sportethik fragt nach der Moral im Sport. Da Tiere im Sport eingesetzt werden, fällt also auch das moralische Verhalten gegenüber Tieren im Sport in ihren Forschungsbereich. Insgesamt hat die Sportethik bislang das Handeln gegenüber Tieren im Sport nicht in größerem Umfang behandelt. Zwar ist das Stichwort „Tiere im Sport“ in dem „Lexikon der Ethik im Sport“ (*Grupe & Mieth*, 1998) aufgenommen, sportethische Veröffentlichungen zu diesem Thema sind jedoch ein weitgehendes Desiderat. Anregungen für die Sportethik, die Berücksichtigung von Tieren in ihren Konzeptionen zu bedenken, geben Pieper (1993) und Siep (1993). Von sportethischer Seite weist Pawlenka (2002, S. 223 und S. 246) auf die Möglichkeit hin, eine Tierethik im Sport auf utilitaristischer Grundlage zu entwerfen. Diese wurde bislang aber noch nicht realisiert. In Erweiterung eines sportfunktionalen Ethikansatzes untersucht Segets (2002, S. 179-200) die Fairness gegenüber Tieren, ohne allerdings den Aspekt des

Tierdopings dabei zu vertiefen. Besondere Sensibilität gegenüber der nichtmenschlichen Natur hat seit ihren Anfängen die co-existenziale Sportethik Meinbergs (1991, S. 151) bewiesen. So ist es auch Meinberg (1998, S. 15 f.; 2006, S. 144 f.), der wiederholt das Tierdoping als sportethisches Problem ins Bewusstsein ruft.

Im Sport mit seiner in Teilbereichen problematischen Tiernutzungspraxis sind sowohl *institutionenethische* als auch *individualethische* Überlegungen bedeutsam (vgl. *Meinberg*, 2004, S. 246). Um die Möglichkeit der Integration tierethischer Grundsätze in die Sportethik im Hinblick auf beide Aspekte aufzuzeigen, sind zunächst einige Bemerkungen über ihren Gegenstand, die Moral im Sport, notwendig. Ebenso wie der Sport ist auch seine Moral vielgestaltig und unterliegt einem kulturellen Wandel. Vor allem sportfunktional argumentierende Ethiken betonen einen engen Verweisungszusammenhang von Sport, den sie als Spiel und Wettkampf definieren, und seiner Moral. Funktionale Sportethiken versuchen die Moral des Sports aus den immanenten Sinn- und Konstitutionsbedingungen des Sports abzuleiten. Um dies zu verdeutlichen, wird auf die beiden Bedeutungsebenen sportlichen Handelns – die „Konstitutions-Bedeutung" und die „Verwertungs-Bedeutung" – eingegangen, die Franke (2010, S. 84) unterscheidet.

Auf der *Konstitutions-Ebene* sportlicher Handlungen ist festzuhalten, dass Sport zunächst als eine freiwillige, nicht lebensnotwendige Tätigkeit des Menschen verstanden wird. Er bildet gemäß Apel eine „fiktive Spielwelt in der wirklichen Lebenswelt" (1988, S. 118) oder, wie Güldenpfennig formuliert: „Sportliches Handeln ist reales Handeln aus Ideen" (2006, S. 196). Sport wird durch seine Idee und seine Regeln konstituiert, d. h. das Ziel sowie die Art der Zielerreichung werden ebenso durch sie festgelegt wie seine räumlichen und zeitlichen Grenzen. Durch die Idee und die Regeln des Sports erfolgt die Konstruktion eines spielimmanenten Sinns, der im Wettkampfsport in der Messung und im Vergleich der Kräfte der Individuen liegt. Seine Sinnkonstitution und seine Funktionsbedingungen haben zunächst keine Auswirkungen auf die außersportliche Lebenswelt. Der Sport trägt durch die Setzung eines sportimmanenten Sinns seinen Zweck in sich selbst. Daraus ergibt sich, dass sportfunktionale ethische Forderungen auch nur für den Sport bindend sind. Das Handeln im Sport steht laut Apel unter einem „moralischen Vorbehalt" (1988, S. 117), sobald es Auswirkungen auf die „wirkliche Lebenswelt" hat. Die Sportethik ist nur solange autonom, wie sie nicht in Widerspruch mit übergeordneten Werten und Normen tritt. Meinberg (1991, S. 22) spricht daher von einer relativen Autonomie der Sportethik. Schmerzen und Leid betreffen unmittelbar die wirkliche Lebenswelt der Tiere; daraus folgt, dass der Sport bereits in der Konstitution seiner Spielwelt das Wohl der Tiere beachten muss, da er ansonsten in Konflikt mit den sportübergreifend anerkannten Grundsätzen der Tierethik gerät.

Zur Einbindung der tierethischen Grundsätze in den Sport lässt sich daher eine *institutionenethische* Forderung aufstellen, die auf der sportkonstitutiven

Regelebene angesiedelt ist: *Das Regelwerk der Sportarten muss eine möglichst risikoarme und schmerzlose Belastung der Tiere bei Wahrung der Spielidee ermöglichen.* Diese Forderung strebt eine Vermittlung des Interesses der Tiere an ihrem Wohlergehen mit dem Interesse der Menschen an der spezifischen Sportausübung an. Im Hintergrund dieses Vorschlags steht die Überzeugung, dass soziale und kulturelle Praktiken wie der Sport wandelbar sind und nicht „durch das Aufgeben einer tierquälerischen Praxis" (*Wolf*, 2012, S. 14) zusammenbrechen. In den einzelnen Sportarten und in deren Regelwerken werden tierethische Aspekte bereits mitgedacht, indem beispielsweise Mindestaltersgrenzen im Pferdesport eingeführt sind, die dazu führen sollen, langfristige Schäden durch einen vorzeitigen Einsatz im Sport zu vermeiden. Der Tierschutz wird auch in den weiterführenden Leitlinien der Sportverbände, beispielsweise zur Tierhaltung, berücksichtigt. Die Risiken von Schäden und Verletzungen werden durch die sportlichen Regelwerke reduziert. Inwieweit diese Regeln ausreichen, das Wohl der Tiere zu sichern, können nur weitergehende Einzelanalysen klären. So gibt es zum Beispiel empirische Belege dafür, dass die Laufflächen bei Pferderennen einen Einfluss auf die Verletzungswahrscheinlichkeit haben (vgl. *Schlatterer*, 2010, S. 19). Eine Konsequenz auf der Regelebene wäre, Rennen auf Rasen statt auf verdichteten Sandbahnen festzuschreiben, wodurch die Spielidee nur behutsam verändert würde. Hinsichtlich des Dopings wird an dieser Stelle deutlich, dass zur Einschätzung der Wirkungen und Folgen von bestimmten Mitteln oder Methoden für das Wohl der Tiere veterinärmedizinische Expertise notwendig ist.

Mit Regeländerungen kann der Sport auf gesellschaftlich und kulturell gewachsene Ansprüche reagieren, die von außen an ihn herangetragen werden, denn der Grund für die Veränderung von Sportarten liegt in tierethischen Forderungen und ist zunächst nicht sportfunktional begründet. Erst wenn die Änderungen in das Regelwerk des Sports eingegangen sind, gibt es eine sportimmanente Verpflichtung, diese auch zu befolgen.

Betrachtet man die *Verwertungs-Ebene* sportlicher Handlungen, die durch die Professionalisierung, Kommerzialisierung und Medialisierung augenfällig ist, wird deutlich, dass eine funktional orientierte Sportethik, die ausschließlich über die sportimmanente Sinnhaftigkeit argumentiert, eine „reduzierte Perspektive" (*Asmuth*, 2010, S. 98) einnimmt. Sport ist auch für den Menschen keine reine Sonderwelt, sondern er ist mit der außersportlichen Lebenswelt verbunden. Die Verflechtungen sind komplex, was besonders an der Dopingproblematik direkt einsichtig wird. Die Folgen des Sports und seine Verwertung sind nicht durch sportimmanente und funktionale Analysen zu erfassen. Solange aber die Konstitutionsbedingungen des Sports beachtet werden, kann die Verwertung sportlicher Handlungen aus Sicht der Sportethik als unproblematisch gelten (vgl. *Gerhardt*, 1991, S. 134), wobei die Einhaltung der konstitutiven Sinnhaftigkeit des Sports letztlich Voraussetzung für seine Verwertungsmöglichkeiten ist (vgl. *Franke*, 2010, S. 84).

Die Gründe, die gegen das Doping bei Tieren sprechen, sind eng mit denen verwandt, die grundsätzlich gegen Doping im Sport angeführt werden. Doping stellt einen Regelbruch dar und negiert damit die konstitutiven Sinnbedingungen des Sports, sodass Güldenpfennig zuzustimmen ist, der darauf hinweist, dass es „Doping *im* Sport" gar nicht geben kann, sondern dass die Alternative lautet „Doping *oder* Sport" (2004, S. 311). Es gibt keine sportlichen Gründe für Doping. Doping wird gemäß Asmuth als rationale Handlungsoption nur verständlich, wenn die Verwertungsebene des Sports zum alleinigen Orientierungspunkt des Handelns wird (2010, S. 98) – und die Verwertungsebene beispielsweise im Vollblut-Rennsport ist beachtlich, wenn man die Wettumsätze oder Dotierungen betrachtet (vgl. u. a. *Schlatterer*, 2010, S. 18).

Auch das Tierdoping und die damit verbundene Inkaufnahme von Beeinträchtigungen des Wohls der Tiere werden erst nachvollziehbar, wenn die dominierenden Handlungsmotive des Sportlers auf der Verwertungs-Ebene angesiedelt sind. Der Sportler verfängt sich allerdings in einen Widerspruch, wenn er in seinen Handlungen gegen die konstitutiven Sinnbedingungen der Tätigkeit verstößt, die er vorgibt auszuführen. Eine *individualethische* Konsequenz ist, die Funktionsbedingungen des Sports aus eigenem Antrieb zu sichern (vgl. *Gerhardt*, 1991, S. 137). Sport wird mit Hilfe von Tieren betrieben, die damit zunächst eine instrumentelle Bedeutung innehaben. Tiere sind ähnlich wie Sportgeräte für die Ausübung bestimmter Sportarten konstitutiv und funktional notwendig (vgl. *Güldenpfennig*, 2006, S. 197). Ein Pferderennen ohne Pferde ist kein Pferderennen. Der Sport ist wie das Spiel gemäß Huizinga (1991, S. 18) allerdings auf eine prinzipielle Wiederholbarkeit angelegt. Kombiniert man nun den Aspekt der prinzipiellen Wiederholbarkeit mit dem individualisierten Ansatzpunkt der Tierethik beim subjektiven Wohl des einzelnen Tieres, darf das *einzelne* Tier im Sport nicht als beliebig austauschbar angesehen werden. Das einzelne Tier wird als sportfunktionale Bedingung interpretiert, sodass der Sport so durchgeführt werden muss, dass das jeweilige Tier auch weiterhin im Sport eingesetzt werden kann. Aus der Verbindung von sport- und tierethischen Überlegungen ergibt sich eine sportimmanente Konsequenz, nämlich die, *das einzelne Tier als funktionale Bedingung des Sporttreibens zu erhalten und damit das Wohl des Tieres durch den Einsatz im Sport nicht so nachhaltig zu beeinträchtigen, dass seine zukünftige Teilnahme am Sport gefährdet wird.* Aus dieser Forderung folgt, dass dem Tier keine Schäden, langfristige Leiden oder sogar der Tod im Sport zugefügt werden dürfen. Der Sport *gegen* Tiere ist damit ebenso ausgeschlossen wie eine Überlastung des Tieres im Wettkampf und Training sowie ein das Wohl des Tieres gefährdendes Doping.

Ein zentrales Problem bei der Einbindung von Tieren in den Sport besteht in der Abwägung und Antizipation der Grenzen zwischen „sportlicher" *Be*lastung und *Über*lastung der Tiere. Der Mensch als mündiges und autonomes Subjekt kann im Sport *seine* physische Beeinträchtigung freiwillig in Kauf nehmen. Ein Sportler kann sich selbst quälen, d. h. an seine Grenzen gehen, sich Schmerzen aussetzen und diese überwinden. Er nimmt diese Belastungen aus freier Entscheidung auf sich und verfolgt damit ein Ziel: den sportlichen Erfolg oder auch die Gewinne auf der Verwertungs-Ebene sportlicher Handlungen. Dem Sportler kann der (sportliche) Erfolg wichtiger sein als Schmerzen oder sogar als langfristige gesundheitliche Schäden. Bei Tieren kann die Möglichkeit der aufgeklärten Zustimmung zum Sport und zu Schmerzen nicht vorausgesetzt werden. Das Interesse der Schmerz- und Leidensfreiheit überwiegt prima facie andere mögliche Interessen der Tiere. Das Tier bestimmt sich nicht selbst, daher muss der Sportler als dessen „wohlwollender Vertreter" (*Höffe*, 1984, S. 138) auftreten und seine mit dem Sport verbundenen Interessen mit den zu vermutenden Interessen des Tieres in Einklang bringen, mit dem er zusammen Sport treibt. Wird die Ausrichtung des Tieres auf sein Wohlergehen respektiert, fehlt dem Sportler als dessen wohlwollendem Vertreter die Legitimation, dieses grundlegende Interesse nicht notwendigen Zwecken, wie dem sportlichen Erfolg, unterzuordnen, da dies dem plausiblen und anerkannten Prinzip des Tierschutzes widerspräche (vgl. *Hoerster*, 2004, S. 82 f.).

Die beiden Forderungen, die *institutionenethische*, die Regelwerke unter Berücksichtigung des Wohls der Tiere zu prüfen sowie gegebenenfalls zu modifizieren, und die *individualethische*, das einzelne Tier als funktionale Bedingung der eignen Sportausübung anzuerkennen, reichen bereits weitgehend aus, Tierdoping begründet abzulehnen. Die Dopingmaßnahmen, die das Wohl des Tieres nicht beeinträchtigen, sind durch diese Grundsätze jedoch nicht erfasst. Gerade die Möglichkeit dieser Kategorie des Tierdopings, die mit der Frage nach der Zulässigkeit von genetischen Veränderungen bei Tieren verknüpft ist, wirft ein grundsätzliches ethisches Begründungsproblem auf, das in den Bereich der Bioethik fällt.

Tierdoping im Sport – Eine Annäherung aus bioethischer Perspektive

Doping kann zunächst als Verwendung verbotener Substanzen und Anwendung verbotener Methoden bestimmt werden. Die sportethischen Probleme des Dopings bei Tieren stellen sich analog zu denen des Dopings beim Humansport. Der Einsatz von verbotenen Substanzen und Methoden zur Leistungssteigerung bei Tieren ist von sportethischer Seite mit den gleichen Gründen abzulehnen wie bei Menschen. Die konstitutiven Sinnbedingungen des Sports bilden die argumentative Grundlage gegen das Tierdoping. Aus sportfunktionaler Perspektive entspricht beispielsweise ein gedoptes Pferd nicht den Regeln, die den Sport konstituieren. Die Verbotslisten mögen vielleicht praktikabel und juristisch tauglich sein, sie bedürfen aus ethischer Sicht aber einer Begründung, da unhinterfragte konventionelle Moralvorstellungen sich der Gefahr aussetzen, mit ethischen Prinzipien in Konflikt zu geraten. Gerstmeyer (1995) weist auf die Schwierigkeit hin, genauer zu bestimmen, gegen welches Prinzip Doping eigentlich verstößt. Die Angebote, die die Sportethik hier macht, wie das Prinzip der „Eigenleistung“ bei Lenk (1983), das Prinzip der „Selbstbewegung“ bei Gebauer (2003) oder der „humanen Sport“ bei Court und Hollmann (1998), setzen eine Vorstellung von *Natürlichkeit* voraus. Dieser Vorstellung von Natürlichkeit widerspreche Doping, das oftmals auch mit künstlicher Leistungssteigerung gleichgesetzt wird (vgl. u. a. *Pawlenka*, 2012, S. 6), und es stehe dem Sinn des Sports entgegen, der in einem Vergleich der natürlichen Leistungsfähigkeiten liege (vgl. *Court & Hollmann*, 1998, S. 101). Die Bezugnahme auf die Abgrenzung von Künstlichkeit und Natürlichkeit ist unter ethischem Blickwinkel nicht unproblematisch, und insbesondere ein normativ aufgeladener Natürlichkeitsbegriff – wie er in der sportethischen Dopingdiskussion aufzufinden ist – wird von dem „Mainstream der akademischen Moralphilosophie“ (*Birnbacher*, 2006, S. 29) abgelehnt. So spricht sich beispielsweise Hastedt (2004) für eine Aufgabe der Unterscheidung von Natürlichkeit und Künstlichkeit als Basis für die Bestimmung von Doping aus. Pawlenka (u. a. 2012) hingegen verteidigt die Kennzeichnung des Dopings als künstliche Beeinflussung des Leistungsvermögens. In ihren Analysen geht Pawlenka (u. a. 2004, S. 295) unterschiedlichen Natürlichkeitsbegriffen nach und bringt eine Differenzierung der Natürlichkeit in die Diskussion ein: Sie unterscheidet eine Natürlichkeit *in toto* von einer sportrelevanten Natürlichkeit *in parte*. Möchte man diese Unterscheidung teilen, dann ist sie auch ohne Bruch auf den sportspezifisch leistungsrelevanten Teil des Tieres zu übertragen, da anders als bei Sportgeräten hier ebenfalls eine Natürlichkeitsforderung aufgestellt werden kann. Aufgrund der Abgrenzungsprobleme zwischen Natürlichkeit und Künstlichkeit bleibt die Tragfähigkeit einer Dopingdefinition umstritten, die auf einer Unterscheidung von künstlicher und natürlicher Leistungssteigerung basiert. Asmuth nimmt hier eine Aporie an (2010, S. 105), mit der produktiv umzugehen sei (vgl. *ebd.*, S. 115 f.).

Vor allem die Möglichkeiten des Gendopings lassen die Grenze zwischen dem, was als natürlich, und dem, was als künstlich anzusehen ist, weiter verschwimmen. Bei Fragen der Zulässigkeit von Genveränderungen ist die Bioethik gefragt, die die Eingriffe in das menschliche, tierische und pflanzliche Leben untersucht und beurteilt. Birnbacher (2006, S. 7) bezweifelt, dass „Natürlichkeit“ als ethische Kategorie geeignet ist, eine normative Kraft zu entwickeln, wobei die Mehrdimensionalität des Begriffs besondere Probleme hervorruft. Er grenzt einen genetischen von einem qualitativen Natürlichkeitsbegriff ab, bei denen sich unterschiedliche Abstufungen aufzeigen lassen (vgl. *ebd.*, S. 14). Der genetische Begriff der Natürlichkeit bezieht sich auf die vergangenheitsbezogene „Entstehungsweise“ und der qualitative auf die aktuelle, gegenwartsbezogene „Erscheinungsform“ (vgl. *ebd.*, S. 8). Zukünftig sind genoptimierte Menschen durchaus denkbar, sodass Gendoping dann nur noch historisch und nicht unbedingt qualitativ bestimmbar wäre (vgl. *ebd.*, S. 13 f.). Schlatterer benennt für den Pferdesport die Schwierigkeit der unscharfen Abgrenzung von Gendoping und herkömmlichem Doping sowie die der fehlenden

Nachweisbarkeit von Gendoping. Er vermutet, dass lediglich „über den Nachweis von Sekundärwirkungen auf genetische Manipulationen geschlossen werden kann“ (*Schlatterer*, 2010, S. 89).

Der Versuch, Tiere genetisch zu optimieren, ist schon lange Realität, denn seit der Jungsteinzeit werden Tiere gezüchtet. Ebenfalls Realität ist die Klonierung von Tieren, auch wenn deren Produkte m. W. noch nicht im Sport Einsatz gefunden haben. In der bioethischen Diskussion um die Zulässigkeit und die Folgen des Klonens stehen ebenfalls Positionen, die auf normative Naturvorstellungen rekurrieren (vgl. u. a. *Siep*, 1998; *Wolf*, 1998), denen gegenüber, die in der Natürlichkeit keine tragfähige Legitimationsinstanz sehen (vgl. u. a. *Leist*, 1998; *Bayertz*, 2009). Ohne hier Prognosen abgeben zu können, ob menschliche oder tierische Klone zukünftig im Sport aufzufinden sind, zeigt die aktuelle Dopingdebatte, angesichts der Diskussionen um das Enhancement (vgl. u. a. *Spitzer*, 2010), dass Doping mit sportübergreifenden bioethischen Fragen verbunden ist (vgl. u. a. *Pawlenka*, 2011).

Ob die direkten Eingriffsmöglichkeiten der modernen Biotechniken in das Erbgut der Tiere im Sinne des Gendopings eine neue Qualität der Verfügungsgewalt über die Tiere oder nur einen graduellen Unterschied darstellen, ist fraglich. V. d. Pfordten (1998, S. 217 f.) sieht die ethische Problematik in „der Kumulation von Manipulationen“:

> „Der erste Schritt herkömmlicher Züchtung ist noch relativ unproblematisch, weil hier nur der externe Paarungsakt manipuliert wird. Künstliche Insemination, Retortenzeugung und schließlich die Klonierung gehen in der Manipulationskaskade jedoch jeweils einen Schritt weiter. Jeder dieser Schritte unterscheidet sich einzeln betrachtet nicht fundamental von der Züchtung. Aber jeder dieser Schritte ist nicht nur ein singulärer Schritt, sondern ein weiterer Schritt auf dem Weg der Einschränkung autochthoner Strebungen der manipulierten Lebewesen.“ (*ebd.*, S. 217)

Mit der schrittweisen Zunahme der Instrumentalisierung von Tieren durch den Menschen geht gemäß v. d. Pfordten eine Herabstufung der Tiere „von ethisch belangvollen Entitäten zu ethisch belanglosen biologischen Maschinen“ (*ebd.*) einher. Auch das Gendoping bei Tieren bildet ein Puzzleteil in der Beziehung des Menschen zum Tier, das dessen instrumentalisierende Verdinglichung vorantreibt. Genetische Manipulationen, bei denen das Wohl der Tiere dem instrumentellen Nutzen vollständig untergeordnet wird, sind die sogenannten Defektzuchten. Auch im Pferdesport lassen sich Beispiele finden, bei denen mit der genetischen Optimierung der Tiere im Hinblick auf die Erfordernisse der Sportart eine Beeinträchtigung des Wohlergehens der Tiere in Kauf genommen wird. So sind Pferdezüchtungen anzuführen, mit denen als Nebeneffekt die Prädisposition zur Nachtblindheit und Sehverlusten einhergehen (vgl. *Wegner*, 1997, S. 561). Weiterhin wurde durch Inzuchten ein Pferderenntyp erschaffen, der zwar schnell ist, aber einen anfälligen Skelett-Muskelapparat aufweist, sodass die Wahrscheinlichkeit erhöht wird, dass die Belastungen im Wettkampf zu Frakturen führen (vgl. *Schlatterer*, 2010, S. 17). Ähnliches gilt auch für die Pferde, die für den Einsatz beim Westernreiten gezüchtet werden (vgl. *ebd.*, S. 19 f.). Solche Zuchtmaßnahmen sind gemäß Schlatterer zudem eine Ursache für das „chemisierte Rennpferd" (*ebd.*, S. 17), bei dem die Tiere nur durch medikamentöse Unterstützung sportliche Höchstleistungen erbringen können. Die Zuchtmaßnahmen, die das Wohl der Tiere gefährden oder beeinträchtigen, sind aus den oben angeführten tierethischen Gründen abzulehnen.

Bei den Züchtungen, die nicht dem Wohl des einzelnen Tieres entgegenstehen, greift das Argument des Leidens der Tiere nicht. Anders als beim gentechnologisch veränderten Menschen, bei dem das Bewusstsein, gezüchtet worden zu sein, durchaus Einfluss auf seine Identitätsentwicklung und sein psychisches Wohl haben kann, gibt es keine Hinweise darauf, dass für das Tierindividuum das psychische Wohlbefinden durch die Gentechnik beeinträchtigt wird. Welche Argumente lassen sich also gegen die genetische Optimierung von Tieren für den Sport anführen? Eine sportexterne Begründung des Gendopingverbots bei Tieren wirft die Schwierigkeit auf, dass sich gegensätzliche Menschen- und Weltbilder unvermittelt gegenüberstehen. Meinberg (2004, S. 246) verdeutlicht den Ethikpluralismus im Dopingdiskurs, durch den die Orientierungs- und Beratungsfunktion der Ethik in Frage steht. Er befürwortet einen Rückbezug der Ethik auf ihre anthropologische Grundlage: das „Prinzip Mensch" (*ebd.*, S. 247). Aber auch in der Anthropologie konkurrieren unterschiedliche Bestimmungen des Menschlichen. Besonders deutlich wird dies in der Bioethik bei der Frage nach dem ethisch zulässigen Maß des Enhancements beim Menschen und eben auch bei der gentechnologischen Optimierung der Tiere. Daher sind auch Positionen nicht konsensfähig, die genetische Manipulationen ablehnen, weil sie gegen die Würde der Tiere verstießen, da sie von umstrittenen Prämissen ausgehen. Die Festlegung von „Rassestandards" (*Wegner*, 1997, S. 566) zur Verhinderung des Gendopings steht argumentativ vor den gleichen Problemen wie die Dopinglisten. Festzuhalten bleibt aber, dass hinsichtlich des Tierdopings, das keinen Einfluss auf das Wohl des Tieres hat, die Sportethik engere Grenzen als die Tierethik setzt. Nach Auffassung von Güldenpfennig (2004, S. 312) stellt das Gendoping lediglich eine neue Variante des Dopings dar, gegen die die gleichen sportethischen Argumente wie gegen die bisherigen Dopingmaßnahmen angeführt werden können. Er kritisiert, dass hinsichtlich der genetischen Eingriffe die Bewertungsgrundlage fehlt, in welche Richtung sie vorgenommen werden sollen (vgl. *ebd.*, S. 314 f.). Güldenpfennig bezieht sich in seinen Ausführungen auf den zukünftigen Menschen. Bei einer Übertragung auf Tiere im Sport wäre die Bewertungsbasis, dass die Tiere an die Anforderungen der Sportart und deren Regelwerk angepasst werden sollen, mit dem Zweck, sich Vorteile im Wettkampf zu verschaffen. Dies bedeutet, dass das Tier an einen nicht lebensnotwendigen, willkürlich gesetzten Zweck angepasst wird, wodurch gemäß v. d. Pfordten die Instrumentalisierung des Tieres weiter fortschreitet. Wird der Gedanke der genetischen Optimierung weitergeführt, kann irgendwann vielleicht ein optimal an das Regelwerk abgestimmtes Sporttier erzeugt werden, sodass in einem weiteren Schritt schließlich nur noch dessen Klone gegeneinander antreten. Die erhofften Wettbewerbsvorteile wären aufgehoben und die Frage drängt sich auf, ob nicht die Idee, die mit dem Sport verbunden ist, sinnlos wird. Güldenpfennig verdeutlicht den Zusammenhang von Ungleichheit und sportlichem Sinn des Leistungsvergleichs (*ebd.*, S. 312 f.). Der Reiz des Spiels entsteht aus der Ungleichheit, sowohl bei den Voraussetzungen der Beteiligten als auch in der Herstellung von Ungleichheit. Darin stimmt auch Heringer (1990, S. 159) überein, denn wären alle Voraussetzungen gleich, wäre eine völlige Chancengleichheit gegeben, die schließlich das Spiel witzlos macht, da nur noch Zufälle über den Ausgang bestimmen würden.[1]

Tierdoping und Fairness

Die Diskussion des Tierdopings im Spannungsfeld von Tierethik, Sportethik und Bioethik zeigt, dass sein Verbot eher auf schwachen ethischen Begründungen basiert und Abwägungsfragen die Beurteilung erschweren. Die Tierethik steht vor den Schwierigkeiten, eine Graduierung von Ansprüchen der Menschen und der Tiere in einer konsistenten Theorie zu begründen und verschiedene moralische Grundkonzeptionen zu verbinden. Auf der situativen Ebene treten Abwägungsfragen auf, wenn es um die Grenzziehung geht, wann die Leiden und Schmerzen des Tieres diesem noch zumutbar sind und wann nicht mehr. Im Sport erhalten immanente Gründe gegen das Tierdoping ein prinzipielles Gewicht, aber der Sport und seine Regeln stehen unter einem „moralischen Vorbehalt“ und sind daher unter ethischer Perspektive nicht zu verallgemeinern. Die sportimmanente Bestimmung des Dopings ist eine Setzung, die einer grundlegenderen ethischen Begründung bedarf. Diese Begründung erweist sich als schwierig, da die klassische Definition des Dopings als künstliche Leistungssteigerung vor allem in Anbetracht der modernen medizinischen und biotechnologischen Möglichkeiten nicht trennscharf ist. Die mit der Gentechnologie einhergehenden Fragestellungen der Dopingdebatte verweisen auf die bioethische Diskussion um die Abgrenzung von Natürlichkeit und Künstlichkeit sowie um das Enhancement. Auch hier stehen sich grundsätzlich unterschiedliche Menschen- und Weltbilder gegenüber. Es zeigt sich, dass eine Beurteilung des Tierdopings nicht nur ein Zusammenspiel der verschiedenen Bereichsethiken erfordert, sondern auch eine Verständigung über grundsätzliche anthropologische Fragen.

Da in der Diskussion um das Tierdoping viele Unsicherheiten sowohl in praktischen Abwägungs- und Graduierungsfragen als auch in Hinblick auf philosophische Grundsatzfragen zutage treten, soll an dieser Stelle an ein ethi-

---

[1] An dieser Stelle sei lediglich angedeutet, dass mit der Idee des Sports nicht nur ethische Verpflichtungen, sondern auch ästhetische Ansprüche verbunden sind (vgl. u. a. *Franke*, 2011, S. 95-98). Ästhetische Interessen, die sich auf die Einzigartigkeit der Individuen beziehen, finden ebenfalls in der bioethischen Diskussion Berücksichtigung (vgl. u. a. *Wolf*, 1998, S. 210). Sie haben dort allerdings einen schwächeren Begründungsstatus als im Sport, bei dem ästhetische Aspekte einen engen Bezug zu seinen konstitutiven Sinnbedingungen aufweisen (vgl. *Franke*, 2011, S. 97 f.).

sches Prinzip erinnert werden, das in der Diskussion um das Doping zwar oftmals angeführt wird, dessen begriffliche Ausschärfung allerdings aus dem Blick zu geraten droht: die *Fairness*. Funktionale Sportethiken räumen der Fairness eine sportkonstitutive Bedeutung ein und Schürmann (2012, S. 77) zeigt, dass auch der Dopingbegriff im Wettkampfsport „bedeutungskonstitutiv an Fairness gebunden" ist. Die sportartspezifische, inhaltliche Bestimmung, was als fair und was als unfair gilt, „ist das Ergebnis von Festlegungsprozessen" (*ebd.*, S. 80). Nicht nur als „Wettkampffairness" (*ebd.*, S. 79) ist die Fairness für die Beurteilung des Tierdopings entscheidend, sondern sie erfüllt als ethisches Prinzip auf einer „mittleren Ebene" (*Pieper*, 1993, S. 47) eine wichtige Funktion bei Abwägungsfragen, die bei nicht mehr grundsätzlich zu entscheidenden Konflikten auftreten. Diese „Abwägungsfairness" (*Court*, 1995, S. 302) kann in dem von unsicheren Grundsatzfragen durchzogenen Feld des Tierdopings als ein ethisches Regulativ verfolgt werden. Die Ansätze, Fairnessgesichtspunkte in der Beziehung zu Tieren aufzugreifen (vgl. *Höffe*, 1984; *Ruh*, 1997; *Sitter-Liver*, 1994), wurden bislang nicht weiterentwickelt. Ebenso werden in den bioethischen Fragen um das Gendoping und Enhancement Aspekte der sozialen Fairness zwar häufig mitgedacht, aber nicht systematisch entfaltet. Ersichtlich wird, dass weitere Analysen notwendig sind, um das Potential einer Ethik auszuloten, die den Fairnessgedanken in ihr Zentrum rückt (vgl. *Segets*, 2002, S. 172 f.).

Da die sportliche Fairness auf die Idee eines humanen Sports verweist, ist eine weitere Auseinandersetzung mit anthropologischen Fragen und eine Verständigung darüber, was Sport ist und sein soll, erforderlich. Anders als Tiere haben Menschen die Möglichkeit, ihr Handeln an Ideen von sich selbst, von dem Menschen, von der Mitwelt und vom Sport auszurichten. Der Bestimmung des Humanen fällt für die Diskussion des Tierdopings eine zentrale Rolle zu, denn letztlich liegt auch hinsichtlich des Tierdopings „alle Hoffnung der Tiere in der Menschlichkeit des Menschen" (*Ingensiep & Baranzke*, 2008, S. 131).

Literatur

Apel, K.-O. (1988). Die ethische Bedeutung des Sports in der Sicht einer universalistischen Diskursethik. In E. Franke (Hrsg.), *Ethische Aspekte des Leistungssports* (S. 105-135). Clausthal-Zellerfeld: dvs.

Asmuth, C. (2010). Praktische Aporien des Dopings. In C. Asmuth (Hrsg.), *Was ist Doping? Fakten und Probleme der aktuellen Diskussion* (S. 93-116). Bielefeld: transcript.

Bayertz, K. (2009). Hat der Mensch eine „Natur"? Und ist sie wertvoll? In M. G. Weiß (Hrsg.), *Bios und Zoë* (S. 191-218). Frankfurt a. M.: Suhrkamp.

Birnbacher, D. (2006). *Natürlichkeit*. Berlin: De Gruyter.

Borchers, D. (2011). Auf dem richtigen Weg. *Doping. Die Zeitschrift für Sport, Recht und Medizin,* 2, 100-102.

Court, J. (1995). *Kritik ethischer Modelle des Leistungssports.* Köln: Strauß.

Court, J. & Hollmann, W. (1998). Doping. In O. Grupe & D. Mieth (Hrsg.), *Lexikon der Ethik im Sport* (S. 97-105). Schorndorf: Hofmann.

Cronau, P. F. (1997). Doping im Pferdesport. In H. H. Sambraus & A. Steiger (Hrsg.), *Das Buch vom Tierschutz* (S. 640-646). Stuttgart: Enke.

Dinzelbacher, P. (Hrsg.). (2000). *Mensch und Tier in der Geschichte Europas*. Stuttgart: Körner.

Franke, E. (2010). Doping und „Vertrags-Ethik" im Sport – zwischen individueller Verantwortung und systematischer Kontrolle. In G. Spitzer & E. Franke (Hrsg.), *Sport, Doping und Enhancement – Transdisziplinäre Perspektiven* (*S.* 77-93). Köln: Strauß.

Franke, E. (2011). Die Ethik der Ästhetik des Wettkampfsports. In E. Franke (Hrsg.), *Ethik im Sport S.* 91-107). Schorndorf: Hofmann.

Gebauer, G. (2003). Plädoyer für den Common Body. In M. Lämmer & B. Ränsch-Trill (Hrsg.), *Der „künstliche Mensch" – eine sportwissenschaftliche Perspektive?* (S. 103-111). St. Augustin: Academia.

Gerhardt, V. (1991). Die Moral des Sports. *Sportwissenschaft*, 21, 125-145.

Gerstmeyer, T. (1995). Doping – der Name der Tat und ihre sportphilosophische Realdefinition zur Schaffung einer praktisch handhabbaren Rechtsgrundlage. *Sportwissenschaft*, 25, 292-298.

Grupe, O. & Mieth, D. (Hrsg.). (1998). *Lexikon der Ethik im Sport*. Schorndorf: Hofmann.

Güldenpfennig, S. (2004). Gendoping ante portas? Überlegungen zum Verhältnis von Genet(h)ik und Sport. In C. Pawlenka (Hrsg.), *Sportethik. Regeln – Fairneß – Doping* (S. 309-316). Paderborn: mentis.

Güldenpfennig, S. (2006). Homo technologicus sportivus? Sport ist ein Gegenmodell zur Technik! *Sportwissenschaft*, 36, 193-197.

Hastedt, H. (2004). Ethik, Heuchelei und das Doping. In C. Pawlenka (Hrsg.), *Sportethik. Regeln – Fairneß – Doping* (S. 269-278). Paderborn: mentis.

Heringer, H. J. (1990). Regeln und Fairness. In O. Grupe (Hrsg.), *Kulturgut oder Körperkult?* (S. 157-171). Tübingen: Attempto.

Höffe, O. (1984). Der wissenschaftliche Tierversuch: eine bioethische Fallstudie. In E. Ströker (Hrsg.), *Ethik der Wissenschaften? Philosophische Fragen* (S. 117-142). München u. a.: Fink/Schönigh.

Hoerster, N. (2004). *Haben Tiere eine Würde? Grundfragen der Tierethik*. München: Beck.

Huizinga, J. (1991). *Homo ludens. Vom Ursprung der Kultur im Spiel*. Reinbeck: Rowohlt.

Ingensiep, H. W. & Baranzke, H. (2008). *Das Tier*. Stuttgart: Reclam.

Kietzmann, M. (2012). Doping: Recht und Moral. Anmerkungen zur Dopingrelevanz des Arzneimitteleinsatzes im Pferdesport. In C. Asmuth & C. Binkelmann (Hrsg.), *Entgrenzungen des Machbaren? Doping zwischen Recht und Moral* (S. 195-201). Bielefeld: transcript.

Leist, A. (1998). Die vernünftigen Grenzen der Ethik. In J. S. Ach, G. Brudermüller & C. Runtenberg (Hrsg.), *Hello Dolly? Über das Klonen* (S. 199-205). Frankfurt a. M.: Suhrkamp.

Lenk, H. (1983). *Eigenleistung. Plädoyer für eine positive Leistungskultur*. Zürich, Osnabrück: Fromm.

Marsh, P. & Morris, D. (1989). *Die Horde Mensch. Individuum und Gruppenverhalten*. München: Heyne.

Meinberg, E. (1991). *Die Moral im Sport*. Aachen: Meyer & Meyer.

Meinberg, E. (1998). Sport – Ethik – Recht. Eine Verhältnisbestimmung. In E. Scheffen (Hrsg.), *Sport, Recht und Ethik* (S. 9-20). Stuttgart: Boorberg.

Meinberg, E. (2004). Dopingsport im Zeichen des Ethikpluralismus. In C. Pawlenka (Hrsg.), *Sportethik. Regeln – Fairneß – Doping* (S. 237-248). Paderborn: mentis.
Meinberg, E. (2006). *Dopingsport im Brennpunkt der Ethik.* Hamburg: merus.
Melle, U. (1988). Tiere in der Ethik. *Zeitschrift für philosophische Forschung*, 42, 247-273.
Müller, A. (1998). Tiere im Sport. In O. Grupe & D. Mieth (Hrsg.), *Lexikon der Ethik im Sport* (S. 562-566). Schorndorf: Hofmann.
Oeser, E. (2007). *Pferd und Mensch. Die Geschichte einer Beziehung.* Darmstadt: WBG.
Patzig, G. (1993). *Gesammelte Schriften Bd. 2.* Göttingen: Wallstein.
Pawlenka, C. (2002). *Utilitarismus und Sportethik.* Paderborn: mentis.
Pawlenka, C. (2004). Doping im Sport im Spannungsfeld von Natürlichkeit und Künstlichkeit. In C. Pawlenka (Hrsg.), *Sportethik. Regeln – Fairneß – Doping* (S. 293-308). Paderborn: mentis.
Pawlenka, C. (2011). Das Dopingverbot im Sport – eine Kontroverse im Schnittpunkt von Sportethik und Bioethik. In E. Franke (Hrsg.), *Ethik im Sport* (S. 123-134). Schorndorf: Hofmann.
Pawlenka, C. (2012). Ethik, Natur und Doping im Sport. *Sportwissenschaft*, 42, 6-16.
Pfordten, D. v. d. (1998). Klonierung als Manipulation. In J. S. Ach, G. Brudermüller & C. Runtenberg (Hrsg.), *Hello Dolly? Über das Klonen* (S. 213-219). Frankfurt a. M.: Suhrkamp.
Pick, M. & Pick, J. (1997). Tierschutz im Pferdesport aus tierärztlicher Sicht. In H. H. Sambraus & A. Steiger (Hrsg.), *Das Buch vom Tierschutz* (S. 625-639). Stuttgart: Enke.
Pieper, A. (1993). Fairneß als ethisches Prinzip. In V. Gerhardt & M. Lämmer (Hrsg.), *Fairneß und Fair Play* (S. 41-54). St. Augustin: Academia.
Ruh, H. (1997). Tierrechte – Neue Fragen der Tierethik. In H. H. Sambraus & A. Steiger (Hrsg.), *Das Buch vom Tierschutz* (S. 18-29). Stuttgart: Enke.
Sambraus, H. H. (1997). Geschichte des Tierschutzes. In H. H. Sambraus & A. Steiger (Hrsg.), *Das Buch vom Tierschutz* (S. 1-17). Stuttgart: Enke.
Schlatterer, B. (2010). *Doping im Pferdesport. Regelwerke, Wirkung und Nachweis von Dopingmitteln.* Stuttgart: Schattauer.
Schürmann, V. (2012). Natürlichkeit oder Fairness? In C. Asmuth & C. Binkelmann (Hrsg.), *Entgrenzungen des Machbaren? Doping zwischen Recht und Moral* (S. 75-87). Bielefeld: transcript.
Seel, M. (1995). *Versuch über die Form des Glücks.* Frankfurt a. M.: Suhrkamp.
Segets, M. (2002). *Ökologische Aspekte der Sportethik.* Butzbach-Griedel: Afra.
Siep, L. (1993). Arten und Kriterien der Fairneß im Sport. In V. Gerhardt & M. Lämmer (Hrsg.), *Fairneß und Fair Play* (S. 87-102). St. Augustin: Academia.
Siep, L. (1998). „Dolly“ oder Die Optimierung der Natur. In J. S. Ach, G. Brudermüller & C. Runtenberg (Hrsg.), *Hello Dolly? Über das Klonen* (S. 191-198). Frankfurt a. M.: Suhrkamp.
Singer, P. (1996). *Animal Liberation. Die Befreiung der Tiere.* Reinbek: Rowohlt.
Sitter-Liver, B. (1994). Tier-Rechte und ihre Grenzen. *Universitas,* 49, 119-132.
Spaemann, R. (1984). Tierschutz und Menschenwürde. In U. M. Händel (Hrsg.), *Tierschutz. Testfall unserer Menschlichkeit* (S. 71-81). Frankfurt a. M.: Fischer.
Spitzer, G. (2010). Doping zwischen WADA-Code und Enhancementpraktiken – Strukturmodell. In G. Spitzer & E. Franke (Hrsg.), *Sport, Doping und Enhancement – Transdisziplinäre Perspektiven* (S. 135-152). Köln: Strauß.
Turnherr, *U.* (2000). *Angewandte Ethik zur Einführung.* Hamburg: Junius.
Vieth, A. (2006). *Einführung in die Angewandte Ethik.* Darmstadt: WBG.

Wegner, W. (1997) Tierschutzaspekte in der Tierzucht. In H. H. Sambraus & A. Steiger (Hrsg.), *Das Buch vom Tierschutz* (S. 556-569). Stuttgart: Enke.

Wolf, J.-C. (1992). *Tierethik. Neue Perspektiven für Menschen und Tiere.* Freiburg, Schweiz: Paulusverlag.

Wolf, U. (1990). *Das Tier in der Moral.* Frankfurt a. M.: Klostermann.

Wolf, U. (1998). Das Gute neben der Moral. Noch einmal „Dolly". In J. S. Ach, G. Brudermüller & C. Runtenberg (Hrsg.), *Hello Dolly? Über das Klonen* (S. 206-212). Frankfurt a. M.: Suhrkamp.

Wolf, U. (Hrsg.). (2008). *Texte zur Tierethik.* Stuttgart: Reclam.

Wolf, U. (2012). *Ethik der Mensch-Tier-Beziehung*. Frankfurt a. M.: Klostermann.

Gedopt / Nicht-Gedopt: Doping als Eigenwert des modernen Spitzensports

Swen Körner
Institut für Pädagogik und Philosophie,
Deutsche Sporthochschule Köln

Zusammenfassung

Doping ist seit Jahrzehnten ein Thema der Kommunikation, das regelmäßig begleitet wird vom Hinweis auf vermeintlich bessere Tage, verlängert um die Forderung nach einem (wieder) sauberen Sport. Im Abstand zur weit verbreiteten Empörung, die Doping routinemäßig auf sich zieht, stellt der Beitrag die Frage nach Funktionen. Für Spitzensport und Gesellschaft, so die These, erscheinen Doping und Dopingverbot nicht allein als Problem, sondern gleichzeitig als Lösung mit Eigenwertcharakter.

Summary

Doping is an issue of communication which is regularly accompanied by the reference to supposedly better days, extended by the call for a clean sport. In theoretical distance to the widespread outrage Doping routinely attracts, the article argues in functional perspective. The question of function is put forward in terms of systems theory. Thus for elite sports and society doping and sanction of doping appear not only as a problem but also as a solution with so called "Eigenwert"-character.

Wirkungsversprechen

Sport ist gesund. Sport vermittelt Werte. Sport integriert. Auf Wirkungen wie diese schwört sich der organisierte Sport in regelmäßigen Schüben identitätsstiftend ein. Von Integration, Moral oder Gesundheit kann für die Zukunft immer ein Mehr im Vergleich zum Gestern gefordert werden. Der Bezug auf Größen ohne Maß streicht zudem hohe Achtungswerte ein – ein solcher Sport ist unbestreitbar *gut*. Das Reden über ihn ließe sich so bequem fortsetzen, störten nicht mit einiger Beharrlichkeit Begleiterscheinungen der besonderen Art das Bild. Im Spitzensport, auf den sich die folgenden Überlegungen konzentrieren, ist der Einsatz tatsächlich oder vermeintlich leistungsfördernder Substanzen und Verfahren seit langem verbreitet, in definierten Fällen verboten und wird als Doping sanktioniert.[1]

---

[1] Empirische Angaben zur aktuellen Prävalenz von Doping im deutschen Spitzensport variieren zwischen 6% (*Breuer & Hallmann*, 2013) und 35% (*Pitsch, Maats & Emrich*, 2009).

Doping ist seit Jahrzehnten ein Thema der Kommunikation, das regelmäßig begleitet wird vom Hinweis auf vermeintlich bessere Tage, verlängert um die Forderung nach einem (wieder) sauberen Sport. Im Abstand zur weit verbreiteten Empörung, die Doping routinemäßig auf sich zieht, und im Abstand zur ebenso weit verbreiteten Euphoristik wünschenswerter Wirkungen[2] des Sports stellt der Beitrag die Frage nach Funktionen. Die Funktionsfrage wird vorgebracht im Sinne systemtheoretischer Abstraktion, d.h. als beobachterabhängige Konstruktion eines Problems, unter dessen Gesichtspunkt Spitzensport, Doping und Dopingverbot jeweils als Lösung betrachtet werden können.[3] Für Spitzensport und Gesellschaft, so die These, erscheint Doping nicht allein als Problem, sondern gleichzeitig als Lösung mit Eigenwertcharakter.[4]

Doping als Realität der Kommunikation

Inwiefern ist zunächst mit Blick auf die moderne Gesellschaft Doping nicht bzw. keineswegs ausschließlich als Problem, sondern ebenfalls als Lösung beobachtbar? Die Plausibilisierung hängt entscheidend an einem Gesellschaftsbegriff, der *operativ* ansetzt und dabei absieht vom „Menschen". Gesellschaft, so das systemtheoretische Argument, wächst und zerfällt nicht dadurch, dass Menschen sterben und geboren werden. Sie wird nicht deshalb breiter oder gewichtiger, weil immer mehr Leute gemäß Body-Mass-Index immer breiter und gewichtiger werden.[5] Gesellschaft erfährt keine Differenzierung durch einsames Holzhacken und sie wird auch nicht deshalb sündhafter, weil Spitzensportler zu besonderen Pillen und Spritzen greifen. Das alles erscheint erst dann und nur dann auf ihrem Monitor, wenn es, als Geburten- und Mortalitätsrate, als Übergewicht, Doping oder (Ersatz-)Handlung zum Thema von *Kommunikation* wird. Gesellschafterzeugt und reproduziert sich durch die rekursive Bezugnahme von Kommunikation auf Kommunikation. Ein besonderes Ereignispotenzial bieten vor allem Krisenthemen. Bildungskrisen, Finanzkrisen oder Umweltkrisen sichern hohe Resonanzen in einer strukturell begrenzt resonanzfähigen Gesellschaft (*Luhmann*, 2004, S. 219). Ein Grund ihres

---

[2] Wohlgemerkt, die Einlösung positiver Wirkungsversprechen ist damit weder ausgeschlossen noch bestätigt. Die empirische Datenlage hierzu ist, und das ist typisch für Wirkungsfragen, hinreichend uneindeutig. Für Integration aktuell Kleindienst-Cachay, Cachay & Bahlke (2012).

[3] Beschreibungen des Sports liefern Verdopplungen ohne Original (im Sinne von *Nassehi*, 2010, S. 204ff.). Keinem Kosmos der Essenzen oder der Beobachtung vorausliegender Kategorien ist zu entnehmen, als was Spitzensport original zu beschreiben wäre – höchstens anderen Beschreibungen. Interessant ist, dass empirische Selbstbeschreibungen der Akteure im System des Spitzensports (aktuell z.B. in *Breuer & Hallmann*, 2013) bisweilen andere Bewertungen nahelegen, als es manch kühner Selbst- und Fremdbeschreibung durch Sportorganisationen oder Sportwissenschaft recht sein mag.

[4] „Eigenwertig wird ein Effekt in einem System von dem Moment an, wo er alle anderen System-Funktionen überschattet und also mitprägt" (*Gumbrecht*, 2010, S. 16).

[5] Für die „dicken Kinder" der Gesellschaft vgl. Körner (2008).

sozialen Beharrungsvermögens besteht über Sachunterschiede hinweg darin, dass abschmelzende Polkappen, Staatsinsolvenzen oder Bildungsdesaster mit selbstverständlicher Gewissheit Probleme ungewissen Ausgangs vorführen. An die beunruhigende Ungewissheit zukünftiger Entwicklungen gegenwärtiger Probleme koppelt sich resonanzverstärkend eine öffentliche Rhetorik der Angst und Sorge. Diese verpflichtet auf Anteilnahme und Initiative, versorgt die laufende Diskussion mit Moral und leistet dadurch ihre selektive Engführung: Gleichgültigkeit und Zurückhaltung verbieten sich. Es muss etwas getan werden.

Die krisentypische Verlaufsfigur verjüngt sich aktuell, neben Korruption (*Pitsch, Emrich & Pierdzioch*, 2012; *Maennig*, 2005), vor allem am Doping. Die Gesellschaft reagiert mit Bordmitteln. So stellen offensichtlich weder mediale, rechtliche, ethische noch pädagogische Beobachter ihren Betrieb mit Blick auf entdeckte Doper ein. Und so wie die mit guten Absichten ausgestattete Präventionsarbeit am noch-nicht mündigen Athleten mit und am Doping Zukunft in eigener Sache erwirtschaftet, prozessiert auch das wissenschaftliche Kontrollwesen in einer Art *Kybernetik des Heuschreckenflugs* (*Luhmann*, 1983). Einmal gestartet, reagiert man letztlich auf selbst erzeugte Turbulenzen. Je intensiver Kontrolle, desto subtiler die Abweichung, desto mehr Kontrollbedarf usf.

Doping bezeichnet demnach eine Realität der Kommunikation im doppelten Sinne des Genitivs: Eine Realität, die erst durch Kommunikation als rechtliches, pädagogisches, wissenschaftliches etc. Thema das Licht der Gesellschaft erblickt, und durch die Kommunikation Zukunft in eigener Sache erwirtschaftet. Unter der Perspektive einer gleichsam an der Nadel von Kommunikation hängenden Gesellschaft amplifiziert am Doping bereits jede Menge Sinn. Genau das meint es, Doping von seinem Lösungspotenzial her zu begreifen. Zur Beantwortung der Frage, welches Problem Doping für den Spitzensport löst, ist die funktionale Analyse auf diesen selbst anzuwenden.

Systemtheorie des Spitzensports

Soziale Systeme wie Wirtschaft, Politik, Recht, Kunst, Wissenschaft oder Erziehung „sind“ jeweils „unter dem Gesichtspunkt ausdifferenziert, bestimmte Probleme zu lösen – je besser, desto besser“ (*Luhmann*, 1983, S. 171). So sorgt in modernen Gesellschaften typischerweise Erziehung für karriereförmige Selektion, während Sicherung künftiger Bedürfnisse Aufgabe der Wirtschaft ist. Erst der Verzicht auf weit reichende externe Ansprüche ermöglicht jeweils die scharfe Konzentration auf das eigene Bezugsproblem. Dabei sind sie *verschieden* in der Funktionsreferenz, *unverzichtbar* in ihrer jeweiligen Erfüllung und *gleich* im Rang als Systeme bestimmter Funktion. Sofern Spitzensport als soziales System in der Umwelt sozialer Systeme gelten soll, stellt sich die Frage, für welches soziale Problem der moderne Spitzensport als Lösung beobachtet werden kann.

Operation und Medium

Gesellschaft reproduziert sich durch Bezugnahme von Kommunikation auf Kommunikation,[6] verstanden als dreistellige Selektion von Information, Mitteilung und Verstehen: als Mitteilung einer Information, die angenommen oder abgelehnt werden kann.[7] Als soziales System sichert Spitzensport seine Reproduktion durch Kommunikation bestimmten Typs. So wie Kommunikation in der Wirtschaft die Form der Zahlung annimmt oder Wissenschaft Publikation auf Publikation folgen lässt, erzeugt Spitzensport seine operationale Schließung dadurch, dass in ihm Leistungsmitteilungen an Leistungsmitteilungen anschließen, die für das System nichts außerhalb ihrer selbst bedeuten „und genau diesen Sachverhalt kommunizieren" (*Stichweh*, 2005, S. 116). Auf einen Hammerwurf folgt der nächste Hammerwurf und typischerweise nicht die Inverkehrbringung von Zahlungsmitteln in Gegenerwartung adäquater Güter oder Dienstleistungen. Letzteres wäre wirtschaftliche Kommunikation, die selbstverständlich aufs spitzensportliche Hammerwerfen Bezug nehmen kann – dann aber als wirtschaftliche Beobachtung sportlicher Kommunikation, also als Beobachtung eines Systems in der Umwelt des beobachteten Systems.

Die sozio-evolutionäre Ausdifferenzierung des Spitzensports ist gebunden an die Entwicklung eines speziellen Kommunikations*mediums*. Denn dass auf einen Hammerwurf der nächste Hammerwurf folgt, ist zunächst genauso unwahrscheinlich wie der *unit act* der Sequenz selbst. Symbolisch generalisierte Kommunikationsmedien fungieren generell als Annahmeverstärker für unwahrscheinliche Kommunikation.[8] Vorliegende Systemtheorien des Spitzensports schweigen sich zur Frage des symbolisch generalisierten Kommunikationsmediums in der Regel aus oder verneinen dessen Lösungsbezug mit dem Hinweis darauf, dass es sich beim Spitzensport um ein Sozialsystem handle, das in seine relevanten Umwelten, nämlich Menschenkörper (und -psychen), nicht direkt durchgreifen könne. Das ist richtig (im Sinne der System-Umwelt-Grenze) und problematisch (im Hinblick auf die Schlussfolgerung) zugleich. Hier ist weder Zeit noch Ort, auf diese und andere Konsistenzfragen systemtheoretischer Beschreibung genauer einzugehen. Folgende Überlegungen gehen davon aus, dass für den Spitzensport der *Wettkampf* in die Funktionsstelle des Steuerungsmediums tritt.[9] Wettkämpfe lösen das Problem

---

[6] Und nicht etwa durch Gedanken (wie das Bewusstseinssystem) oder Mitose (wie die Zelle) – Gesellschaft setzt beides gleichwohl voraus.

[7] Wobei Annahme oder Ablehnung die Selektion des Verstehens im Sinne von anschließen meint. Verstehen wiederum ist Mitteilung einer Information für weiteres Verstehen usf. (Vgl. grundlegend *Luhmann* 1996, S. 195ff.).

[8] „Reduzierte Komplexität übertragbar zu machen und für Anschlussselektivität auch in hochkontingenten Situationen zu sorgen, gehört zu den Grundvoraussetzungen des Aufbaus komplexer Gesellschaftssysteme" (*Luhmann*, 1991, S. 174) – und ist eine Funktion symbolisch generalisierter Kommunikationsmedien.

[9] Neben der Beschreibung als symbolisch generalisiertem Kommunikationsmedium lässt sich Wettkampf entlang der systemtheoretischen Medium/Form-Unterscheidung (lose vs. fest gekoppelte Elemente) als besondere Formbildung eines allgemeinen Mediums „Leis-

der Unwahrscheinlichkeit (bzw. doppelten Kontingenz), dass Ego Alters Verhalten zum Ausgangspunkt eigenen Verhaltens wählt und sich *dadurch* auf den Vergleich von Leistungen einlässt:[10] Jemand wirft auf ein Tor, der andere sich dem Ball entgegen. Erst im Sportwettkampf wird derart Unwahrscheinliches in einer Weise wahrscheinlich, dass man nicht nur akut damit rechnen kann, sondern sich Lebensläufe zeitweise darauf einstellen sieht, dass ein Sozialsystem genau das dauerhaft ermöglicht: in wechselnden Kontexten, bei künftiger Gelegenheit (*generalisiert*), auf Grundlage einer gemeinsam geteilten Normstruktur (*symbolisch*). Wettkämpfe motivieren, in Leistungsvergleiche einzutreten, Positionen in Raum und Zeit auf physiologisch belastende und bisweilen hochriskante Weise zu verändern, Körper an Geräte zu schnallen, eintreffende Schläge zu akzeptieren, ein Zuspiel anzunehmen, auf einen Sprung einen eigenen folgen zu lassen oder im Pulk mit anderen über eine Linie zu laufen, an der man kurz vorher gestartet war. Die Sinngrenzen des Systems verdanken sich einer sachlichen, raum-zeitlichen und sozialen „Begrenzung von Sinn" (*Willke*, 2000, S. 51), die „das Leisten *als* Leisten" (*Stichweh*, 1990, S. 387, Herv. SK) in den Mittelpunkt stellt.[11] Eine besondere Form sozialer Ordnung entsteht. Man spielt dann gegeneinander Fußball, läuft um die Wette usf.

Code und Funktion

Zu den strukturellen Eigenschaften symbolisch generalisierter Kommunikationsmedien gehört im Sinne systemtheoretischer Modellbildung die Einrichtung binär schematisierter *Mediencodes*. Binäre Codes verfügen über einen positiven Anschluss- sowie einen negativen Reflexionswert, wobei sich der Vorzugswert in der Regel vom jeweiligen Medium ableitet (*Luhmann*, 1991, S. 174ff.).[12] Über Codes gewinnen Systeme ihre Informationen über die Welt. So erscheint eine entlang von Theorien und/oder Methoden kontrollierte Aussage im Sensorium der Wissenschaft als entweder wahr oder falsch. Ob sie nach Maßgabe künstlerischer Kriterien schön, nach Rechtsprogrammatik recht oder nach pädagogischer Ansicht vermittelbar ist, spielt wissenschaftlich keine Rolle. Für das Sportsystem im Allgemeinen hat Stichweh (1990, S. 384f.) den Code leisten / nicht-leisten vorgeschlagen, der für Spitzensport bereits jedes Nicht-leisten als relevante nicht-sportliche Systemumwelt ausfiltert. Spit-

---

tungsvergleich" begreifen. Weitere Formbildungen sind im z.B. Bildungs- und Wirtschaftssystem beobachtbar.

[10] Wer in einem Wettkampf an den Start geht, dessen Leistung wird systematisch mit der Leistung anderer verglichen – selbst und gerade dann, wenn subjektive Beweggründe ganz anders gelagert sein sollten, also auf Nachfrage etwa Spaß, geselliges Miteinander oder Gesundheit ausgeflaggt werden.

[11] Vgl. dazu Werron (2005); Bette (2010, S. 92). Systembildung des Spitzensports läuft daneben, und das ist in der Forschung gut ausgearbeitet, vor allem über Organisation. Als organisierte Interaktion unter Anwesenden ist Spitzensport dem Erziehungssystem vergleichbar (vgl. *Luhmann*, 2002).

[12] Codevorschläge des (Spitzen-) Sports kommen mit anderen Worten nicht unbegründet an der Frage nach dem Medium vorbei.

zensport, so die Anschlussthese, bewegt sich typischerweise auf der Seite des Leistens. Mit Blick auf Wettkampf als jene besondere Form, die der Leistungsvergleich im Spitzensport annimmt, erscheint es plausibel, in den Vorzugswert („leisten") des Sportcodes einzutreten und die Unterscheidung von *überlegener / unterlegener* Leistung als binäre Codierung des Spitzensports anzusetzen.[13]

Sportwettkämpfe konditionieren in strenger Form, dass in ihnen Leistungsmitteilungen auf Leistungsmitteilungen folgen, also Operationen gleichen Typs. Die Differenz der Operationen *beobachtet* und *beschreibt* das System als Unterschied. So preisen Sportwettkämpfe am Ende aus, was zu ihrem Beginn keinesfalls offensichtlich zu sein hat und deshalb artifiziell (durch Klassifikationssysteme, Start- und Ziellinien oder die 0 auf Stoppuhr und Zentimetermeterband) auf „Null" gebracht werden muss: den Unterschied von überlegener und unterlegener Leistung. Ausgehend vom Gebot prinzipiell gleich verteilter Chancen, das einen prinzipiell offenen Ausgang erwarten lässt, setzt Spitzensport in immer neuen Anläufen eindeutige Unterschiede in die Welt. Diese werden in Vereinfachung hochkomplexer Vorgänge als überlegene oder unterlegene „Leistungen" auf anwesende Körper, Personen oder Mannschaften zugerechnet und über Symbolik (Urkunden, Medaillen), Bilder (z.B. Zielfoto) und vor allem durch Zahlen (z.B. Tausendstelsekunde) zur Unterscheidung gebracht. Gegen Gleichheitsforderung und Quotenausgleich in Familie, Arbeitswelt, Wissenschaft und Politik bringt der Spitzensport harte und anderweitig hoch umstrittene Unterschiede mit demonstrativer Geltung zur Ansicht. Auf seinen Bühnen erscheinen unter dem Beifall der Masse Sieger und Verlierer, Meister und Absteiger, die erste und eine zweite Klasse, Männer und Frauen oder *imagined communities* (Anderson) wie der Club einer *Stadt* oder das Team einer *Nation* usf. Aus Leistungsvergleichen gewonnene Unterschiede mithin,[14] die sich in der Sprache großer Erzählungen zu schlichten, aber gleichwohl wirkmächtigen Ontologien stilisieren lassen, deren Demontage andere Sozialbereiche seit Jahrzehnten programmmäßig betreiben. Dem Anti-Egalitarismus auf der Ebene der Struktur entspricht, dass Spitzensportler von gesellschaftlichen Beobachtern inzwischen regelmäßig in der Sprache antiker Helden verehrt werden. In einer „antiheroischen Gesellschaft" (*Bolz*, 2009) markieren offensichtlich Helden des Spitzensports den Unterschied.

Was wäre demzufolge eine mögliche systemtheoretische Bestimmung seiner sozialen Funktion? Mit Blick auf seine besondere Operations- und Beobachtungstypik bezeichnet Spitzensport jenen unverwechselbaren Kommunikationszusammenhang moderner Gesellschaften, der sozialen Angleichungstendenzen interaktiv erzeugte Leistungsunterschiede gegenüberstellt, die auf konkrete soziale Identitäten (diesen Körper, diese Person, diese Mannschaft) zuge-

---

[13] Zur Zweitcodierung von Systemen am Beispiel von Wirtschaft vgl. Luhmann (1994, S. 201).

[14] Eingeschlossen: den Vergleich von Vergleichen, z.B. in punkto Rekorde (diese vs. letzte Olympische Spiele).

rechnet werden können.[15] Spitzensport erzeugt selbstbezüglich Unterschiede aus Unterschieden – auf der Basis eigener Gleichheits- und Gleichwertigkeitskonstruktionen, gegen soziale Gleichheits- und Gleichwertigkeitskonstruktionen.

Das System des Spitzensports *ist* seine Operativität, das heißt fortlaufende Sequenzierung und codegeführte Beobachtung primär körperbasierter Leistungsmitteilungen (Elemente), deren Vernetzung zu Wettkämpfen (Elementrelationen) und Wettkampfserien (Relationen relationierter Elementrelationen). Die Kontinuität des Systems liegt in der Diskontinuität seiner Ereignisse, und gerade nicht in der bloßen Ansammlung von Athleten, Trainern, Zuschauern, Stoppuhren, Schwingböden, Bällen, Schwimmhosen, Spikes, Arzneien oder Wurfgeräten. Dass Spitzensport in selbstbezüglicher Schleife den Vergleich von Leistungen arrangiert (Selbstreferenz), schließt im Übrigen die Konversion von Wettkampfleistungen in soziale Anerkennungswährungen (Fremdreferenz) keineswegs aus. Konvertiert wird in knappe Ressourcen: in Aufmerksamkeit, Ruhm oder Geld. Gleichwohl handelt es sich bei der Zahlung einer Siegesprämie, wie auch bei der monatlichen Gehaltsüberweisung, um eine wirtschaftliche Operation, und eben nicht: um eine sportliche. Beschreibt man Spitzensport in diesem strikten Sinne als System, mutet das Beschriebene mit Blick auf gepflegte Selbst- und Fremdbeschreibungen vergleichsweise hohl an. Es geht dann nicht mehr um Gesundheit, Integration oder Vorbildwirkung, nicht mehr um Sport als Religion, Arbeit oder Kunst, und auch Aufmerksamkeit, Ruhm und Einkommen bezeichnen in dieser Optik Anschlüsse aus der gesellschaftlichen Umwelt des Systems, und nicht solche des Systems Spitzensport selbst.[16]

Konditionierte Koproduktion von System und Umwelt

In die Funktion des Spitzensports ist eine Steigerungserwartung eingebaut. Im Radrennfahren, 100m-Lauf und Stabhochsprung sind seit den ersten modernen Olympischen Spielen im Jahr 1896 Leistungssteigerungsratenzwischen 24% und 221% zu verzeichnen (Nature Materials, 2012, S. 651). Eine Semantik der *Steigerung* stimuliert hier spezifische Strukturbildungen (Leistungsvergleiche, Wettkämpfe), die umgekehrt die Idee der Steigerung (Höchstleistung als Leistung im Vergleich) bedienen. Spitzensport ist darin typisch modern. Er ist die Errungenschaft einer Gesellschaft, die ihre Zukunft spätestens seit dem 19.

[15] Vgl. dazu die politische Diskussion um Frauenquoten in Vorständen, Gleichbehandlungsgesetze oder auch die rechtsgültige Gleichstellung von Mann und Frau im europäischen Versicherungswesen.

[16] Die Bedeutung der gesellschaftlichen (und außergesellschaftlichen) Umwelt für die Ausdifferenzierung des Spitzensports, der zahlreiche Systemtheorien des Sports eine ausschlaggebende Rolle zuschreiben, ist damit keineswegs geschmälert. Aber sie ist nichts Besonderes. Systeme sind stets Einheit der Differenz von System und Umwelt. Systemtheorie ist stets System-Umwelt-Theorie.

Jahrhundert als prinzipiell offen, gestaltbar und auf steten Zuwachs hin erwartet. Bezeichnend hierfür ist die Aufzeichnung sportlicher Höchstleistungen. Und so wie wirtschaftliches Wachstum, wissenschaftlicher Fortschritt oder Bildung regelmäßig Übersetzungen in Zahlenwerte erfahren, kombiniert Spitzensport Steigerung mit Statistik in Form des Rekords. Als „geniale Abstraktionen" (*Guttmann*, 1979, S. 59) beziehen Rekorde[17] in Raum und Zeit entfernte Leistungen (damals/heute, lebendig/tot) aufeinander und eröffnen Möglichkeiten des Vergleichs. Während ihre technische Seite (Aufzeichnung) die Selektionshorizonte von Alter und Ego auch bei raum-zeitlicher Drift zusammenführt, motiviert die informationelle Seite (Referenz auf Höchstleistung) zur Anschlusshandlung (Überbietung).[18] Insofern stehen Rekorde dem Wettkampf als symbolisch generalisiertem Kommunikationsmedium dabei zur Seite, die unwahrscheinliche Kommunikation des Spitzensports zu ermöglichen.[19] Für die basale Selbstreferenz im System des Spitzensports, den Fortgang von Operation zu Operation, bilden in Listen, Tabellen und Grafiken gespeicherte Rekorde mögliche Bezugspunkte. Alles Schießen, Schlagen, Werfen, Rennen etc. kann sich direkt oder indirekt daran orientieren, bestehende Rekordmarken zu überbieten. Indem sie zugleich vom Erzeugungskontext der ihnen zugrundliegenden Leistungsmitteilung abstrahieren, sind Rekorde ein Ausweis für Reflexivität. Rekorde antworten auf Rekorde. Das System gewinnt damit die Möglichkeit, eigene Operationen als besondere Operationen zu *beobachten* und darüber einen weiteren Typus selbstreferentieller Kommunikation zu bewirtschaften.

Sozialer Zurechnungspunkt für die spitzensportliche Leistungs- und Leistungssteigerungserwartung ist der Athlet. Mit der Inklusionsfigur des Athleten entwirft der Spitzensport jene elitäre Erwartungsadresse, die er ansteuert, um zum nächsten Anschluss zu kommen. Für seinen spezifischen Operationstyp, die wettkampfförmig zur Episode verkettete Leistungsmitteilung, stellt der Athlet die physische und psychische Materialitätsbasis als unverzichtbare Möglichkeitsbedingung zur Verfügung. In der Kommunikation des Spitzensports bezeichnen Leistungsmitteilungen exakt jene Stelle, an der Selbst- und Fremdbeobachtung auf beteiligte Psychen und Körper zurechnen, wie umgekehrt das einzelne Bewusstseinssystem sinnförmig Wirksamkeit im System spitzensportlicher Kommunikation erleben kann:[20] *Ich* bin es (bzw. bei Fremdbeobachtung: er/sie ist es), der den Hammer geworfen, den Spieler gefoult, die Gerade gelandet oder das Tor geschossen hat – und damit Anschlüsse (einen weiteren Wurf, eine Spielunterbrechung etc.) erzeugen konnte.

---

[17] Anfangs als Begriff für die Aufzeichnung von Leistung (engl. to record), später dann als Begriff für Höchstleistung selbst (*Eichberg*, 1984).

[18] Als „den auffälligsten Wesenszug des Sports" identifiziert Diem (1960, S. 13) „das Streben nach Leistung, nach höchster Leistung, nach Rekord, sei es nun nach dem persönlichen Rekord der jeweiligen Entwicklungsstufe, sei es nach dem Rekord im Rahmen des Vereins, der Stadt, des Landes oder gar dem Weltrekord."

[19] Insofern handelt es sich um Medienstrukturen.

[20] „Kommunikation [...] simplifiziert oder materialisiert sich als Kette von Ereignissen, die als Mitteilungshandlungen auffallen" (*Fuchs*, 1997, S. 59) – so auch hier.

Obwohl sozusagen mitten drin, ist der *Mensch* (wie auch *der* Mensch) in einem sehr treffenden Sinne aus dem System des Spitzensports ex-kommuniziert, sofern damit Haarwuchs, mitochondriale Oxidation, energiegeladene Sehnen, Spinalmotorik, zerebrale Vorgänge oder Gedanken, Motive, Gefühle, Verstand, Vernunft u.ä.m. gemeint sein sollten.[21] All das ist Umwelt, das meiste davon sogar relevante Umwelt, ohne die im Spitzensport nichts laufen würde. Dennoch bezeichnen für ein soziales System, das auf die operative Verkettung von Leistungsmitteilungen spezialisiert ist, Körper und Psychen Binnenstrukturen seiner Umwelt – eine Art Materialitätskontinuum, auf das betreuende Medizin, Physiotherapie, Ernährungsberatung, Psychologie oder Trainingslehre im Sinne der Systemfunktion durchzugreifen versuchen, durch Rat, Tat, Pillen, Spritzen, Handgriffe oder Intervallsprints. Die Interpenetration erfolgt keineswegs einseitig. Denn auch Körper und Bewusstsein nutzen umgekehrt die besondere soziale Operationsweise dazu, ihren eigenen Operationstyp in Gang zu halten und so den Aufbau interner Struktur zu stimulieren. Dass sich Bewusstseinssysteme als Athleten beschreiben (z.B. als Speerwerfer) und die Biologie des Körpers eine bestimmte Entwicklungsrichtung erfährt (z.B. Hyperthrophie des Wurfarmes), kann man beobachten als „konditionierte Koproduktion“[22] von Systemen, die sich wechselseitig Eigenkomplexität zur Verfügung stellen, um dadurch jeweils eigene Möglichkeiten zu steigern. Spitzensport „wächst“ im Medium des „Menschen“, und der „Mensch“ im Medium des Spitzensports.

Doping

Als Kommunikationssystem hat es der Spitzensport auf der Ebene seiner nichtsozialen Umwelt mit enormer Komplexität zu tun. Das Erfordernis, Komplexität zu bewältigen, auf bestimmte Bedarfe hin zu funktionalisieren und in berechenbarer Weise dafür zu sorgen, dass Leistungen nicht sinken, sondern tendenziell steigen, macht Spitzensport strukturell anfällig für Technologie. Während Biomechanik, Physiologie und Medizin vor allem den Binnenraum des Menschen ansteuern, setzt ein weiterer Technologietyp außen an – um selbst dann noch Unterschiede und Steigerungen treffsicher abbilden zu können, wenn die Potenziale menschlicher Physiologie und Biomechanik ausgereizt sind (z.B. ultraschallgeschweißte Schwimmanzüge, ultraleichte Laufschuhe). Derartige Technologien umgibt das einfache Versprechen, definierte Bereiche komplexer System-Umwelt-Beziehungen zu isolieren, innerhalb derer wiederum definierte Elemente nach dem Schema von Ursache und Wirkung planmäßig gekoppelt werden können. Damit stellen sie Kontrolle, Steuerung und Prognose in Aussicht. Das ist nicht nur die triviale Grundlage der Beziehung

[21] Das alles kann natürlich zum Thema der Kommunikation werden.

[22] Zur konditionierten Koproduktion, am Beispiel von Bewusstsein und Kommunikation vgl. Fuchs (2002).

von Spitzensport zu Disziplinen angewandter Sportwissenschaft wie Sportmedizin, Trainingswissenschaft oder Sportpsychologie,[23] sondern gleichermaßen Basis seiner Dopingliäson: Erwartung und Versprechen „funktionierender Simplifikation im Medium der Kausalität" (*Luhmann*, 2003, S. 97).

Doping postuliert einen Wirkungsrealismus: die Anwendung von x (z.B. EPO, Testosteron) bewirkt y^1 (Erhöhung der roten Blutkörperchen, der Muskelmasse), bewirkt y^2 (höhere Sauerstoffaufnahmefähigkeit, Schnellkraft), bewirkt z (erhöhte Wahrscheinlichkeit sportlichen Erfolgs). In dieser Kausalvorstellung einer gezielten Aktivierung und Steuerung leistungsrelevanter Parameter durch Doping steckt freilich eine Portion Mythos. Technologische Eingriffe in den menschlichen Organismus haben mit Nicht-Linearitäten zu rechnen, mit nicht-intendierten und nicht-antizipierbaren Effekten, die dann wiederum aufwendig durch weiteren Technologieeinsatz im Sinne eines *Containments* beherrschbar gemacht werden müssen.[24] Die mit der Einnahme von EPO einhergehende Blutverdickung muss dann etwa durch Blutplasmaexpander oder legale Blutverdünner gekontert werden.

Die Erwartung einer Art Knopfdrucktechnologie konzentriert sich gegenwärtig vor allem auf das sog. Gendoping. Der Idee nach ermöglicht das gezielte Einschleusen genetischer Information in die Körperzelle planbare Effekte – im Bereich der Skelettmuskulatur beispielsweise Aufbauprozesse durch gezielte Strategien zur Überexpression des Rezeptorproteins PPAR-delta sowie zur Blockade des extrazellulären Botenstoffs Myostatin mittels inhibierender RNA.[25] Die für Dopingtechnologien typische kausale Schließung einer bestimmten Prozesseinheit hat auch hier mit der Unberechenbarkeit vor allem des durch sie Ausgeschlossenen zu rechnen. Beim Einsatz von Verfahren und Substanzen zur Modifikation der Genaktivität ist nach aktuellem Forschungsstand, trotz vereinzelter Erfolgsnachweise in Tier- und klinischen Versuchen, von schwer kalkulierbaren Risiken auszugehen. Bekannte Nebenwirkungen wie Immunreaktionen oder unkontrolliertes Zellwachstum weisen auf potenziell massive gesundheitliche Schäden hin, die zum Tod führen können (vgl. dazu *Beiter & Velders*, 2012). Doping ist riskante Technologie, Simplifikation im Medium der Kausalität, die angesichts der Komplexität sportlichen Erfolgs regelmäßig mit Grenzen des Simplifizierbaren zu rechnen hat.[26]

[23] Politisch lanciert in den späten 60er Jahren des 20. Jahrhunderts vor dem Hintergrund der Olympischen Spiele 1972 in München. Die sportwissenschaftliche Programmierung auf Anwenderinteressen des modernen Leistungssports ist seither dominant (DVS, DGSP & DSB, 2005).

[24] Ein gutes Beispiel außerhalb des Spitzensports ist Kernkrafttechnologie, zu deren Risikoabsicherung eine Ummantelung eingerichtet werden muss, die in punkto Aufwand und Kosten der Primärtechnologie inzwischen in nichts nachsteht.

[25] Vgl. dazu ausführlicher Körner (2013).

[26] Vgl. dazu allgemein Hohmann, Lames & Letzelter (2007, S. 199) sowie differenziert zum (keineswegs linearen) Verhältnis von Doping und Leistungssteigerung am Beispiel leichtathletischer Disziplinen Lames (2002).

Dopingtechnologien setzen dort an, wo der legitime Einfluss auf vermeintlich oder tatsächlich leistungslimitierende Körper- und Mentalprozesse an natürliche und/oder moralische Grenzen stößt.[27] Seine technologiebasierte Steigerungserwartung flankiert der Spitzensport mit einer Moralerwartung, die über den situativen oder auch rein instrumentellen, Kosten-Nutzen-wägenden Umgang mit sportlichen Spiel- und Wettkampfregeln hinaus geht. Wenn ein Sprinter zu früh den Startblock verlässt oder ein Boxer beißt, so handelt es sich hierbei um Regelverstöße, die im Leistungsvergleich anschlussfähig verarbeitet werden und diesem bisweilen eine andere, aber durchaus vorgesehene Richtung geben. Aus ihnen resultiert eine neue Wettkampfsituation, ein Neustart (mit Disqualifikation), ein Punktabzug – Spannung zwar, aber noch nicht die große Moralerwartung des Spitzensports. Seine *große* Moral folgt daraus, dass Sport den Einsatz bestimmter Technologien mit einem Verbot belegt, dessen Einhaltung kontrolliert, die entdeckte Missachtung sanktioniert und in die Tiefe charakterbasierter Motive verschiebt. Das Dopingverbot als historisch und sachlich kontingente, aber gleichwohl ultimative Norm fixiert eine generalisierte Verhaltenserwartung, die aus sich heraus nicht nur ihre Einhaltung, sondern auch den Verstoß wahrscheinlich macht. Die Norm stabilisiert sich an beidem. Die Erwartung eines „sauberen Sports" ist somit nicht zuletzt regelmäßig das Resultat ihrer Missachtung, wie umgekehrt „Doping" nur deshalb beobachtbar ist, weil sich die Erwartung an einen dopingfreien Sport als sanktionsfähige Norm hat etablieren können. Nicht obwohl, sondern weil es Doping gibt, gibt es „sauberen Sport", seine große Moralerwartung, die den *ganzen Menschen* angeht. Überführte Doper gelten einem verbreiteten Sprachgebrauch zufolge als „Doping-*Sünder"* – die implizit-argumentative Metaphorik verweist hier instruktiv auf die Tiefe und Breite der Schuldanklage. Doping ist kein akzidenteller Missgriff, den man mit einem saloppen *je ne sais pas* aus der Eigenzurechnung katapultieren kann. Doping ist eine Frage substanzieller Eigenschaften, auf die ein Sportcharakter schattenhaft festgelegt wird.

Doping bezeichnet aus Sicht der Systemtheorie ein Umweltproblem, d.h. ein sozial nicht direkt handhabbares Geschehen in der psychischen und biologischen Umwelt der Gesellschaft.[28] Eine extrem ressourcenaufwändige[29] sozia-

---

[27] Der Körper als organisch-physische Materialitätsbasis sportlicher Leistung setzt Grenzen der Machbarkeit. Z.B. nähert sich die Proteinumsatzrate unter Belastung des zellulären Systems einem Wachstumsplateau. Natur bezeichnet hier eine empirische Grenznorm biologischer Adaptation. Natur ist aber auch als moralisches Argument für Nicht-Machbarkeit im Einsatz. Beispielsweise dann, wenn in Folge des Einsatzes von im weitesten Sinne Technologie die Einhaltung „menschlicher" Grenzen angemahnt wird, etwa im Kontext von (Gen-) Doping. Über die Natur des Menschen, so heißt es dann in strenger Geste, dürfe so nicht verfügt werden; eine Forderung, die freilich den Preis der Paradoxie zahlt, insofern sie selbst über etwas verfügt, was sich nach eigener Aussage eigentlich der Verfügung entziehen soll (*Nassehi*, 2003).

[28] Verstanden als heimlicher Griff zur Pille oder Spritze sowie körperliche Folgezustände, nicht als Thema der Kommunikation. Das wird bisweilen missverstanden (siehe *Schürmann* in diesem Band).

le Operation (Urin- bzw. Blutanalyse) ist von Nöten, um Klarheit in undurchsichtige Körperverhältnisse zu bringen und eine mehr oder weniger glaubwürdige Gegensymbolik zur de facto fehlenden Steuerbarkeit zu installieren. Mit dem Kontrollwesen hat sich eine Sonderform von Beobachtung 2. Ordnung institutionell auf Dauer gestellt. Gedopt / Nicht-Gedopt ist zur beobachtungsleitenden Unterscheidung avanciert, die den wettkampfförmig ermittelten Unterschied von überlegener und unterlegener Leistung inzwischen notorisch supercodiert. Ist die überlegene / unterlegene Leistung auch eine saubere? Der Wettkampf selbst garantiert für nichts. Dass an dieser Frage und ihrer methodisch kontrollierten Beantwortung heute kein Weg vorbei führt, kann als Indiz für die Eigenwertigkeit des Dopings im Spitzensport betrachtet werden. Das Dopingkontrollwesen bedient sich besonderer Verfahren (Melde- und Kontrollsysteme[30]) und Symbole (A- und B-Probe), die möglichst eindeutige Informationen (gedopt / nicht gedopt) über die Körperumwelt (Blut, Urin) gewinnen,[31] um damit das Vertrauen in den Leistungsvergleich zu stabilisieren bzw. (wieder-)herzustellen.[32] Für den Spitzensport selbst handelt es sich demnach um eine hochfunktionale Einrichtung.[33] Ist die Probe positiv, das Phänomen der sogenannten falsch-Positiven ausgenommen, stabilisiert das Testergebnis das Vertrauen in die Wirksamkeit des Kontrollwesens, die Beherrschbarkeit des Problems und nicht zuletzt darin, dass es vom organisierten Sport auch hinreichend ernst genommen wird. Zugleich ermöglichen überführte Körpersäfte den Mechanismus der Schuldabwälzung. Als Authentizitätsmarker lenken sie den Blick auf einzelne Dopingsünder, die mit regelmäßig vernehmbarer Empörung ausgeworfen werden, während der Betrieb ungestört weiterlaufen kann.[34] Dem gegenüber stabilisiert jede negative Probe, das Phänomen fehlender Nachweismöglichkeiten ausgenommen, offensichtlich die große

---

[29] Die jährlichen weltweiten Ausgaben für Dopingtests liegen aktuell im Schnitt bei über 300 Millionen Dollar. 0,3 Prozent der Tests führen letztlich zu einer Sperre.

[30] Körper (und Psychen) müssen erreichbar sein, mit allem was dazu gehört. Z.B. dem seit 2009 eingesetzten Online-Meldesystem ADAMS der World-Anti-Doping-Agency (WADA), an dem direkt Kritik- und Legitimationsdiskurse ansetzen („elektronische Fußfessel“).

[31] Warum gedopt wurde, wenn gedopt wurde, weiß man damit immer noch nicht. In dieses Defizit rückt z.B. die empirische Sozialforschung ein. Aber auch deren Texte sind Sozialstrukturen, die keineswegs „echtes“ Bewusstsein in die Kommunikation einschleusen. Vgl. dazu Kleinert in diesem Band.

[32] Bezüglich der Frage, ob es sich bei gezeigten Leistungen um „saubere“ (oder „unsaubere“) Leistungen handelt, ist das moderne Kontrollwesen funktional als – inzwischen institutionell auf Dauer gestellte – Symbiotik des Systems beobachtbar. Dass überhaupt körperlich geleistet werden kann, liegt in den Händen weiterer symbiotischer Mechanismen: Training und technologische Äquivalente.

[33] Vgl. dazu Emrich & Pitsch (2009).

[34] Für den organisierten Sport ist Doping insofern im Sinne „brauchbarer Illegalität“ (*Luhmann* 1976, S. 304) funktional. Im Anschluss daran vgl. Bette & Schimank (2006, S. 217).

Moral.[35] D.h. die Erwartung in einen sauberen, d.h. noch fairen, noch natürlichen und noch gesunden (d.h. noch menschlichen) Spitzensport.

Die Grenze zwischen gedopt und nicht-gedopt ist eine Sinngrenze und verläuft auf schmalem Grat. Das zeigt ein Blick auf den Code der Welt-Anti-Doping-Agentur (WADA), auf Grenzwertdiskussionen und auf Möglichkeiten, die gerade aus dem Bereich der Gentechnologie auf sich aufmerksam machen.[36] Eine selten beachtete Paradoxie des Dopingkontrollsystems liegt darin, im Bemühen um die Überwachung der Einhaltung natürlicher Grenzen jeweils mit anzugeben, wie sehr hier Natur bzw. „natürliche" Werte nur als gleitende soziokulturelle Grenzziehung, etwa durch biostatistisch ermittelte Normbereiche und damit auch als anders möglich, zu haben sind.[37] Systemtheoretisch gesprochen werden hier Unterschiede, die es eigentlich als harte Grenzen zu hypostasieren gilt, durch eigene Beobachtung als *Unterscheidungen* sichtbar und damit dem Kosmos der Essenzen enthoben. Wer Natur bezeichnet, der tut dies immer schon im Rahmen einer Unterscheidung, die Kultur erzeugt, auch wenn man die Gegenseite betrachtet. Das Kontrollwesen jedenfalls zieht die es tragenden Grenzen selbst, bisweilen verschiebt es sie. Und auch seine Evidenzproduktion in Form eindeutiger A- und B-Proben erscheint letztlich nur solange plausibel, wie die Verfahren der Erzeugung im toten Winkel verbleiben.[38]

Establishment oder Wissenschaft des Sports?

Doping wie auch sein in den 1960-er Jahren eingesetztes Verbot dienen in funktionaler Perspektive der Kompensation vom Spitzensport selbst erzeugter Effekte. Während Doping auf innovative[39] Weise die Seite technologischer Steigerungserwartung bedient, setzt sein Verbot die im Spitzensport strukturell eingebaute Steigerungs- und Rekordlogik zwischen die Leitplanken einer *großen* Moral, die mehr erwarten lässt als bloße Treue zur Spielregel: Du sollst (höchst-)leisten, aber mit reinem Herzen, d.+h. nicht dopen. Mit jedem Verstoß verjüngt sich – ganz empirisch – die große Moralerwartung des Sports.

Entscheidend ist, dass sich Spitzensport auf beiden Seiten der Unterscheidung bewegt, er seine gesellschaftliche Reproduktion als Einheit der Differenz von Konformität und Abweichung, Sauberkeit und Nichtsauberkeit vollzieht – wie unbefriedigend das für moralische und Wesens-Beobachter des Sports (und

---

[35] Weniger offensichtlich, das war die These weiter oben, stabilisiert sich die große Moral komplementär durch Normabweichung.

[36] Zum gentechnologischen Enhancement im Spitzensport vgl. Körner & Schardien (2012) sowie Albach, Arenz, Dorn, Körner, Schardien & Steven (2013).

[37] Zur Problematik gängiger Verbotskriterien (Natürlichkeit, Gesundheit, Fairness) vgl. Gugutzer (2009).

[38] Vgl. hierzu die aufschlussreichen Analysen von Pitsch (2009) und Grüneberg (2010).

[39] Innovation hier zusätzlich im Sinne Mertons (1949, S. 185ff.): als Bestreben, sozial akzeptierte Ziele mit sozial nicht akzeptierten Mitteln zu erreichen.

seines „Geistes",[40]) sein mag. Insofern erscheinen jene sozial eingeübten Selbst- und Fremdbeschreibungen überdenkenswert, die am Spitzensport externe Bedürfnislagen, Erwartungen und Nutzeninteressen hartnäckig als die seinen ausgeben.

Beachtenswert ist die Rolle der Sportwissenschaft. Als Wissenschaft besteht ihre Funktion darin, Doping zu beschreiben und zu erklären. Sportwissenschaftliche Untersuchungen und Reflexionen über Doping sind bisweilen durchzogen von einer Art *refléxion engagée* für oder – deutlich häufiger – gegen Doping. Texte der Wissenschaft schimmern dann in Farben sportpolitischen Befürworter- bzw. Gegnertums – gleich so, als könne man derartige Ergriffenheiten nicht schadlos dem Establishment des Sports selbst überlassen. Reflexionsinstanz im System des Sports oder Subsystem der Wissenschaft? Gerade Doping bietet Anlass, sich der eigenen Systemreferenz zu vergewissern.

Literatur

Albach, S., Arenz, T., Dorn, E., Körner, S., Schardien, S. & Steven, B. (2013). *Gendoping – Doping der Zukunft? Unterrichtsmaterialien Gendoping im Leistungssport.* Schorndorf: Hofmann.

Beiter, T. & Velders, M. (2012). Pimp my genes – Gendoping zwischen Fakt und Fiktion. *Deutsche Zeitschrift für Sportmedizin, 63* (5), 16-26.

Bette, K.-H. (2010). *Sportsoziologie*. Bielefeld: Transcript.

Bette, K.-H. & Schimank, U. (2006). *Die Dopingfalle. Soziologische Betrachtungen.* Bielefeld: Transcript.

Bolz, N. (2009). Der antiheroische Affekt. *Merkur. Deutsche Zeitschrift für europäisches Denken, 63* (9/10), 763-771.

Breuer, C. & Hallmann, K. (2013). *Dysfunktionen des Spitzensports: Doping, Match-Fixing und Gesundheitsgefährdungen aus Sicht von Bevölkerung und Athleten.* Bonn: Bundesinstitut für Sportwissenschaft.

Deutsche Vereinigung für Sportwissenschaft, Deutsche Gesellschaft für Sportmedizin und Prävention & Deutscher Sportbund [DVS, DGSP & DSB] (2005). *Memorandum zur Entwicklung der Sportwissenschaft*. Hamburg: Wertdruck.

Diem, C. (1960). *Wesen und Lehre des Sports und der Leibeserziehung* (2. Aufl.). Berlin: Weidmann.

Eichberg, H. (1984). Sozialgeschichtliche Aspekte des Leistungsbegriffs im Sport. In H. Kaeber & B. Tripp (Hrsg.), *Gesellschaftliche Funktionen des Sports* (S. 85-106). Bonn: Bundeszentrale für Politische Bildung.

Emrich, E. & Pitsch, W. (2009). Zum Dopingkontrollmarkt – Sind Investitionen in den Anschein von Ehrlichkeit lohnender als die Ehrlichkeit selbst? In E. Emrich & W. Pitsch (Hrsg.), *Sport und Doping. Zur Analyse einer antagonistischen Symbiose* (S. 111-130). Frankfurt am Main: Lang.

[40] Sofern sich Beschreibungen von Fehlbeschreibungen (sensu: „falsche" Beschreibungen) des Sports auf Kategorien berufen, mutet es seltsam an, wenn dabei der „Geist" des Sports angerufen wird. Metaphern verdienen auch an dieser Stelle Aufmerksamkeit (siehe dazu *Schürmann* in diesem Band).

Fuchs, P. (1997). Adressabilität als Grundbegriff der soziologischen Systemtheorie. *Soziale Systeme, 3* (1), 57-79.

Fuchs, P. (2002). Die konditionierte Koproduktion von Kommunikation und Bewusstsein. In B. Ternes (Hrsg.), *Ver-Schiede der Kultur. Aufsätze zur Kippe kulturanthropologischen Nachdenkens* (S. 150-175). Marburg: Tectum.

Grüneberg, P. (2010). Normativität in biochemischen Analyseprozessen. In C. Asmuth (Hrsg.), *Was ist Doping? Fakten und Probleme zur aktuellen Diskussion* (S. 75-92). Bielefeld: Transcript.

Gugutzer, R. (2009). Doping im Spitzensport der reflexiven Moderne. *Sport und Gesellschaft, 6* (1), 3-29.

Gumbrecht, H. U. (2010). Kontingenz, Moral, Sport, Geschichte. In P. Frei & S. Körner (Hrsg.), *Ungewissheit – Sportpädagogische Felder im Wandel* (S. 11-19). Hamburg: Feldhaus.

Guttmann, A. (1979). *Vom Ritual zum Rekord. Das Wesen des modernen Sports.* Schorndorf: Hofmann.

Hohmann, A., Lames, M. & Letzelter, M. (2007). *Einführung in die Trainingswissenschaft* (4. Aufl.). Wiebelsheim: Limpert.

Kleindienst-Cachay, C., Cachay, K. & Bahlke, S. (2012). *Inklusion und Integration. Eine empirische Studie zur Integration von Migrantinnen und Migranten im organisierten Sport.* Schorndorf: Hofmann.

Körner, S. (2008). *Dicke Kinder – revisited. Zur Kommunikation juveniler Körperkrisen.* Bielefeld: Transcript.

Körner, S. (2013). Die Funktion des Dopings. Eine Technikfolgenabschätzung des Spitzensports. *Zeitschrift für Technikfolgenabschätzung. Theorie & Praxis, 22* (1), 46-53.

Körner, S. & Schardien, S. (Hrsg.). (2012). *Höher – schneller – weiter. Gentechnologisches Enhancement im Spitzensport. Ethische, rechtliche und soziale Perspektivierungen.* Paderborn: Mentis.

Lames, M. (2002). Leistungsentwicklung in der Leichtathletik – Ist Doping als leistungsfördernder Effekt identifizierbar? *dvs-Informationen, 17* (4), 15-22.

Luhmann, N. (1976). *Funktionen und Folgen formaler Organisation* (4. Aufl.). Berlin: Duncker & Humblot.

Luhmann, N. (1983). Medizin und Gesellschaftstheorie. *Medizin, Mensch, Gesellschaft, 8* (3), 168-175.

Luhmann, N. (1991). Einführende Bemerkungen zu einer Theorie symbolisch generalisierter Kommunikationsmedien. In N. Luhmann (Hrsg.), *Soziologische Aufklärung 2. Aufsätze zur Theorie der Gesellschaft* (4. Aufl., S. 170-192). Wiesbaden: VS Verlag für Sozialwissenschaften.

Luhmann, N. (1994). *Die Wirtschaft der Gesellschaft.* Frankfurt am Main: Suhrkamp.

Luhmann, N. (1996). *Soziale Systeme. Grundriß einer allgemeinen Theorie.* Frankfurt am Main: Suhrkamp.

Luhmann, N. (2002). *Das Erziehungssystem der Gesellschaft.* Frankfurt am Main: Suhrkamp.

Luhmann, N. (2003). *Soziologie des Risikos.* Berlin: Walter de Gruyter.

Luhmann, N. (2004). *Ökologische Kommunikation. Kann die moderne Gesellschaft sich auf ökologische Gefährdungen einstellen?* (4. Aufl.). Wiesbaden: VS Verlag für Sozialwissenschaften.

Maennig, W. (2005). Corruption in International Sport and Sport Management: Forms, Tendencies, Extent and Countermeasures. *European Sport Management Quarterly, 5* (2), 187-224.

Merton, R. K. (1949). Social Structure and Anomie. In R. K. Merton (Ed.), *Social Theory and Social Structure* (pp. 185-214). New York: The Free Press.

Nassehi, A. (2003). *Geschlossenheit und Offenheit. Studien zur Theorie der modernen Gesellschaft*. Frankfurt am Main: Suhrkamp.

Nassehi, A. (2010). *Mit dem Taxi durch die Gesellschaft. Soziologische Storys*. Hamburg: Murmann.

Nature Materials (2012). More than training. Editorial. *Nature Materials*, *11* (8), 651.

Pitsch, W. (2009). Dopingkontrollen zwischen Testtheorie und Moral – Nicht intendierte Folgen prinzipiell nicht perfekter Dopingtests. In E. Emrich & W. Pitsch (Hrsg.), *Sport und Doping. Zur Analyse einer antagonistischen Symbiose* (S. 95-109). Frankfurt am Main: Lang.

Pitsch, W., Emrich, E. & Pierdzioch, C. (2012). *Match Fixing im deutschen Fußball. Eine empirische Analyse mittels der Randomized-Response-Technik*. Hamburg: Helmut-Schmidt-Universität.

Pitsch, W., Maats, P. & Emrich, E. (2009). Zur Häufigkeit des Dopings im deutschen Spitzensport. Eine Repliktationsstudie. In E. Emrich & W. Pitsch (Hrsg.), *Sport und Doping. Zur Analyse einer antagonistischen Symbiose* (S. 19-36). Frankfurt am Main: Lang.

Schürmann, V. (2012). Natürlichkeit oder Fairness? Begründungsstrategien zum Doping-Verbot im Spannungsfeld von Recht und Moral. In C. Asmuth & C. Binkelmann (Hrsg.), *Entgrenzungen des Machbaren: Doping zwischen Recht und Moral* (S. 75-87). Bielefeld: Transcript.

Stichweh, R. (1990). Sport – Ausdifferenzierung, Funktion, Code. *Sportwissenschaft, 20* (4), 373-389.

Stichweh, R. (2005). Der Wettkampfsport und sein Publikum: Risikoverhalten und Selbstbegrenzung des modernen Hochleistungssport. In R. Stichweh (Hrsg.), *Inklusion und Exklusion. Studien zur Gesellschaftstheorie* (S. 113-129). Bielefeld: Transcript.

Werron, T. (2005). Der Weltsport und sein Publikum. Weltgesellschaftliche Überlegungen zum Zuschauersport. *Zeitschrift für Soziologie, Sonderheft Weltgesellschaft*, 260-289.

Willke, H. (2000). *Systemtheorie 1. Grundlagen: Eine Einführung in die Grundprobleme der Theorie sozialer Systeme* (6. Aufl.). Stuttgart: UTB.

Dopingbekämpfung durch die Hintertür? Anfänge der EU-Anti-Dopingpolitik zwischen inkrementeller Konstitutionalisierung und diskursiver Kommunikation

Jürgen Mittag und Diana Wendland
Institut für Europäische Sportentwicklung und Freizeitforschung,
Deutsche Sporthochschule Köln

Zusammenfassung

Der Beitrag beleuchtet die Aktivitäten der Europäischen Union und ihrer politischen Institutionen im Hinblick auf die Anfänge und die Entwicklung einer Anti-Dopingpolitik auf europäischer Ebene. Vor dem Hintergrund einer fehlenden direkten Handlungsermächtigung und begrenzter rechtlicher Kompetenzen wird an exemplarischen Fällen untersucht, welche Aktivitäten und Handlungslogiken die EU-Organe in den letzten Dekaden entfaltet haben, um die Zielsetzung einer wirksamen Bekämpfung des Dopings im Breiten- und Spitzensport zu verfolgen. Besondere Beachtung wird den Aktivitäten des Rats der – unterhalb rechtsverbindlicher Gesetzgebung und der politischen Unterstützung weiterer Akteure auf europäischer Ebene – vor allem der Kommunikationsstrategie der EU-Kommission und des Europäischen Parlaments gewidmet. Unter Bezugnahme auf ausgewählte Beispiele wird abschließend erörtert, welche Potenziale und Grenzen die EU-Anti-Dopingpolitik kennzeichnen.

Summary

The contribution analyses the activities of the European Union and its key institutions within the scope of the beginnings and the development of anti-doping politics at the European level. Against the backdrop of the principle of conferral and a missing direct authorisation of the EU in sport policies it is examined by case studies which activities and actions have been undertaken by the EU bodies in the last decades in order to pursue the objective of an effective fight against doping in elite and mass sports. Beside activities not be legally binding under EU draft law the political support of other stake holders and interlinking strategies at European level particular attention is devoted to the communication strategy of the EU Commission and the EU Parliament. In view of the different case studies it is concluded by which offers and constraints EU-anti-doping politics are characterised.

Einleitung: Dopingpolitik im europäischen Mehrebenensystem

Zu den größten Herausforderungen sowohl des Spitzen- als auch des Breitensports im 21. Jahrhundert zählt die Bekämpfung des Dopings (*Asmuth,*

2010a; *Kläber*, 2010). Nicht nur in der Wissenschaft, sondern auch in der Praxis gilt die Dopingbekämpfung als ein gleichermaßen komplexes wie spannungsreiches Problemfeld (*Emrich & Pitsch*, 2009): In medizinisch-biologischer Hinsicht herrscht ein ständiger Wettkampf zwischen Analytik und neuen leistungsfördernden Substanzen. In politischer Perspektive changieren die Ansichten zwischen der Forderung nach zunehmender Prävention und verstärkter Kontrolle, während aus Länderperspektive ein Staat wie Frankreich mit einer bereits in den 1950er und 1960er Jahren rechtlich verankerten Dopinggesetzgebung einem Staat wie Deutschland gegenübersteht, der erst unlängst oder noch gar keine Dopinggesetzgebung implementiert hat. Medien tendieren ebenso zur Verharmlosung des Problems wie zu dessen Skandalisierung. Die Plädoyers oszillieren zwischen dem Ruf nach einer Vertiefung der rechtlichen Grundlagen der Dopingbekämpfung und wachsenden Bedenken hinsichtlich einer Einschränkung der Freiheitsrechte von Sportlern (*Figura*, 2009). Neben diesen disziplinären Antagonismen ist in jüngster Zeit verstärkt ein vertikales Spannungsverhältnis zwischen nationaler und europäischer Ebene ins Blickfeld gerückt. Die Erkenntnis, Doping nicht als nationales Problem zu begreifen, da zu einer wirkungsvollen Bekämpfung grenzüberschreitende Aktivitäten im europäischen Mehrebenensystem notwendig sind, hat nach den Pionieraktivitäten des Europarats in den 1960er Jahren neuerliche Aufmerksamkeit und auch weitergehende Akzeptanz gefunden.

In diesem Zusammenhang findet neben den internationalen Sportorganisationen auch die Rolle der Europäischen Union (EU) Beachtung. Die EU und ihre Vorläufer, namentlich die Europäische Gemeinschaft,[1] haben zwar erst mit dem Vertrag von Lissabon im Jahre 2009 begrenzte formale sportpolitische Kompetenzen erhalten, ihre sportbezogenen Aktivitäten reichen aber deutlich weiter zurück. Da die Europäische Union bis 2009 keine Handlungsermächtigung im Sport besaß, konnte sie indes in politischer Hinsicht – im Sinne der Vorbereitung, Herstellung und Durchführung verbindlicher Rechtsakte –, keine „harte“ Anti-Dopingpolitik betreiben und musste stattdessen auf alternative Handlungslogiken setzen. Vor diesem Hintergrund zielt der vorliegende Beitrag darauf, im Lichte sowohl politik- als auch kulturwissenschaftlicher Ansätze die Anfänge und die Entwicklungslinien der Dopingbekämpfungsaktivitäten der Europäischen Union und ihrer Institutionen zu beleuchten. Besondere Beachtung wird dabei den Zielen und Strategien der Europäischen Union sowie der Frage gewidmet, welche Aktivitäten und Wirkungen die Europäische Union auch ohne eine explizite Handlungsermächtigung im Sportbereich entfalten konnte. Zugrunde liegt dieser Untersuchung dabei eine diachrone Perspektive, die versucht, zeitliche Dimensionen und Veränderungsprozesse vor allem für die Anfangsphase der Befassung mit Doping sichtbar zu machen.

[1] Im Folgenden wird mit dem Ziel der besseren Lesbarkeit bisweilen auch dann von Europäischer Union gesprochen, wenn Aktivitäten der Gemeinschaft, namentlich im Bereich der EWG- und EG-Politiken, in den 1970er und 80er Jahren und der ersten Säule der EU in den 1990er Jahren gemeint sind.

In den bislang veröffentlichten Studien zur politischen Dimension der Dopingbekämpfung sind deutliche Schwerpunktsetzungen auszumachen. Während grundlegend soziologische Ansätze im Spektrum der Sozialwissenschaften des Sports dominieren, ist die Sportpolitik bislang erst in Ansätzen aus politikwissenschaftlicher Perspektive (vgl. exemplarisch *Güldenpfennig*, 2003; *Houlihan, Hoye & Matthew*, 2010; *Güldenpfennig & Buss*, 2010; *Petry & Tokarski*, 2010) untersucht worden. Und auch in den Studien, in denen der Sport aus kulturwissenschaftlichen Warte behandelt wird, standen bisher eher soziologische (vgl. *Alkemeyer*, 2007) und historische Problemfelder (*Eisenberg*, 1997; *Booth*, 2004) als politische Themen im Blickfeld. Zugleich steckt auch das Themenfeld der europäischen und der EU-Sportpolitik trotz einiger weiterführender Studien der letzten Dekaden (vgl. *Chaker*, 1999; *Kornbeck*, 2006; *Mittag*, 2007; *Parrish & Miettinen*, 2008; *Kerth*, 2011; *Niemann, Garcia & Grant*, 2012) noch weitgehend in den Kinderschuhen. Dies gilt in besonderer Weise für die Dopingpolitik, die erst in Ansätzen mit Blick auf die EU-Ebene aufgearbeitet wurde (*Vermeersch*, 2006; *Kornbeck*, 2006, 2008; *Meier*, 2013), während zur Dopingproblematik in paneuropäisch-komparativer (*Spitzer*, 2006; *Vieweg & Siekmann*, 2007) oder transnationaler Perspektive einige Grundlagenwerke vorgelegt wurden (*Schneider & Fang Hong*, 2007; *McNamee & Moller*, 2011). Der nachfolgende Beitrag ist infolgedessen auch als Versuch zu verstehen, neue Perspektiven zur Frage nach den Entwicklungslinien im staatlichen bzw. öffentlichen Anti-Dopingkampf – jenseits der Debatten um WADA-Code (*Miah*, 2002), Harmonisierungsbestrebungen (*Kornbeck*, 2010) und EuGH-Rechtsprechung (Meca Medina)[2] – zu eröffnen, um so das verstärkte EU-Engagement im Anti-Dopingbereich einzuordnen und zu erklären.

Lesarten: Zwei Handlungslogiken der EU-Anti-Dopingpolitik

Zwei potenziellen Handlungslogiken der EU-Institutionen soll in diesem Aufsatz besondere Beachtung geschenkt werden: In politisch-rechtlicher Hinsicht kann einer inkrementellen Konstitutionalisierung Bedeutung zugesprochen werden. Allgemein wird unter Konstitutionalisierung eine grundlegende Verdichtung von Elementen einer Verfassungsordnung verstanden – mithin der Ausbau einer differenzierten Normen- und Institutionenordnung. Den Ausgangspunkt der jüngeren EU-Konstitutionalisierung bildet die Befassung der EG/EU-Institutionen in den 1970er und 80er Jahren mit bis dahin ausschließlich national behandelten Problemfeldern der Gemeinschaftskonstruktion. Dieses Vorgehen lässt sich zum Teil auf Impulse der Staats- und Regierungschefs im 1974 neu etablierten Europäischen Rat zurückführen, durch die nicht zuletzt aus ökonomischen Erwägungen nationale Handlungsfelder und staatliche Steuerungsinstrumente mit europäischen Aktivitäten verknüpft wurden (vgl. *Wessels*,

[2] Vgl. EuGH, Rs. T-313/02, Meca-Medina, Slg. 2004, II-3291.

2003; *Rittberger & Schimmelpfennig*, 2006). Die Aktivitäten lassen sich aber auch, was bislang in der Wissenschaft weniger Beachtung fand, auf die Selbstautorisierung der EU-Organe in solchen Problemfeldern zurückführen, in denen funktionale Defizite bestanden (vgl. allgemein für die EU *Höreth*, 2008; und spezifisch für den Sport *Tokarski, Petry, Groll & Mittag*, 2009, S. 54-88). Im Sinne dieser Vorgehensweise entwickelten sowohl die Staats- und Regierungschefs als auch die EU-Institutionen selbst eine beträchtliche Vielfalt an Verfahren und Instrumenten (*Wessels*, 2008). In der Regel standen am Beginn Impulse des Europäischen Parlaments, die von der Europäischen Kommission bzw. vom Rat aufgegriffen und in vage, mehrdeutige Formeln sowie unverbindliche Berichte gekleidet wurden. Diese hinterließen – im Sinne eines tastend-pragmatischen „trial-and-error"-Prinzips – in späteren Phasen deutliche Spuren. Sie fanden ihren Ausdruck vor allem in Aktionsprogrammen oder anderen unverbindlichen Rechtsakten, teilweise aber auch in neuartigen Verfahren, die erst zu einem späteren Zeitpunkt, in der Regel im Rahmen einer umfassenderen Vertragsrevision, primärrechtlich „abgesichert" wurden (*Mittag*, 2010b, S. 149, 208ff., 328).

Dieser inkrementellen Konstitutionalisierungslogik ist eine zweite Handlungslogik gegenüberzustellen, mit der kommunikativ-diskursive Vorgehensweisen ins Blickfeld gerückt und im Lichte einer kulturellen Wende interpretiert werden können. Unter dem Schlagwort des „cultural turns" werden seit den 1980er Jahren Bemühungen vor allem innerhalb der Geistes- und Sozialwissenschaften subsumiert, die „Analyse kultureller Bedeutungen und symbolischer Ordnungen" ins Zentrum wissenschaftlicher Betrachtungen zu stellen (*Bachmann-Medick*, 2010). In diesem Zusammenhang wurden neue Theorieansätze und Methoden wissenschaftlicher Analyse entwickelt, wie etwa – aus historischer Perspektive – der New Historicism, die Neue Kulturgeschichte oder auch als weitere Spezifizierung die Kulturgeschichte des Politischen (*Mergel*, 2002; *Stollberg-Rilinger*, 2005; *Landwehr*, 2008, 2013). In der Neuen Kulturgeschichte wird der Blick primär auf die Bedingungen von Wirklichkeitsformung und Wirklichkeitsgestaltung gerichtet. Fragen der Neuen Kulturgeschichte richten sich demnach auf die Sichtbarmachung von „Sinnmuster[n] und Bedeutungskontexte[n], mit denen Gesellschaften [...] ihre Welt ausgestattet haben, um sie auf diesem Weg überhaupt erst zu ‚ihrer' Welt zu machen" (*Landwehr*, 2013). Den wohl prominentesten Begriff der kulturwissenschaftlichen Debatten der letzten Jahrzehnte bildet der Diskurs. Untersuchungen von Diskursen in Form von Diskursanalysen und Studien zum Wandel von Diskursen in Form von Diskursgeschichten liegen mittlerweile zu zahlreichen Themenkomplexen vor, die nicht zuletzt auf die Impulse und Werke von Michel Foucault rekurrieren (*Landwehr*, 2010). Der Sport hat in diesem Zusammenhang lediglich partielle Beachtung gefunden, wenngleich einige Studien herausgearbeitet haben, dass durch den Austausch von Vorstellungen und Leitbildern, aber auch durch Diskurse und soziale Interaktionsprozesse, der Sport eine erhebliche „Aufladung" erfahren hat, die nicht zuletzt auch mit einer stärkerer

Fokussierung auf staatliche Aktivitäten und Regulierungen einherging (*Eisenberg*, 2002).

Bei der Untersuchung von Diskursen werden in der Regel Zeichensysteme angewendet mit dem Ziel, Strukturierungsmöglichkeiten offenzulegen bzw. Redeweisen in „ein Netzwerk gleichartiger semiotischer Systeme zu stellen" (*Raphael*, 2003, S. 236). Der Historiker Lutz Raphael hat darauf hingewiesen, dass ein Diskurs stets an Institutionen gebunden bleibt bzw. bestimmten Handlungszusammenhängen zugeordnet werden kann – etwa Milieus oder Berufsfeldern. Vor diesem Hintergrund ist mit Blick auf das Problemfeld Doping den Strategien und Topoi der Anti-Doping-Rhetorik der EU-Institutionen und den von ihr publizierten Dokumenten besondere Beachtung zu schenken. Einer kulturwissenschaftlichen Perspektive entsprechend soll Doping dabei nicht primär als reales oder tatsächliches Problem des Sports in Europa verstanden werden, sondern vielmehr als eine Deutung, Auslegung und Interpretation von Akteuren, die den Gehalt des Sports durch sprachliche Bezugnahmen selbst generieren (vgl. *Schwelling*, 2004, S. 13).

Im Folgenden werden ausgewählte inkrementelle Konstitutionalisierungsstrategien im Hinblick auf primär die Aktivitäten des Rats und diskursive Kommunikationsstrategien aus Sicht der Europäischen Kommission bei der Dopingbekämpfung auf europäischer Ebene beleuchtet und in analytischer Perspektive kontrastierend gegenüber gestellt. Dabei wird einem Bündel von Fragestellungen nachgegangen, so u.a. der Frage, ab wann und inwiefern die europäischen Institutionen Doping überhaupt als Problem erkannten. Besondere Beachtung wird dem Wandel der Dopingbekämpfungsstrategien und des europäischen Blicks auf das Doping geschenkt. Schließlich wird auch der Frage nachgegangen, inwieweit die beiden hier zu Grunde gelegten Strategien dichotomischen Charakter haben und welche Wechselwirkungen zwischen ihnen auszumachen sind. Den analytischen Bezugspunkt zur Bewertung und Einordnung der Aktivitäten der Europäischen Union im Dopingbereich bilden die soziologisch angelegten Pionierstudien von Karl-Heinz Bette und Uwe Schimank.[3] Diese Arbeiten betrachten Doping nicht als individuelles Problem von Athleten, die Grundsätze der Fairness missachten, sondern als eine gesamtgesellschaftliche Herausforderung (*Bette & Schimank*, 2006a). Unter Rekurs auf diese Sichtweise wurde mittlerweile wiederholt konstatiert, dass Doping durch die Prinzipien des modernen Hochleistungssports selbst erzeugt und verstärkt werde (vgl. hierzu exemplarisch *Asmuth*, 2010b, S. 93). Bette und Schimank führten die Schwierigkeiten, Doping wirksam zu bekämpfen, im Kern auf das Ausblenden der Ursachen des Dopings durch die beteiligten Akteure der Dopingbekämpfung zurück: Obwohl Doping in vielen Sportarten längst verbreitete Praxis ist und flächendeckend praktiziert wird – besonders deutlich wird dies im Radsport und der Leichtathletik –, werde Doping aus den Reihen der Wirtschaft, Politik, Massenmedien und auch dem Sport nach wie

[3] Vgl. hierzu auch den Beitrag von Ihle und Nieland in diesem Band.

vor als individuelles Fehlverhalten einzelner, abtrünniger Athleten gedeutet (*Bette & Schimank*, 2006b, S. 20ff).

Annäherungen: Identifikations- und Bedrohungspotenziale als Ausgangpunkte der EU-Sportpolitik

Die Europäische Union fußt hinsichtlich ihrer institutionellen und funktionalen Ausgestaltung im Wesentlichen auf dem Pariser Vertrag von 1952 (EGKS-Vertrag) und den Römischen Verträgen von 1958 (EWG- und Euratom-Vertrag). In diesen primär auf wirtschaftliche Handlungsfelder ausgerichteten Vertragswerken fand Sport keine Erwähnung. Im Sinne des *Subsidiaritätsprinzips* fiel er in das Zuständigkeitsfeld der Mitgliedstaaten bzw. Regionen oder blieb im Kompetenzbereich der Selbstregulierung der Verbände. Zu den politischen Organisationen, die auf europäischer Ebene überhaupt sportpolitische Akzente setzten, zählt der Europarat, der 1976 eine zentrale, rechtlich aber zunächst nicht verbindliche Deklaration verabschiedete, die „Europäische Charta des Sports für Alle”. Der Europarat befasste sich auch bereits im Jahr 1963 in einer Pionierstudie mit dem Doping (*Council of Europe*, 1963) und legte mit seiner Anti-Doping-Konvention des Jahres 1989 wesentliche Grundlagen für die Behandlung des Themas auf europäischer Ebene.[4]

Die seinerzeitige EG wurde zum ersten Mal im Jahr 1974 mit sportpolitischen Fragen konfrontiert, als dem Gerichtshof eine Klage von zwei niederländischen Radprofis zugeleitet wurde, die gegen eine berufliche Diskriminierung aufgrund ihrer Nationalität klagten (vgl. zu den Anfängen einer europäischen Sportpolitik *Tokarski et al.*, 2009). Das Urteil des Gerichthofs etablierte die bis 2009 maßgebliche Sicht, den Sport primär dann in Beziehung zum Gemeinschaftsrecht zu sehen, wenn mit ihm eine wirtschaftliche Zielsetzung verbunden sei (*Walrave & Koch – Association Union Cycliste Internationale*). Dass die Europäische Gemeinschaft in den 1980er Jahren – trotz fehlender Vertragsgrundlage – dennoch begann, sich eingehender mit dem Sport zu beschäftigen, ist im Wesentlichen mit den Bemühungen um eine Stärkung der europäischen Identität zu erklären (*Mittag*, 2010a). Nachdem vom Europäischen Rat das Ziel eines „Europas der Bürger“ auf dem Gipfel in Fontainebleau im Jahre 1984 verkündet wurde, erarbeitete der sogenannte Adonnino-Ausschuss[5] zahlreiche gemeinschaftsstiftende Faktoren und bezog dabei auch den Sport mit ein, der „von alters her ein wichtiger Bereich der Kommunikation zwischen den Völkern“ sei. Angeregt wurde die „Veranstaltung von EG-Sportwettkämpfen wie Radrennen und Laufwettbewerbe[n]“ und die „Bildung von Gemeinschaftsmannschaften, die sich mit gemischten Mannschaften aus Länder-

[4] Das im Jahr 1989 erarbeitete „Übereinkommen gegen Doping“ trat in Deutschland am 1. Juni 1994 in Kraft und wurde bislang (Stand Ende 2012) von 51 Staaten unterzeichnet.

[5] Der Ausschuss rekrutierte sich aus je einem Vertreter der seinerzeit zehn EG-Mitgliedstaaten und einem Vertreter der Europäischen Kommission.

gruppen, mit denen die Gemeinschaft besondere Verbindungen unterhält, messen würden" (*Bulletin der Europäischen Gemeinschaften*, 1985, S. 28). Auch wenn von wenigen Ausnahmen abgesehen diese Vorschläge nicht realisiert wurden, markierten sie doch den Auftakt zu einer verstärkten Inanspruchnahme des Sports für gemeinschaftsstiftende Zwecke der Europäischen Union, die unterhalb einer (sekundär)rechtlich verbindlichen Grundlage anzusiedeln ist. So veröffentlichte etwa das Europäische Parlament im Dezember *1988 einen Bericht zur Bedeutung des Sports in einem Europa der Bürger*, in dem die Berichterstatterin Jessica Larive vor allem die sozialen und identifikationsstiftenden Aspekte des Sports betonte. Die Europäische Kommission übermittelte im Juli 1991 Parlament und Rat einen Bericht, in dem angeregt wurde, Sport vermehrt in die Gemeinschaftspolitik zu integrieren (*de Kepper*, 1993). Diese Schritte können ebenso wie die nachfolgende Einrichtung von dauerhaften sportbezogenen Organen in den Gemeinschaftsinstitutionen als erster Schritt zur Konstitutionalisierung einer EU-Sportpolitik betrachtet werden. Bereits Anfang 1997 richtete die Europäische Kommission im Rahmen der Generaldirektion Bildung und Kultur die „Sports Unit" ein, die seitdem – in wechselnden Organisationszusammenhängen – vor allem für die Koordination des Sports in Verbindung mit aktuellen Gemeinschaftsprojekten zuständig ist. Das Europäische Parlament, das sich schon frühzeitig im Rahmen des parlamentarischen Selbstbefassungsrechts mit Sport auseinandersetzte, fügte im Jahr 1999 die Bezeichnung „Sport" der Denomination des „Ausschusses für Kultur und Bildung" für eine Wahlperiode hinzu. Schließlich beschäftigte sich auch der Rat mit sportpolitischen Themen. Obwohl es erst seit 2010 die offizielle Ratsformation „Bildung, Jugend, Kultur und Sport" gibt, sind die für den Sport verantwortlichen nationalen Minister bereits in den 1990er Jahren dazu übergegangen, informelle Treffen abzuhalten.

Neben dem positiven Rekurs auf gemeinschaftsstiftende Faktoren kann die Befassung der EU mit Sport zur Mitte der 1980er Jahre aber, was bislang weit weniger Berücksichtigung gefunden hat, auch mit Fehlentwicklungen auf europäischer Ebene erklärt werden. So war es nicht zuletzt die Massenpanik mit 39 Todesopfern und über 450 Verletzten beim europäischen Landesmeistercup-Finale im Fußball im Brüsseler Heysel-Stadion am 29. Mai 1985, die dazu führte, dass sich die Gemeinschaft dem Thema Sport zuwandte. Der Adonnino-Bericht griff auch diese Dimension auf und konstatierte, dass es „bedauerlich[er sei], daß die Freude am internationalen Wettbewerb durch Ausschreitungen in beträchtlichem Maße getrübt worden ist" (*Bulletin der Europäischen Gemeinschaften*, 1985, S. 28). Zur Mitte der 1980er machte die seinerzeitige Gemeinschaft erhebliches Gefahrenpotenzial im und für den Sport aus, weswegen der Bericht auch einen eigenständigen Abschnitt zum Thema „Bekämpfung von Gewalttätigkeit im Stadion und in dessen Umfeld" enthält. Obwohl im Bericht nicht explizit auf die Ereignisse im Heysel-Stadion Bezug genommen wird, findet eine indirekte Anspielung durch den Verweis auf die „jüngsten tragischen Ereignisse" statt (*Bulletin der Europäischen Gemeinschaften*,

1985, S. 29). Diese „Alle-wissen-was-gemeint-ist“-Rhetorik kann als Angstrhetorik interpretiert werden, auf deren Grundlage einem Engagement der Gemeinschaft im Sport nur schwerlich Legitimität abgesprochen werden kann. Neben den Identifikationspotenzialen bilden damit auch Bedrohungsszenarien und Verweise auf die Gefährdung des Sports den Ausgangspunkt für das Sportengagement der seinerzeitigen Europäischen Gemeinschaft. Dieser doppelte Begründungszusammenhang zeigt sich auch daran, dass neben sportinduzierter bzw. sportbezogener Gewalt Doping bereits kurze Zeit später als ein Problem ausgemacht wurde, das zu Vertrauens- und Akzeptanzverlusten des Sports führt und infolgedessen sportpolitisches Handeln rechtfertigt.

Kommunikationsstrategien und EU-Kommission: Die EU-Anti-Dopingpolitik als gesellschaftlicher Diskurs

Ausgehend von der Annahme, dass Sport in dem Moment zum Bestandteil eines europäischen Sportengagements avancierte, als Fanausschreitungen die Öffentlichkeit mobilisierten, lässt sich analog konstatieren, dass die Dopingproblematik dann integraler Bestandteil des Blicks der Europäischen Union auf den Sport wurde, als Dopingskandale im Kontext von Sportgroßveranstaltungen verstärkte öffentliche Aufmerksamkeit schürten. Bei den Olympischen Sommerspielen im Herbst 1988 in Seoul hatte der Leichtathlet Ben Johnson zwar nicht den ersten, aber zweifellos den bis dahin aufsehenerregendsten Dopingskandal verursacht. Der Fall des vermeintlichen 100-Meter-Weltrekordlers Johnson trug die Frage nach dem Umgang mit gedopten Sportlern in die Politik. Die USA und Kanada lancierten breit angelegte Aufklärungskampagnen. Parallel dazu begannen auch die Institutionen der Gemeinschaft, sich des Dopingproblems anzunehmen. An Vermeersch listet in ihrem Überblicksbeitrag mehrere kritische Anfragen von Europaparlamentariern an die Europäische Kommission in den Jahren 1987 und 1988 auf (*Vermeersch*, 2006, S. 3). Vor diesem Hintergrund war es kein Zufall, dass im bereits erwähnten Larive-Bericht des Europäischen Parlaments vom Dezember 1988 Doping als Problemfeld des Sports gleich mehrfach angesprochen wurde. Die bis dahin noch vergleichsweise zurückhaltend agierende Europäische Kommission veröffentlichte daraufhin im November 1991 – bereits mit Blick auf die Olympischen Spiele 1991 in Barcelona – die umfassende Mitteilung „On Doping in Sports“, die im Folgenden als Schlüsseldokument näher betrachtet werden soll.[6]

Die Mitteilung der Kommission stand in der Logik des Larive-Berichts. Ihr liegt die Annahme zugrunde, Sport als einen Seismographen der Gesellschaft zu sehen und dementsprechend Probleme des Sports auch als allgemeine Probleme der Gesellschaft zu deuten. Dieser Betrachtungsweise entsprechend werden Akteure des Systems Sport als Personen definiert, denen im hohen Maße

[6] Communication from the Commission to the Council on doping in sports. SEC (91) 2030 final, 14 November 1991.

gesellschaftliche Verantwortung als Vorbilder zukommt. In der Argumentation der Europäischen Kommission wurden also Sportler – und im erweiterten Rahmen auch Trainer und Mediziner – als öffentliche Personen verstanden, die (moralischen) Erwartungen der Öffentlichkeit zu entsprechen bzw. bestimmte Regeln, Normen und Werte vorzuleben haben. Im Originalwortlaut heißt es: „Athletes, as role models, should not use drugs at all, and should help to re-establish confidence in drug-free sport and a drug-free society" (On Doping in sports, S. 4). Wird Sport als Abbild der Gesellschaft verstanden, dann haben ausschließlich Akteure des Sports die Möglichkeit, Doping, das als Problem des Sports wiederum Problem der Gesellschaft bleibt, einzudämmen. Die Folgerung, die aus dieser Argumentationslogik gezogen wurde, formulierte die Kommission mit deutlichen Worten: „The ultimate responsibility for the elimination of doping in sports, lies with the athletes" (*ebd.*, S. 2). Diese Sichtweise lässt indes auch erkennen, dass die zahlreichen Herausforderungen für Athleten im modernen Sportsystem weitgehend ausgeblendet bleiben.

Mit Blick auf diese Argumentation zeigt sich, dass die beiden zentralen Begriffe, die von der Kommission im Dokument kommuniziert werden, stark normativ aufgeladen werden. Besonders augenfällig ist dies beim Begriff „Fairness" und seiner Adjektivvariante „fair". Kommuniziert wird, dass nur der „faire" Wettkampf einen Wert habe und sich Sportler vor diesem Hintergrund „fair" verhalten sollen. Die Forderung nach einem „fairen" Sport erweist sich als Appell an das Gewissen von Aktiven, Trainern und Medizinern. Die normative Dimension des Begriffes wird vor allem dadurch erkennbar, dass nicht näher definiert wird, was überhaupt unter „fairem" Sport zu verstehen sei bzw. wie „Fairness" im Sport umgesetzt werden soll. Dies erscheint indes auch nicht notwendig zu sein, da der Begriff „Fairness" in sportbezogenen Debatten einen ähnlich übergeordneten Stellenwert einnimmt, wie er den Begriffen „Gerechtigkeit" oder „Freiheit" in der Politik zukommt: Der Forderung nach „Fairness" kann nur schwerlich widersprochen werden. Im Dokument selbst muss das, was „fair" sein soll, deswegen auch nicht weiter definiert werden, weil mit einer klaren Dichotomie gearbeitet wird: „Fairer" Sport ist ungedopter Sport, gedopter Sport hingegen „unfairer" Sport. Eine Kategorie wie „Fairness" als Argument gegen Doping ins Felde zu führen, zieht Konsequenzen nach sich, da die Debatte um „fairen" Sport als ausweglos dekonstruiert werden kann (vgl. hierzu etwa *Asmuth*, 2010b). Im Lichte aktueller soziologischer Argumentationen blendet der normative Begriff den Blick auf die Komplexität der modernen Sportwelt weitgehend aus bzw. reduziert das System Sport auf eine allgemeine Vorbildfunktion. Er hinterfragt jedoch nicht, inwieweit im modernen Sportsystem mit seinen wirtschaftlichen, politischen und medialen Verflechtungen Platz für Kategorien wie „Fairness" und individuelle Entscheidungen bleibt.

Das zweite Signalwort der Mitteilung der Europäischen Kommission lautet „Gesundheit" – ein Begriff, der ebenfalls in vielfacher Hinsicht mit dem Sport verwoben ist. „Gesundheit" gilt gleichermaßen als positiver und gesellschaftlich relevanter Wert des Sports. Dementsprechend kann die Erhaltung von Gesundheit als Existenzberechtigung des Sports schlechthin angesehen werden (*ebd.*, S. 105) und zu einer Verbreitung des Begriffs in zahlreichen Lebenssituationen ausgemacht werden. An entsprechend positiven Zuschreibungen des Sports setzt auch die Europäische Kommission an, die das Adjektiv „gesund" („improves health") im Kontext des Sports verwendet. Es wird die Forderung erhoben, Doping, das durch Todesfälle nachweislich negative Auswirkungen auf die Gesundheit von Athleten hat, zu bekämpfen. Sprachlich wird diese Sicht noch weiter zugespitzt, da in der Mitteilung konsequent von den doppeldeutigen Begriffen „drug" bzw. „drug misuse" gesprochen wird. Gezielt wird hier „doping", das selbst nur schwer zu definieren ist, durch den noch unspezifischeren Begriff „drug" ersetzt, der mehrere Bedeutungskonnotationen – etwa Medikament, Pharmakon oder Droge – zulässt. Durch die negativen Bedeutungskonnotationen „Droge" oder „Rauschgift" wird die Trennung gesund vs. ungesund weiter zugespitzt. Die Tragfähigkeit dieser Polarität bleibt angesichts des professionalisierten Hochleistungssports – und mit Blick auf einen zunehmend ambitionierteren Breiten- und Freizeitsport mit Todesfällen bei Marathon- und Triathlonwettbewerben, Überbelastungen, einseitigen Bewegungsabläufen, Fouls und Verletzungsrisiken – indes fraglich (vgl. zu diesen Überlegungen *Asmuth*, 2010b). Der größte Irritationsmoment des Dopingdiskurses der Europäischen Union wird dadurch hervorgerufen, dass es das System Leistungssport selbst ist, das den als unfair und ungesund angeprangerten Drogenmissbrauch generiert und ermöglicht.

In ihrer Mitteilung klassifiziert die Europäische Kommission Doping als moralisches Problem, das als solches Teil einer Ethik ist, die den Menschen praktische Orientierungshilfe bei Lebensentscheidungen vermitteln soll. Damit sie als eine Entscheidungs- und Handlungshilfe in individuellen Lebenslagen fungieren kann, muss sie aber auch vermittelt und kommuniziert werden. In diesem Zusammenhang setzt die Kommission nicht nur auf ihre eigenen Stellungnahmen, sondern sie holt auch andere Akteure mit ins Boot, die diese Vermittlung unterstützen sollen. Diese europabezogene Aufklärungsarbeit setzt im Papier einerseits an den Leistungssportlern an, die an ihre Vorbildfunktion erinnert werden, andererseits aber auch an potenziellen Nachwuchssportlern. Das Heranwachsen einer „Generation Doping", die die Normen des Sports verlässt, soll verhindert werden, weswegen die Kommission Schulen, Universitäten und Eltern in die Pflicht nimmt, selbst eine Sportethik, etwa im Sportunterricht oder im Training, hochzuhalten (vgl. On Doping in Sport, S. 4). In der Anlage dieser Aufklärungsarbeit, die Schule, Trainer und Eltern leisten sollen, liefert die Kommission zumindest einen ersten Hinweis darauf, dass sie Doping doch als gesellschaftliches Problem, das in das System des modernen Hochleistungssports eingebunden bleibt, betrachtet. Jugendliche sollen etwa dazu angeregt werden, Sport weniger als „harten" Sport, dem ein Wettkampfs- und Leistungsgedanken zugrunde liegt, zu praktizieren, sondern vielmehr ein „weicheres" Verständnis von Sport im Sinne allgemeiner Bewegung und Fitness entwickeln. Wie eine derartige Neudefinierung des Sportverständnisses – vor allem jenseits des reinen Schul- oder Freizeitsports – geleistet werden soll, bleibt indes offen. Ist die Stellungnahme der Kommission aus dem Jahr 1991 als erstes zentrales Schlüsseldokument der EU-Anti-Dopingpolitik zu bewerten, so wurde bereits ein Jahr später an den kommunikativ gesetzten Grundsteinen der Dopingbekämpfung weiter gearbeitet. Der Rat forderte die Europäische Kommission auf, einen „Verhaltenskodex zur Doping-Bekämpfung" auszuarbeiten, der im Februar 1992 angenommen wurde und dopingfreie Olympische Spiele garantieren sollte.[7] Erneut setzte dieses Dokument in starkem Maß auf Prävention durch Aufklärung.

Argumentativ und strategisch änderte sich hingegen erst Ende der 1990er Jahre mit dem „Plan für den Beitrag der Gemeinschaft zur Dopingbekämpfung"[8] die kommunikative Strategie der Europäischen Kommission. Diese Neuorientierung ging einher mit den sportlichen Ereignissen des Jahres 1998, das mit dem Festina-Skandal der Tour de France einen Stammplatz in Doping-Chroniken hat. Betrachtet man die Stellungnahme der Kommission aus dem Jahr 1991 als ein erstes zentrales Schlüsseldokument der EU-Anti-Dopingpolitik, das eine Reaktion auf die Fehlentwicklungen der Vorjahre darstellt, so kann dieses Dokument und die mit ihm verbundene argumentative Kehrtwende als Antwort auf den Festina-Skandal gedeutet werden. Zwar wird auch in diesem Dokument nicht auf die Forderung nach einem „fairen" und „gesunden" Sport verzichtet, doch im Vergleich zu den zuvor behandelten Dokumenten wird der Blick auf die Dopingproblematik differenzierter. Wenn die Europäische Union ankündigt, sich vermehrt den „Ursachen des Dopings" zuzuwenden, dann zeichnet sich hier ein partieller Perspektivwechsel ab. Durch den Blick auf die Hintergründe wird Doping als umfassenderes Problem erkannt, dem nicht mehr ausschließlich über die Beschwörung traditioneller Werte und Normen des Sports beizukommen ist. Als Gründe für den durch prominente Dopingfälle erkannten Anstieg des Dopings führt die Kommission eine grundsätzliche „Kommerzialisierung des Sports" an, durch die sich „der Druck auf den einzelnen Sportler und seine Umgebung" verstärkt habe. Erklären lässt sich dieser Perspektivwandel mit der durch den Skandal sichtbar gewordenen breiten Dopingpraxis im Radsport, die weniger nach individueller Verantwortung, sondern nach Strukturen und Ursachen fragen lässt.

Das Weißbuch Sport aus dem Jahre 2007, das sich überblicksartig mit der sportpolitischen Situation in der Europäischen Union beschäftigt, dokumentiert

---

[7] In internen Dokumenten der EU wird darauf verwiesen, dass das Sportgroßereignis den Hintergrund der Initiative bildete (vgl. hier zu etwa das auf der Anti-Doping Konferenz vorgelegte „Background Paper": „The EU and the fight against Doping").

[8] Diese Mitteilung der Kommission wurde nicht im Amtsblatt veröffentlicht: Mitteilung der Kommission an den Ministerrat, das Europäische Parlament, den Wirtschafts- und Sozialausschuss sowie den Ausschuss der Regionen: Plan für den Beitrag der Gemeinschaft zur Dopingbekämpfung, COM (99) 643 final, 1.12.1999. In der englischen Fassung hatte der Titel einen expliziten Sportbezug: „Community support plan to combat doping in sport".

den gestiegenen Stellenwert, den Sport auf europäischer Ebene im 21. Jahrhundert einnimmt.[9] Als drittes Schlüsseldokument findet es hier ebenfalls Berücksichtigung, da der Kampf gegen Doping im Weißbuch als wichtiger Bestandteil eines europäischen Sportengagements beschrieben wird. Diese Sicht stützt sich auch darauf, dass 72 Prozent aller Befragten des Special-Eurobarometers 62 im Jahr 2004 Doping als die größte Bedrohung des Sports ausmachten. Im Weißbuch wird Doping direkt nach der Einleitung im zweiten Unterpunkt des Kapitels zur gesellschaftlichen Rolle des Sports behandelt. In diesem Zusammenhang zeigt sich erneut die Vorstellung vom Sport als Brennglas, das gesellschaftliche Probleme erkennbar macht. In begrifflicher Hinsicht verwendet die Europäische Union im Weißbuch dieselben Begriffe gegen das Doping, die auch schon 15 Jahre zuvor den Dopingdiskurs prägten. Die Schlagworte „fair“ und „health“ bleiben neben Hinweisen auf den allgemeinen Image- und Akzeptanzverlust des Sports infolge des Dopings zentrale Schlagworte:

> „Doping poses a threat to sport worldwide, including in Europe. It undermines the principle of open and fair competition. It is a demotivating factor for sport in general and puts the professional under unreasonable pressure. It seriously affects the image of sport and poses a serious threat to individual health” (White Paper on Sport, 2.2).

Da beide Kernbegriffe in allen drei hier untersuchten Dokumenten auftauchen, können sie als fester Bestandteil des Dopingdiskurses ausgemacht werden.

Im Weißbuch wird erneut die Rolle des Sports als Projektionsfläche für gesellschaftliche Zielsetzungen hervorgehoben. Im zweiten Unterpunkt „The societal role of Sport“ wird weniger auf die Bedeutung des Sports als individuelles Freizeitvergnügen eingegangen, sondern in erster Linie die erzieherische, gesellschaftliche und kulturelle Bedeutung des Sports betont. Noch deutlicher als in den anderen untersuchten Dokumenten stützt sich das Weißbuch auf die Zielsetzung „Gesundheit durch Sport“. Das Engagement der Europäischen Union im Bereich Sport wird damit wiederum aus dessen gesundheitsstiftender Wirkung abgeleitet. Da Gesundheitsrisiken wie etwa Diabetes und Übergewicht nicht nur individuelle Risiken mit sich bringen, sondern auch Kosten für Wirtschaft und Gesundheitsbudgets verursachen, ergibt sich Handlungsbedarf. Erneut zeigt sich damit die Aktivierung einer Gefährdungs- oder Angstrhetorik, mit der weitere Schritte initiiert und legitimiert werden (*ebd.*, 2.1).[10] Die Europäische Union bleibt in der Logik ihrer bis dahin verfolgten Strategie, wenn sie im Abschnitt zum Doping prominent auf den Gesundheitsaspekt abhebt und ankündigt, verstärkt auf die Aspekte der Gesundheitsgefährdung durch Doping und auf Prävention zu setzen (*ebd.*). So appelliert das Dokument an Akteure im Bereich der öffentlichen Gesundheit und an Sportorganisationen, die gegenüber Nachwuchssportlern die Gefahr des Dopings für die Ge-

---

[9] European Commission: White Paper on Sport, COM (2007) 391 final, 11.7.2007.

[10] In diesem Punkt bezieht sich das Dokument auf das ebenfalls vorgelegte Weißbuch „A Strategy for Europa on Nutrition, Overweight and Obesity related health issues“. Beide Papiere sollen sich gegenseitig ergänzen.

sundheit kommunizieren sollen. In diesem Sinne schließt das White Paper inhaltlich an das Dokument „On Doping in Sports“ an und treibt die Kriminalisierung von Doping voran. Durch die Forderung, den Handel mit Dopingsubstanzen dem Handel mit Rauschgift gleichzusetzen, wird neben Prävention durch Aufklärung auch auf Prävention durch Abschreckung und Kriminalisierung gesetzt.

Die in den beiden zuvor untersuchten Dokumenten angedeuteten Überlegungen, Doping aus einer anderen, die Komplexität des Systems Sport berücksichtigenden Perspektive zu betrachten und an den Ursachen des Dopings anzusetzen, werden im Weißbuch also nicht weiter fortgeführt. Da die Europäische Union als politisches Gebilde Lösungsstrategien braucht, die konsensfähig sind und mit dem Weißbuch konkrete Perspektiven zur Umsetzung präsentieren will, erscheint es nicht ganz überraschend, dass von komplexeren Ausdifferenzierungen abgesehen wird.

Konstitutionalisierungsstrategien und (Europäischer) Rat: Die EU-Anti-Dopingpolitik als „Empowerment“

In einer engeren Wortbedeutung werden unter Konstitutionalisierung allein die primärrechtlichen Regelungen auf europäischer Ebene sowie deren Anpassungen und Fortschreibungen (EG-Vertrag, EU-Vertrag etc.) verstanden. In einem erweiterten Sinne werden aber auch die gelebten Vertragspraktiken dieser Bestimmungen, rechtliche Vereinbarungen unterhalb von vertragsrechtlichen Vorgaben und Gerichtsurteilen sowie interinstitutionelle Abkommen einbezogen. Berücksichtigt man, dass bis zum Vertragswerk von Lissabon und der Implementierung von Artikel 165 im Vertrag über die Arbeitsweise der Europäischen Union keine direkte Rechtsgrundlage für sportbezogene Aktivitäten existierte (*Röthel*, 2000), so kann im Folgenden nur ein erweiterter Konstitutionalisierungsbegriff zugrunde gelegt werden, der auch Parlamentsberichte, Kommissionsmitteilungen oder Ratsentschließungen einbezieht (*Kornbeck*, 2006). Mit Blick auf die fehlenden rechtlichen Handlungsermächtigungen, die eine Anti-Dopingpolitik im eigentlichen Sinne ermöglichen, kann grundsätzlich konstatiert werden, dass die EU im Sinne eines „empowerment“ eher der Dopingbekämpfung zuarbeitete, als sie selbst zu betreiben, zugleich aber auch behutsame Schritte zur Selbstautorisierung vorbereitete.

Als impulsgebende Akteure der EU-Anti-Dopingpolitik können einerseits die Europaparlamentarier gesehen werden, die mit ihren Fragen und Berichten das öffentliche Bewusstsein für die Dopingproblematik im EU-Rahmen weckten und Handlungsbedarf anmahnten. Daneben sind aber auch – was bislang weit weniger Beachtung gefunden hat – die Regierungschefs und Minister als Impulsgeber zu sehen, die Fehlentwicklungen auf nationaler Ebene durch transnationale Aktivitäten zu kompensieren trachteten.

Bereits am 3. Dezember 1990 wurde eine erste Entschließung des Rats verabschiedet, die eine „Community action to combat the use of drugs, including the abuse of medicinal products, particularly in sport“ zum Gegenstand hatte.[11] Im Zuge dieser rechtlich unverbindlichen Entschließung wurde die Kommission von den Gesundheitsministern der Mitgliedstaaten aufgefordert, einen Verhaltenskodex zur Dopingbekämpfung auszuarbeiten sowie „Measures of Community interest“ im Kampf gegen Doping zu ergreifen. Mit dieser Aufforderung dokumentierten die im Rat vereinten Minister Handlungsfähigkeit in der Anti-Dopingpolitik. Anders als gemeinhin üblich wurde in dieser Ratsentschließung auf bestehende Rechtsgrundlagen kein Bezug genommen. Eine europäische Kompetenz bzw. Berechtigung im Bereich Dopingbekämpfung wird – neben dem Rekurs auf die Pionieraktivitäten des Europarats – hier vor allem aus der gesundheits- und jugendgefährdenden Wirkung des Dopings abgeleitet. Damit werden zwei Referenzfelder angesprochen, in denen die Gemeinschaft über zumindest begrenzte Kompetenzen in Teilbereichen (Jugendaustausch, Gesundheitsschutz) verfügte. In ihrem Aktionsprogramm („Proposed actions“) griff die Kommission die Vorlage des Rats auf und zeigte, dass Doping eine ernsthafte Bedrohung für den Sport darstellt. Zudem betonte sie, dass der unethische Gebrauch von Substanzen und Methoden eine Gefahr für die öffentliche Gesundheit darstelle. Mit dieser Sichtweise legte die Kommission das Mandat des Rats offensiv aus, womit das Terrain für weitere Gemeinschaftsaktivitäten bereitet war.

Bereits am 4. Juni 1991 kam es auf der Ebene der Gesundheitsminister zu einer weiteren Stellungnahme, diesmal in Form einer „Erklärung [...] über die Bekämpfung des Dopings (einschließlich des Arzneimittelmissbrauchs) im Sport”,[12] die im Wesentlichen aus einem Aufruf an die Organisatoren der Olympischen Spiele in Albertville und Barcelona bestand, sowie einen Appell „an alle Sportler [richtete], die an nationalen und internationalen Wettbewerben, insbesondere aber an [...] Olympischen Spielen teilnehmen“. Auch hier zeigt sich der Willen des Rats, Handlungsfähigkeit zu demonstrieren, in diesem Fall rechtlich abgestützt durch den Hinweis auf „die Notwendigkeit eines komplementären Vorgehens und einer engen Zusammenarbeit mit den für den Sport zuständigen Ministern“, ergänzt um den besonderen Verweis auf die „negativen Auswirkungen, die derartige Praktiken auf die Bevölkerung allgemein und insbesondere auf Jugendliche haben können“.

Die nächste anti-dopingbezogene Aktivität des Rats, die im Februar 1992 verabschiedete „Entschließung des Rates [...] über einen Antidoping-Verhaltenskodex im Sport“,[13] nahm nicht nur explizit Bezug auf die Entschließung vom 3. Dezember 1990 und die Erklärung vom 4. Juni 1991 – und unterstellte damit bereits eine gewisse Kodifizierung des rechtlichen Rahmens –,

[11] Abl. C 329, 31.12. 1990, S. 4-5.
[12] Abl. C 170, 29.06.1991, S. 1.
[13] Abl. C 44, 19.02.1992, S. 1-2.

sondern verlieh mit dem Rekurs auf den im Anhang abgedruckten „Antidoping-Verhaltenskodex im Sport“ der Kommissions-Mitteilung vom Vorjahr auch entsprechende Aufwertung. Zu konstatieren ist, dass die beiden Hauptreferenzen der Anti-Doping-Stellungnahmen der EU-Institutionen der frühen 1990er Jahre die Themen Gesundheit und Bildung waren, mithin Politikfelder, in denen die Gemeinschaft bereits über begrenzte Kompetenzen verfügte, während das sportethische Argument des Fair Play zu diesem Zeitpunkt kaum bemüht wurde. Die Stellungnahmen des Rats wurden, gerade weil sie rechtlich unverbindlich waren, auch von den Mitgliedstaaten mitgetragen, die sich auf nationaler Ebene in Dopingfragen in der Regel zu diesem Zeitpunkt eher zurückhaltender positionierten.

Die wichtige Rolle des Europäischen Rats bzw. der Staats- und Regierungschefs als Impulsgeber für die konstitutionelle Weiterentwicklung der EU-Anti-Dopingpolitik zeigte sich, als im Gefolge der skandalumwitterten Tour de France 1998 und einer Reihe von Dopingskandalen in China erneut deutlicher Handlungsbedarf angemahnt wurde. Als Reaktion befassten sich die Staats- und Regierungschefs auf ihrem Gipfeltreffen in Wien im Dezember 1998, im Rahmen der österreichischen Ratspräsidentschaft, mit Sport. Anders aber als die stärker um rechtliche Bezüge bemühten Minister im Rat nahm der Europäische Rat seine extrakonstitutionelle Rolle als Impulsgeber wahr und verzichtete darauf, sich in vergleichbarer Form auf Verweise auf bestehende Rechtsgrundlagen zu stützen: In den Schlussfolgerungen des Vorsitzes rekurrierte der Europäische Rat nicht nur auf die „soziale Rolle des Sports“, sondern er betonte auch die sportethische Dimension und die Bedeutung der Volksgesundheit. In diesem Zusammenhang sprach sich der Europäische Rat für die Arbeit an gemeinsamen Lösungen im Konzert von Mitgliedstaaten, Kommission und Sportverbänden aus. Auf das Wiener Gipfeltreffen und die entsprechende Handlungsaufforderung des Europäischen Rats ist auch der „Plan für den Beitrag der Gemeinschaft zur Dopingbekämpfung“ zurückzuführen, den die Kommission ein Jahr später, am 1. Dezember 1999, vorlegte. Auf dieses Dokument, auch wenn es ebenfalls keinen rechtsverbindlichen Charakter hat, stützt sich seitdem die Anti-Dopingpolitik der Union und die meisten ihrer Aktivitäten.

Dass die einmal initiierten Aktivitäten eine gewisse Eigendynamik im Sinne der neo-funktionalistisch inspirierten Sachlogik Walter Hallsteins und der von Ernst B. Haas ausgemachten „Spill-over Prozesse“ entfalteten, wurde 1999 deutlich, als sich die Sportminister gleich dreimal trafen, um eine gemeinsame Position zur Dopingproblematik zu entwickeln und sich schließlich darauf verständigten, der Europäischen Kommission die Vertretung der EU bei den Verhandlungen über die Ausgestaltung der WADA zu übertragen (*Houlihan*, 2002; *Kern*, 2007; *Handstad & Smith*, 2008; *Houlihan et al.*, 2010). Die Kommission interpretierte ihre Rolle – in Verbindung mit einem Repräsentanten der EU-Ratspräsidentschaft – erneut offensiv und drängte nicht nur auf organisatorische Unabhängigkeit der WADA, sondern auch auf paritätische

Besetzung des Verwaltungsrats aus Staats- und Verbandsvertretern. Da diese Ansprüche indes nicht zu realisieren waren, verzichtete die Kommission schließlich auf ihre traditionelle Mitwirkungspolitik und erklärte ihren Rückzug aus den WADA-Strukturen, beteiligt sich aber weiter an der Etablierung eines transnationalen Dopingregimes (zum Begriff und Konzept *Meier*, 2013).

Die EU-Institutionen präsentieren sich seither im Wechselspiel von Rat, Kommission und Parlament weiterhin als Anwalt von Harmonisierungs- und Konstitutionalisierungsschritten im Kampf gegen Doping. Forcierte die Europäische Union in der ersten Dekade des 21. Jahrhunderts vor allem einen verstärkten Informationsaustausch,[14] setzt sie seit dem Inkrafttreten des Vertrags von Lissabon, der insbesondere die koordinative Rolle der EU im Sport betont, verstärkt auf eigene Aktivitäten. Seit Inkrafttreten des Vertragswerks von Lissabon hat der Rat die sportbezogenen Aktivitäten noch stärker an sich gezogen (*Mittag*, 2012). Die in diesem Zuge unternommenen jüngsten Aktivitäten können als weitere Etappen einer zurückhaltenden Konstitutionalisierungsstrategie der EU-Sportpolitik verstanden werden. So befasst sich von sechs neu eingerichteten Expertengruppen des Rats eine Arbeitsgruppe mit dem Problemfeld „Anti-Doping“ und dem sogenannten EU-Beitrag zur WADA-Code-Revision. Der Rat dokumentiert durch diese Initiative und durch seine Entschließung vom Herbst 2011 „zur Koordinierung der Standpunkte der EU und ihrer Mitgliedstaaten vor den WADA-Sitzungen“ sein Interesse, künftig eine stärker pro-aktive und letztlich auch politischere Rolle einzunehmen.

Fazit: Potenziale und Grenzen der Kommunikations- und Konstitutionalisierungskalküle als Doppelstrategie

Die Ausgestaltung der EU-Anti-Dopingpolitik ist nur in Verbindung mit der grundsätzlichen Entwicklung der EU-Sportpolitik in den drei letzten Dekaden zu erklären. Im Vergleich zu sozialen und identitätsstiftenden Zielsetzungen kam der Dopingthematik vor allem in der Anfangsphase zunächst nur eine untergeordnete Rolle zu. Seit den frühen 1990er Jahren jedoch, und damit noch vor dem viel beachteten Bosman-Urteil, erwies sich die Dopingproblematik infolge von Skandalen als wichtiger Impulsgeber bei der Befassung der EU-Institutionen mit dem Sport. Gestützt auf die Aktivierung eines Bedrohungspotenzials kann mit Blick auf die von den EU-Institutionen entwickelten Aktivitäten abgeleitet werden, dass nicht allein die (späteren) Debatten um den WADA-Code und die verstärkten rechtlichen Harmonisierungsbestrebungen Prägekraft besaßen, sondern dass mit den von insbesondere Kommission und Rat betriebenen Kommunikations- und Konstitutionalisierungsaktivitäten zwei weitere Anti-Dopingstrategien verfolgt wurden, die – sowohl eigenständig als

[14] Im Jahr 2000 wurden 16 und im Jahr 2001 sogar 22 Pilotprojekte für Antidoping-Kampagnen und Tagungen gefördert, die primär das Ziel verfolgten, Harmonisierungsmaßnahmen zu entwickeln.

auch komplementär – Wirkung entfalteten und somit letztlich auch zur Verankerung des Sports auf EU-Ebene beitrugen.

Die hier unternommene Analyse von exemplarischen Aspekten des Konstitutionalisierungsansatzes zeigt, dass entgegen herrschender Forschungsmeinungen (vgl. *Vermeersch*, 2006) auch dem Europäischen Rat und dem Rat eine zentrale Rolle bei der Formierung der EU-Dopingbekämpfung zugeschrieben werden kann. Im Sinne eines „empowerment" ermächtigten die im Rat vereinten Repräsentanten der Mitgliedstaaten entweder andere oder sich selbst, um Akzente in der Anti-Dopingpolitik zu setzen. Mittels einer inkrementellen Konstitutionalisierung unterhalb primärrechtlicher Kompetenzen, durch den Rekurs auf Felder, in denen die Europäische Union über eine begrenzte Einzelermächtigung verfügte und kraft der extrakonstitutionellen Rolle des Europäischen Rats, wirkten die Institutionen darauf hin, Funktionsdefizite zumindest partiell abzubauen und zugleich die Legitimität der Europäischen Union zu stärken. Inkrementalistisch schufen somit namentlich Rat und Europäischer Rat Grundlagen für eine Anti-Dopingpolitik, die letztlich auch verdeutlicht, dass die intergouvernementalen EU-Institutionen auf europäischer Ebene mehr sind, als die Summe der Interessen seiner Mitgliedstaaten.

Der Blick auf die dopingbezogenen Kommunikationsaktivitäten der Europäischen Union zeigt, dass nicht allein das Europäische Parlament, sondern auch eine eher technokratisch agierende Europäische Kommission Potenzial zur kommunikativen Ausgestaltung eines Politikfeldes besitzt. Die Kommission reagierte auf die Dopingproblematik zum einen mit einer umfassenderen europäischen Netzwerkbildung, die den Austausch und die Kommunikation von Experten unterstützt; zum anderen kommunizierte die Kommission Doping der Öffentlichkeit als moralisches Problem. Indem sie Doping als potenzielle Bedrohung eines fairen und gesunden Sports und damit als Bedrohung für die Gesellschaft interpretierte, lud die Kommission das Thema normativ stark auf. In ähnlicher Form wie gewalttätige Fans in den 1980er Jahren wurden auch gedopte Athleten in den 1990er Jahren in Kommissionsdokumenten als „Devianzler" dargestellt, die von der Norm, den Sport „fair" und „gesund" zu betreiben, abwichen. Doping im Sport wurde damit – und wird es auch weiterhin – als Normabweichung, als Gefahr für Sport und Gesellschaft vermittelt, womit ebenfalls Handlungsnotwendigkeiten begründet und legitimiert werden. Die Kommission appelliert dabei vor allem an die Jugend, die sich auf die „traditionellen" Werte des Sports besinnen sollen; es geht ihr im Sinne der Ansätze Schimanks und Bettes damit vor allem um die Verankerungen von Normentreue „im Inneren der individuellen Akteure" (2006a, S. 34).

Die kommunikativen Schwerpunktsetzungen haben sich seit den 1980er Jahren im Kern kaum gewandelt. Die Europäische Kommission setzt auf individueller Ebene an und zielt grundsätzlich auf eine Personalisierung der Dopingproblematik. Bei der einfachen Dichotomie zwischen „unfairen ungesunden Normabweichlern" und „fairen gesunden Normkonformen" lässt sie es aber nicht bewenden, sondern sucht mit ihren Aktivitäten zur politischrechtlichen Vertiefung nach einem erweiterten Zugang zum Dopingbekämpfungsprozess. Diese Sicht läuft der von Christoph Asmuth (2010a, S. 15) formulierten These zuwider, dass die Professionalisierungstendenzen des Sports im 20. Jahrhundert zu einer allgemeinen „Verrechtlichung der Dopingdefinition" geführt hätten, die dann wiederum zur Isolierung der rechtlichen und der moralischen Seite des Dopings geführt habe. Gerade mit Blick auf das Zusammenspiel der EU-Institutionen kann festgehalten werden, dass moralische und kompetenzielle Sichtweisen politstrategisch verkoppelt wurden. Die Überwindung der Dopingproblematik wurde von der EU sowohl in Form mobilisierender Aufklärungsarbeit angegangen, mithin durch Mitteilungen und Programmaktivitäten, als auch durch rechtliche Vertiefungs- und politische Unterstützungsleistungen forciert. Da die kommunikativen Lösungsansätze jedoch nicht die Ursachen des Dopings im System Sport überwinden, sondern „unfaire" Sportler zu Verursachern machen, gerät die EU-Antidopingpolitik in Gefahr, eine simple „Steuerbarkeit des Spitzensports" durch Rückbesinnung auf Moral zu suggerieren (*Bette & Schimank*, 2006a, S. 15).

Eine solch kritische Sichtweise auf die Effekte der EU-Anti-Dopingpolitik erfährt vor allem dann Relevanz, wenn neben politikwissenschaftlichen und rechtlichen Ansätzen auch kulturwissenschaftliche Zugänge bemüht werden, die einen neuen Blick auf die Dopingbekämpfung eröffnen können. Jenseits aller politischen und rechtlichen Vertiefungsforderungen an die Dopingbekämpfung zeigt die hier knapp skizzierte Diskursperspektive, welche Schwierigkeiten damit verbunden sind, Anti-Dopingpolitik gewissermaßen durch die Hintertür zu betreiben. Doping widerspruchsfrei und überzeugend als gravierendes Problem des Sports auf europäischer Ebene zu vermitteln, erscheint absehbar eine Herausforderung darzustellen: Ist die Kommunikation aber schwierig, wird die Bekämpfung sicherlich nicht einfacher.

Literatur

Alkemeyer, T. (2007). Aufrecht und biegsam. Eine politische Geschichte des Körperkults. *Aus Politik und Zeitgeschichte,* 18, 6-18.

Asmuth, C. (2010a). Dopingdefinitionen – von der Moral zum Recht. In C. Asmuth (Hrsg.), *Was ist Doping? Fakten und Probleme der aktuellen Diskussion* (S. 13-32). Bielefeld: transcript.

Asmuth, C. (2010b). Praktische Aporien des Dopings. In C. Asmuth (Hrsg.), *Was ist Doping? Fakten und Probleme der aktuellen Diskussion* (S. 93-116). Bielefeld: transcript.

Bachmann-Medick, D. (2010, 29. März). *Cultural Turns*. Zugriff am 26. Juni 2013 unter http://docupedia.de/docupedia/images/5/55/Cultural_Turns.pdf

Bette, K.-H & Schimank, U. (2006a). *Die Dopingfalle. Soziologische Betrachtungen*. Bielefeld: transcript.

Bette, K.-H. & Schimank, U. (2006b). *Doping im Hochleistungssport. Anpassung durch Abweichung* (2. Aufl.). Frankfurt am Main: Suhrkamp.

Booth, D. (2004). Escaping the Past? The Cultural Turn and Language in Sport History. *Rethinking History: The Journal of Theory and Practice, 8* (1), 103-125.

Bulletin der Europäischen Gemeinschaften (1985). *Beilage 7. Europa der Bürger. Berichte des Ad-hoc-Ausschusses*. Amt für Veröffentlichungen der Europäischen Gemeinschaften.

Chaker, A. N. (1999). *Study on national sports legislation in Europe*. Strasbourg: Council of Europe Publishing.

Council of Europe (1963). *Doping of athletes, Reports of the Special Working Parties*. Strasbourg.

Emrich, E. & Pitsch, W. (Hrsg.). (2009). *Sport und Doping – zur Analyse einer antagonistischen Symbiose*. Frankfurt am Main: Peter Lang.

Eisenberg C. (2002). Die Entdeckung des Sports durch die moderne Geschichtswissenschaft. *Historical Social Research, 27* (2/3), 4-21.

Eisenberg, C. (1997). Sportgeschichte. Eine Dimension der modernen Kulturgeschichte. *Geschichte und Gesellschaft, 23* (2), 295-310.

Mitteilung der Kommission an den Ministerrat, das Europäische Parlament, den Wirtschafts- und Sozialausschuss sowie den Ausschuss der Regionen (1999). *Plan für den Beitrag der Gemeinschaft zur Dopingbekämpfung, COM (99) 643 final, 01.12.1999*. Brüssel.

European Commission (2007). *White Paper on Sport, COM 391 final*. Brüssel.

Figura, L. (2009). *Doping: zwischen Freiheitsrecht und notwendigem Verbot*. Aachen: Meyer & Meyer.

Güldenpfennig, S. (2003). Politikwissenschaft und Sport – Sportpolitik. In H. Haag & G. Friedrich (Hrsg.), *Theorie- und Themenfelder der Sportwissenschaft* (S. 138-159). Schorndorf: Hofmann.

Güldenpfennig, S. & Buss, W. (Hrsg.). (2010). *Politik im Sport*. Hildesheim: Arete-Verlag.

Handstad, D. V., Smith, A. & Waddington, I. (2008). The establishment of the World Anti-Doping Agency: A study of the management of organisational change and unplanned outcomes. *International Review for the Sociology of Sport, 43* (3), 227-249.

Höreth, M. (2008). *Die Selbstautorisierung des Agenten. Der Europäische Gerichtshof im Vergleich zum U.S. Supreme Court*. Baden-Baden: Nomos.

Houlihan, B. (2002). Managing compliance in international anti-doping policy. The World Anti-Doping Code. *European Sport Management Quarterly, 2* (3), 188-208.

Houlihan, B., Hoye, R. & Matthew, N. (2010). *Sport and Policy. Issues and Analysis*. London: Butterworth-Heinemann.

Kepper, de Ch. (1993). Die EG-Kommission und der Sport: Auswirkungen und Perspektiven. In W. Tokarski & K. Petry (Hrsg.), *Das Europa des Sports* (S. 11-15). Köln: Sportverlag Strauß.

Kern, B. (2007). *Internationale Dopingbekämpfung – der World Anti-Doping Code der World Anti-Doping Agency*. Hamburg: Dr. Kovac.

Kerth, G. (2011). *Opportunities and Boundaries of a Sport Policy in the European Union. Realities – Expectations – Visions*. Saarbrücken: SVH-Verlag

Kläber, M. (2010). *Doping im Fitness-Studio. Die Sucht nach dem perfekten Körper*. Bielefeld: transcript.

Knörzer, W., Spitzer, G. & Treutlein, G. (2006). *Dopingprävention in Europa. Grundlagen und Modelle*. Aachen: Meyer & Meyer.

Kornbeck, J. (2006). Sport und EG/EU – ein horizontales oder vertikales Thema? Eine Zwischenbilanz der ersten 30 Jahre (1974-2004). Sport and EC/EU - A Horizontal or a Vertical Topic? Revisiting Developments in the First Three Decades (1974-2004). *Sport und Gesellschaft – Sport and Society, 3* (1), 1-81.

Kornbeck, J. (2008). Anti-Doping in and beyond the European Commission's White Paper on Sport. *International Sports Law Journal 3/4*, 30-35.

Kornbeck, J. (2010). Dopingbekämpfung: Harmonisierungspotential durch die EU nach Inkrafttreten des Vertrags von Lissabon? *Monatsschrift für Kriminologie und Strafrechtsreform, 93* (3), 198-213.

Landwehr, A. (2008). *Historische Diskursanalyse*. Frankfurt am Main: Campus.

Landwehr, A. (2010, 11. Februar). Diskurs und Diskursgeschichte. Zugriff am 26. Juni 2013 unter http://docupedia.de/zg/Diskurs_und_Diskursgeschichte?oldid=84596

Landwehr, A. (2013, 14. Mai), Kulturgeschichte. Zugriff am 26. Juni 2013 unter http://docupedia.de/zg/Kulturgeschichte?oldid=86239

Meier, H. E. (i.E.). Dopingpolitik zwischen nationaler, europäischer und globaler Ebene. In J. Mittag (Hrsg.), *Europäische Sportpolitik: Zugänge, Akteure, Problemfelder*. Baden-Baden: Nomos Verlag.

McNamee, M. & Moller, V. (2011). *Doping and anti-doping policy in sport. Ethical, legal and social perspectives*. London, New York: Routledge.

Mergel, T. (2002). Überlegungen zu einer Kulturgeschichte der Politik. *Geschichte und Gesellschaft, 28* (4), 574-606.

Miah, A. (2002). Governance, Harmonisation, & Genetics: The World Anti-Doping Agency & its European Connections. *European Sport Management Quarterly, 2* (4), 350-369.

Mittag, J. (2007). Die Europäische Union und der Fußball. Die Europäisierung des Profifußballs zwischen Bosman- und Simutenkow-Urteil. In J. Mittag & J.-U. Nieland (Hrsg.), *Das Spiel mit dem Fußball. Interessen, Projektionen und Vereinnahmungen* (S. 203-218). Essen: Klartext.

Mittag, J. (2010a). Die konstitutionelle Erfassung des Sports in der Europäischen Union. In K. Petry & W. Tokarski (Hrsg.), *Handbuch Sportpolitik* (S. 98-113). Schorndorf: Hofmann.

Mittag, J. (2010b). *Kleine Geschichte der Europäischen Union. Von der Europaidee bis zur Gegenwart*. Münster: Aschendorff.

Mittag, J. (2012). Sportpolitik. In W. Weidenfeld & W. Wessels (Hrsg.), *Jahrbuch der Europäischen Integration 2012* (S. 225-226). Baden-Baden: Nomos.

Niemann, A., Garcia, B. & Grant, W. (Hrsg.). (2012). *The Transformation of European Football: Towards the Europeanisation of the national game*. Manchester: Manchester University Press.

Parrish, R. & Miettinen, S. (2008). *The Sporting Exception in European Union Law*. The Hague: T.M.C. Asser Press.

Petry, K. & Tokarski, W. (Hrsg.). (2010). *Handbuch Sportpolitik*. Schorndorf: Hofmann.

Raphael, L. (2003). *Geschichtswissenschaft im Zeitalter der Extreme. Theorien, Methoden, Tendenzen von 1900 bis zur Gegenwart*. München: Beck.

Reissinger, F. (2010). *Staatliche Verantwortung zur Bekämpfung des Dopings*. Baden-Baden: Nomos.

Rittberger, B. & Schimmelpfennig, F. (Hrsg.). (2006). *Die EU auf dem Weg in den Verfassungsstaat*. Frankfurt am Main: Campus.

Röthel, A. (2000). Kompetenzen der Europäischen Union zur Dopingbekämpfung. In V. Röhricht & K. Vieweg (Hrsg.), *Doping-Forum. Aktuelle rechtliche und medizinische Aspekte* (S. 109-124). Stuttgart: Boorberg.

Schneider, A. J. & Hong, F. (Hrsg.). (2007). *Doping in Sport. Global Ethical Issues*. London, New York: Routledge.

Schwelling, B. (Hrsg.). (2004). *Politikwissenschaft als Kulturwissenschaft. Theorien, Methoden, Problemstellungen*. Wiesbaden: VS Verlag für Sozialwissenschaften.

Spitzer, G. (Ed.). (2006). *Doping and doping control in Europe. Performance enhancing drugs, elite sports and leisure time sport in Denmark, Great Britain, East and West Germany, Poland, France, Italy*. Oxford: Meyer & Meyer.

Spitzer, G. & Franke, E. (Hrsg.). (2010/11). *Sport, Doping und Enhancement – Transdisziplinäre Perspektiven, 2 Bde*. Köln: Sportverlag Strauß.

Stollberg-Rilinger, B. (2005). Was heißt Kulturgeschichte des Politischen? Einleitung. In B. Stollberg-Rilinger (Hrsg.), *Was heißt Kulturgeschichte des Politischen?* (S. 9-24). Berlin: Duncker & Humblot.

Tokarski, W., Petry, K., Groll, M. & Mittag, J. (2009). *A Perfect Match? Sport and the European Union*. Oxford: Meyer & Meyer.

Unspecified (1991). *Communication from the Commission to the Council on doping in sports*. SEC (91) 2030 final, 14. November 1991. Brüssel.

Vermeersch, A. (2006). The European Union and the Fight against Doping in Sport: on the field or on the sidelines? *Entertainment and Sports Law Journal, 4* (1), 1-12.

Vieweg, K. & Siekmann, R. (2007). *Legal comparison and the harmonisation of doping rules. Pilot study for the European Comission*. Berlin: Duncker & Humblot.

Voy, R. & Deeter, K. D. (1991). *Drugs, sport and politics*. Champaign: Leisure Press.

Wessels, W. (2003). Konstitutionalisierung der EU: Variationen zu einem Leitbegriff – Überlegungen zu einer Forschungsagenda. In M. Chardon, U. Göth, M. Große Hüttmann & C. Probst Döbler (Hrsg.), *Regieren unter neuen Herausforderungen: Deutschland und Europa im 21. Jahrhundert. Festschrift für Rudolf Hrbek zum 65. Geburtstag* (S. 23-45). Baden-Baden: Nomos.

Wessels, W. (2008). *Das politische System der Europäischen Union*. Wiesbaden: VS Verlag für Sozialwissenschaften.

Die institutionelle Formierungsphase und das frühe Wirken der Medizinischen Kommission des Internationalen Olympischen Komitees

Jörg Krieger und Stephan Wassong
Institut für Sportgeschichte,
Deutsche Sporthochschule Köln

Zusammenfassung

Der Artikel analysiert verschiedene Phasen der frühen Olympischen Anti-Doping Politik und zeigt dabei den Einfluss der Medizinischen Kommission des Internationalen Olympischen Komitees (IOC) bis zu einer einschneidenden Umstrukturierung im Jahre 1981 auf. Es wird belegt, dass sowohl der Internationale Leichtathletik-Verband (IAAF) als auch das IOC bereits vor dem Zweiten Weltkrieg erste Dopingdefinitionen verabschiedeten, aber ernstzunehmende Initiativen gegen das Dopingproblem erst 1960 ergriffen haben. Eine organisierte und zielorientiere Herangehensweise wurde sogar erst ab der Gründung der Medizinischen Kommission im Jahre 1967 umgesetzt. Unter Führung ihres Vorsitzenden Prince Alexandre De Merode entwickelte sich die Kommission zu einem einflussreichen Gremium, dessen Profilbildung ab den 1970er Jahren vor allem Naturwissenschaftler prägten. Es wird dargelegt, warum De Merode erst nach den Olympischen Spielen von München im Jahr 1972 damit beginnen konnte, die Medizinische Kommission in weitere Sub-Kommissionen aufzuteilen, um dadurch eine verbesserte Basis für den Anti-Doping Kampf zu schaffen.

Summary

This article analyses different phases of early Olympic anti-doping policy and thereby demonstrates the influence of the Medical Commission of the *International Olympic Committee* (IOC) until a crucial reorganisation of the Commission in 1981. It is documented that the *International Amateur Athletic Federation* (IAAF) as well as the IOC defined doping already prior to the Second World War, however only became proactive in 1960. An organised and targeted anti-doping policy was implemented only after the foundation of the IOC Medical Commission in 1967. Under the leadership of its Chairman Prince Alexandre de Merode the Commission quickly emerged as an important organ within the Olympic Movement, in which scientists increasingly gained influence after the first standardized doping controls at the 1972 Olympic Games in Munich. The integration of scientists in the Olympic anti-doping fight finally caused De Merode to the foundation of the Sub-Commission "Doping and Biochemistry in Sport", which had a decisive influence on global anti-doping policy from 1981 onwards.

Frühe institutionelle Auseinandersetzungen mit der Dopingproblematik

> „Doping is the use of any stimulant not normally employed to increase the power of action in athletic competition above the average. Any person knowingly acting or assisting as explained above shall be excluded from any place where the rules are in force or, if he is a competitor, be suspended for a time or otherwise from further participation in amateur athletics under the jurisdiction of his Federation." (IAAF, zit. nach *Gleaves*, 2011, S. 246).

Diese Definition und Regelempfehlung wurde bereits 1928 im Handbuch der *International Amateur Athletic Federation* (IAAF)[1] formuliert. Gemäß dem derzeitigen Forschungsstand war die IAAF mit dieser Initiative der erste internationale Fachverband im Sport, der Doping und dessen Unterstützung schriftlich brandmarkte und Handlungsempfehlungen zur Eindämmung vorschlug.[2] Diese bezogen sich konkret auf den Ausschluss der betroffenen Athleten von Amateurwettkämpfen. Dementsprechend widersprach Doping dem Leitbild des Amateurs, in dem – u.a. geprägt durch die *Muscular Christianity*-Bewegung (*Holt*, 1989, S. 92ff.) – ein Auftrag zur Gesundheits- und Charaktererziehung verankert war. Diese erzieherische Ausstrahlungskraft wurde dem Professionalismus abgesprochen, da eine übertriebene Wettkampfhärte und eine zur Sicherung des Lebensunterhaltes notwendige Gewinnorientierung ethische Grundregeln des Sports verletzen würden (*Gleaves*, 2011, S. 237ff.).

Zu einem der wichtigsten institutionellen Advokaten dieser Einstellung ist das Internationale Olympische Komitee (IOC) zu zählen, das bis zu Beginn der 1980er Jahre immer wieder auf die erzieherische Notwendigkeit verwies, den olympischen Wettkampfsport vor den Verfehlungen des Berufssports zu schützen. Bereits 1894 und damit im Gründungsjahr des IOC schrieb Baron Pierre de Coubertin:

> „Sporting can only produce good moral effects, can, indeed, maintain existence, only as it [is] founded upon disinterestedness, loyalty, and chivalric sentiment." (*Coubertin*, 1894, S. 600).

Im Gegensatz zur IAAF reagierte das IOC in den 1920er Jahren noch nicht auf die sich entwickelnde Dopingszene, die sich vor allem in den Sportarten Radfahren, Fußball und Leichtathletik zeigte und deren Ausbreitung durch eine zunehmende Erforschung leistungsfördernder Methoden und Mittel auf den Gebieten der Medizin und Arbeitsphysiologie systematisch gefördert wurde (vgl. *Dimeo*, 2007, S. 33ff.). Eine erste Beschäftigung des IOC mit dem Problemfeld lässt sich auf das Jahr 1937 datieren, in dem die Mitglieder des IOC vom 8. bis zum 11. Juni zu ihrer 36. Session in Warschau zusammentraten.

Während der vier Sitzungstage wurden als zentrale Tagesordnungspunkte organisatorische Anliegen der Nationalen Olympischen Komitees (NOKs) und

---

[1] Seit 2001: *International Association of Athletics Federations.*

[2] Es wird vermutet, dass die ersten Anti-Doping Bemühungen der IAAF auf den Gebrauch von Stimulanzien von Leichtathleten in den 1920er Jahren zurückzuführen sind (*Vettenniemi*, 2010, S. 427).

der Internationalen Sportverbände (IFs), die Durchführung der Olympischen Winterspiele im Jahr 1940, das Reizthema der Arbeiterolympiade und das schon traditionelle Problemfeld des olympischen Amateurstatus diskutiert. Coubertin, der nur wenige Monate nach der Session am 2. September 1937 verstarb, kritisierte diese Art von Tagesordnungen als zu einfach, um inhaltlich ausgereift über die Weiterentwicklung der Olympischen Spiele und deren Ausstrahlung auf eine verantwortbare Förderung des Sports nachzudenken. Bereits auf der 21. Session des IOC, die 1925 in Prag stattfand, hatte Coubertin angemerkt, dass das IOC sich nur noch mit rein technischen Fragen beschäftigen würde und Fragestellungen nach der pädagogischen Bedeutung der Olympischen Bewegung kaum berücksichtige. Basierend auf dieser Einschätzung hatte Coubertin dann auch in Prag seinen Rücktritt als Präsident des IOC begründet – ein Amt, das er seit 1896 ausgeführt und gestaltet hatte (*Coubertin*, 1925/2000, S. 555ff.).

Zusammen mit dem Tagesordnungspunkt zur Amateurproblematik wurde in Warschau das Thema Doping angesprochen, das damit zum ersten Mal Einzug in die offiziellen Diskussionsrunden des IOC hielt (*IOC*, 1937, S. 8). Die Tatsache, dass diese von dem Engländer Lord David Burghley angestoßen und – wie bei der IAAF – im Zusammenhang mit der Amateurproblematik erläutert wurde, verwundert nicht. Burghley, der 1933 in das IOC berufen wurde und dort bis 1981 vertreten war, hatte als Leichtathlet an den Olympischen Spielen 1924 in Paris, 1928 in Amsterdam, bei denen er die Goldmedaille über 400m Hürden gewonnen hatte, und 1932 in Los Angeles teilgenommen. Seine sportlichen Erfolge und sein sportpolitisches Wirken, in dessen Zentrum er die Profilierung der Integrität des Amateursports stellte (vgl. *Barker*, 2012, S. 42), bedingten u.a. seine Präsidentschaften im Dachverband der englischen Leichtathletik (Amateur Athletic Association) von 1936 bis 1976 und darüber hinaus in der IAAF von 1947 bis ebenfalls 1976. Im Jahr 1952 bewarb er sich für das Amt des Präsidenten des IOC, verlor aber die Wahl gegen Avery Brundage, der die Nachfolge von Sigfried Edström antrat (vgl. *„The Biographies"*, 2011, S. 51).

Gemäß der veröffentlichten Niederschrift des IOC Protokolls informierte Burghley in Warschau lediglich kurz über Praktiken und Effekte des Dopings (*IOC*, 1937, S. 8). Aus dem Protokoll geht nicht hervor, ob überhaupt Details über Dopingvergehen und unerlaubte Maßnahmen zur Leistungssteigerung angesprochen wurden. Das Ergebnis von Burghleys Kurzeinführung der Mitglieder des IOC in die Dopingproblematik war, dass eine Kommission gegründet wurde, die sich intensiver mit der Dopingproblematik beschäftigen und ihre Ergebnisse dann auf der Session des IOC in Kairo im Jahr 1938 vorstellen sollte. Dieser Kommission gehörten neben Burghley folgende IOC-Mitglieder an: Avery Brundage, Karl Ritter von Halt, Alberto Bonacossa und Sigfrid Edström.

Wie intensiv sich diese Kommission mit ihrem Arbeitsauftrag auseinandergesetzt hat, kann nach dem derzeitigen Forschungsstand nicht beantwortet werden, da der in Kairo anscheinend thematisierte bzw. vorgestellte Bericht als Quelle noch immer nicht verfügbar ist. Tatsache ist allerdings, dass auf der Session folgende Handlungsleitlinien gegen den Dopingmissbrauch und den Handel mit leistungsfördernden Mitteln verabschiedet worden sind. Es ist in hohem Maße deutlich, wie sehr die Formulierung des IOC auf der aufbaut, die die IAAF bereits im Jahr 1928 abgedruckt hatte:

> „The use of drugs or artificial stimulants of any kind must be condemned most strongly, and everyone who accepts or offers dope, no matter in what form, should not be allowed to participate in amateur meetings or in the Olympic Games." (*IOC*, 1938, S. 30).

Wie bei der IAAF erfolgten auch beim IOC keine weiteren Schritte zur Umsetzung der 1938 formulierten Handlungsempfehlung. Dies trifft auch noch auf die 1950er Jahre zu, in denen das IOC den Wiederaufbau der Olympischen Bewegung nach dem Zweiten Weltkrieg bereits erfolgreich eingeleitet hatte. Trotz der sich kontinuierlich entwickelnden Kommerzialisierung des Wettkampfsports und dessen politischer Instrumentalisierung durch u.a. die beiden Weltmächte USA und UdSSR wurde Doping vom IOC noch nicht als ernstzunehmende Herausforderung für die Integrität des Olympischen Sports ausgelegt. Andere Problembereiche wurden vom IOC als wesentlich wichtiger eingestuft. Zu nennen ist u.a. die Legitimierung des olympischen Amateurparagraphen, die zeitliche Begrenzung von auswärtigen Trainingslagern, das Verbot der Annahme von Startgeldern und die Teilnahme an Wettkämpfen mit Profisportlern (vgl. *Wassong*, 2008, S. 86). Hinzu kam noch die Herausforderung an das IOC, sich in der neu etablierten politischen Weltlage weiterhin selbstbestimmt zu positionieren. Doping war zwar bekannt, hatte aber bis in die 1950er Jahre noch zu keinen ernsthaften Unannehmlichkeiten für das IOC geführt.

Erste Initiativen des Internationalen Olympischen Komitees

Die ersten ernstzunehmenden Initiativen des IOC im Kampf gegen Doping bei den Olympischen Spielen wurden nach den Olympischen Sommerspielen in Rom 1960 unternommen. Diese waren zunächst jedoch äußerst unkoordiniert und halbherzig. Ursache für den plötzlich aufkommenden Aktionismus des IOC war der Tod des 23-jährigen dänischen Radfahrers Knud Enemark Jensen am zweiten Wettkampftag. Jensen war während des 100km-Mannschaftszeitfahrens kollabiert und mit Erschöpfungserscheinungen in das Krankenhaus *Centro Traumatologico dell I.N.A.I.L.* eingeliefert worden (vgl. *Kluge*, 1998, S. 492). Sowohl die Diagnose des behandelnden Arztes als auch der Bericht des Dänischen Olympischen Komitees gaben als Todesursache eine durch einen Sturz verursachte Gehirnverletzung an. Der Sturz an sich sei durch einen Hitzschlag ausgelöst worden. Abweichend von diesem Bericht führt das IOC den Tod Jensens allerdings auf die Einnahme von Amphetaminen zurück. Bezugspunkt für diese Aussage ist die Untersuchung des österreichischen Arztes und medizinischen Experten des IOC Professor Dr. Ludwig Prokop. Er behauptete, dass bei der Autopsie Jensens Spuren von Amphetaminen gefunden wurden. Die Untersuchungsergebnisse von Prokop gelten heute allerdings als umstritten. Obwohl der dänische Teamarzt zugab, seinen Athleten Ronical, ein Mittel zur Erweiterung der Blutgefäße, verabreicht zu haben, konnte ein Missbrauch von Amphetaminen bei Jensen nicht nachgewiesen werden. Verdächtig ist, dass die Dokumentation von Prokop heute nicht mehr einsehbar ist (vgl. *Møller*, 2005).

Mehr als ein Jahr nach den Spielen von Rom wurde auf Initiative des französischen IOC Mitgliedes Comte Jean de Beaumont das Thema Doping bei einem Treffen der IOC Exekutive in Athen diskutiert. IOC Präsident Avery Brundage verwies auf die Ernsthaftigkeit des Problems und vertrat die Meinung, dass Sanktionen beim Gebrauch von leistungssteigernden Mitteln angewandt werden sollten (*IOC*, 1961a, S. 2). Folgt man den Aussagen von Brundage, die dieser dann in der ebenfalls in Athen stattfindenden IOC Session machte, könnten diese Sanktionen vorerst aber noch nicht umgesetzt werden. Voraussetzung dafür sei zunächst einmal die Entwicklung einer tragfähigen Definition von Doping (*IOC*, 1961b, S. 3). Letztlich zeigt dies noch einmal auf, wie sehr das IOC als die sich etablierende Weltregierung des Sports das Problemfeld Doping bis 1960 ausgeklammert hatte.

Im März 1962 wurde vom IOC schließlich ein Doping Sub-Komitee gegründet, das sich in Kooperation mit der *Fédèration Internationale de Médicine du Sport* (FIMS) mit Möglichkeiten zur Verhinderung von Doping und einer Definition von Doping beschäftigen sollte. Das IOC kooperierte bereits seit 1952 mit der FIMS zur Abklärung sportmedizinischer Fragen (vgl. *Wrynn*, 2008, S. 213). Das Sub-Komitee, das vom IOC keine finanzielle und administrative Unterstützung erhielt, stand unter der Leitung des Neuseeländers Dr. Arthur Porritt, der auch Präsident des *Royal College of Surgeons of England* war. Die Auswahl Porritts als Vorsitzenden kann durchaus kritisch betrachtet werden. So hatte Porritt nach den Olympischen Winterspielen 1948 in St. Moritz in einem Bericht über einen angedachten sportmedizinischen Kongress argumentiert, dass das IOC sich nicht mit wissenschaftlichen und medizinischen Fragen beschäftigen sollte (vgl. *ebd.*).

Obwohl das IOC durch die Gründung des Sub-Komitees zumindest erste Schritte im Anti-Doping-Kampf eingeleitet hatte und die Phase ab 1960 deshalb auch als Initiationsphase betrachtet werden kann, liefen die ersten Initiativen retardiert an. Auf der IOC Session in Innsbruck 1964 erbat Porritt mehr Zeit für die Erstellung eines ersten Berichtes des Komitees. Zweifelsohne ist dies erstaunlich, da Porritt problemlos auf bereits existierende und sogar hauseigene Dokumente hätte zurückgreifen können. Bereits im Mai 1962 hatte Giuseppe La Cava, der Generalsekretär der FIMS, auf die Gefahren von Doping im Sport im *Bulletin du Comité Internationale Olympique* hingewiesen (*La Cava*, 1962). In dem selbigen Organ und nur ein Jahr später hatte das brasilianische Mitglied des Sub-Komitees Dr. Ferreira Santos die folgende Definition von Doping zur Diskussion gestellt (*Ferreira Santos & Pini*, 1963, S. 56): „*Doping* is an illegal procedure used by certain athletes, in the form of drugs: physical means and exceptional measures which are used by small groups in a sporting community in order to alter positively or negatively the physical or physiological capacity of a living creature, man or animal, in competitive sport". Mit dieser Definition geht Santos einen Schritt weiter als La Cava, der Doping wie folgt definiert hatte: „The use of energy-providing substances other than food, aiming to increase the competitive output in advance" (*La Cava*, 1962, S. 53).

Die überschaubaren Bemühungen des IOC wurden aber auch durch die Einstellung seines Präsidenten zum Thema Doping nicht eben gefördert. Zwar behinderte Avery Brundage die Arbeit des Sub-Komitees nicht, jedoch war er der Meinung, dass die internationalen Sportfachverbände für die Erstellung von Anti-Doping Strategien verantwortlich seien (vgl. *Hunt*, 2010, S. 23). Es herrschte auf höchster sportpolitischer Ebene also noch keine Einigkeit über die Entwicklung von Strategien im Kampf gegen Doping. Darüber hinaus führte 1963 der Tod des aktivsten Mitgliedes des Sub-Komitees Ferreira Santos zu weiteren Verzögerungen in der Erstellung einer Definition von Doping sowie in der Aufstellung einer Liste verbotener Substanzen. In der Zwischenzeit hatte zwar der *Council of Europe* eine erste solche Liste erstellt (vgl. *Houlihan*, 2002), aber diese wurde im IOC nicht diskutiert. Dementsprechend gab es für die Olympischen Spiele 1964 in Innsbruck (Winter) und Tokio (Sommer) keine Regeln. Dennoch wurden erste einzelne Dopingtests bei den Radrennen durchgeführt, die aber letztendlich ineffektiv blieben. Diese Pseudo-Tests boten Porritt und Brundage allerdings die Möglichkeit, Aktivitäten des IOC öffentlich darzustellen. Mehr als Aktionismus war dann auch nicht Porritts Initiative, die Implementierung eines 4-Punkte-Plans auf der IOC Session in Tokio 1964 vorzuschlagen. Dieser beinhaltete 1) die Veröffentlichung einer Erklärung, die den Gebrauch von Drogen (Doping) verurteilt, 2) das Treffen von Vorkehrungen zur Sanktionierung von NOKs und Personen, die Doping direkt oder indirekt unterstützen, 3) die Bitte an die NOKs, ihren Athleten mitzuteilen, dass sie jederzeit getestet werden können und 4) die Zusammenstellung eines medizinischen Teams, das sehr präzise und sehr schnelle Untersuchungen durchführen sollte (*IOC*, 1964, S. 11). Diese Vorschläge blieben zunächst jedoch ohne Konsequenzen.

Nach Innsbruck und Tokio führten zwei weitere Entwicklungen zu zusätzlichen Verschleppungen im IOC, eine klare Dopingstrategie zu verfolgen. Zunächst wurden die Olympischen Sommerspiele 1968 nach Mexiko City vergeben. Dies löste im IOC Debatten über medizinische Fragen in Bezug auf die Höhe der mexikanischen Hauptstadt aus. Bereits im Vorfeld der Vergabe der Spiele hatten die anderen Bewerberstädte Lyon, Detroit und Buenos Aires versucht, unter Hinweis auf diese Problematik sich einen Vorteil im Auswahlverfahren zu verschaffen - bekanntlich ohne Erfolg (vgl. *Hunt*, 2010). Dennoch musste das IOC sich von nun an ausführlich mit der Thematik beschäftigen, und es musste vor allem auf die Frage eingehen, ob aufgrund der Höhe des Austragungsortes die Dauer des Höhentrainings vor den Spielen verlängert werden sollte. Obwohl sich mehrere von NOKs in Auftrag gegebene Studien für eine Verlängerung des Zeitraumes aussprachen, ignorierte das IOC diese Empfehlungen (vgl. *Wrynn*, 2008, S. 216) und begründete die Entscheidung damit, dass eine längere Vorbereitungszeit dem Amateurgedanken widersprechen würde. Zwar wurden den Athleten zwei zusätzliche Vorbereitungswochen gewährt, aber von den nun insgesamt sechs Wochen durften nur vier in der Höhe absolviert werden. Die langwierigen Diskussionen über die Höhenproblematik hatte letztlich die Konsequenz, dass sich die medizinischen Experten im IOC vorwiegend mit diesem Thema beschäftigen mussten und folglich weniger Zeit in die Weiterentwicklung der Strategien im Kampf gegen Doping investieren konnten.

Eine andere Änderung mit weitreichenden Konsequenzen betraf die Personalie Porritt. Er trat 1966 aus seiner Rolle als Vorsitzender des Sub-Komitees zurück und übernahm das Amt des Gouverneurs von Neuseeland. Zuvor hatte das Sub-Komitee noch eine vorläufige Liste mit verbotenen Substanzen für die Spiele von Mexiko City vorgelegt. Porritts Nachfolger wurde der belgische Aristokrat, IOC Mitglied Prince Alexandre De Merode (*IOC*, 1967). Der Rücktritt Porritts bewirkte eine organisatorische Umstrukturierung. So wurde das Sub-Komitee auf der IOC Session in Teheran in die Medizinische Kommission des IOCs umgewandelt (*ebd.*). Die ersten Mitglieder der Medizinischen Kommission waren Prince Alexandre De Merode (Belgien/Vorsitzender), Dr. Albert Dirix (Belgien), Dr. Ludwig Prokop (Österreich), Professor Giuseppe La Cava (Italien), Arpad Csanadi (Ungarn), Professor Arnold Beckett (Großbritannien), Dr. Pieter van Dijk (Belgien), Dr. Roger Genin (Frankreich) und Dr. Eduardo Hay (Mexiko) (vgl. *Henne*, 2010, S. 11). Die erste Aufgabe der neuen Kommission war es, Dopingkontrollen für ausgewählte Substanzen bei den Olympischen Winterspielen 1968 in Grenoble und den Spielen in Mexiko City zu organisieren. Mit dieser Strategie widersprach De Merode gleich zu Beginn seiner Amtszeit der Auffassung von Avery Brundage, für den Dopingtests in erster Linie immer noch von den internationalen Sportfachverbänden durchgeführt werden sollten (vgl. *Krieger & Wassong*, 2012, S. 63f.). Nichtsdestotrotz wurden bei den Spielen in Grenoble zum ersten Mal offiziell Dopingkontrollen bei Olympischen Spielen durchgeführt. Diese liefen allerdings äußerst unkoordiniert ab; eine Tatsache, die vom verantwortlichen medizinischen Experten des Organisationskomitees, Dr. Jacques Thiebault, in seinem Abschlussbericht an die Medizinische Kommission des IOCs bestätigt worden ist (*IOC*, 1968a). Vor diesem Hintergrund ist es dann auch nicht verwunderlich, dass in Grenoble kein einziger Athlet positiv getestet wurde. Auch bei den Kontrollen in Mexiko City, die von Dr. Eduardo Hay koordiniert wurden, gab es Probleme hinsichtlich der Standardisierung der Test- und Analyseverfahren.[3] Er plädierte in seinem Abschlussbericht für ausführlichere Richtlinien und Maßnahmen durch die Medizinische Kommission: „Eine der Funktionen der Medizinischen Kommission ist die offizielle Errichtung von Analyseverfahren, die in allen vom IOC kontrollierten Sportveranstaltungen angewendet werden sollten" (*IOC*, 1968b, S. 12).

Die kurze Phase zur Dopingbekämpfung seit dem Tod von Knud Jensen bei den Olympischen Spielen 1960 in Rom zeigt die Schwierigkeiten auf, mit denen sich die medizinischen Experten des IOC auseinandersetzen mussten. Weder IOC Präsident Avery Brundage noch der Vorsitzende der Expertengruppe Arthur Porritt bemühten sich um eine klare Linie im Doping-Kampf. Brundage war weiterhin der Meinung, dass das Dopingproblem hauptsächlich eine Angelegenheit der Sportverbände war. Mit dieser Einstellung musste sich zunächst auch der neue Vorsitzende der Medizinischen Kommission De Merode auseinandersetzen. Trotzdem erfuhr der Olympische Anti-Doping Kampf durch seine Ernennung eine zielgerichtetere Ausrichtung. Bereits im September 1968 wurde eine Pressemitteilung des IOC herausgegeben, die die intensivierten Maßnahmen im Anti-Doping-Kampf zusammenfasste (*Dirix & Sturbois*, 1998, S. 15f.). Zwar war De Merode kein Mediziner, jedoch hatte er sich, wie er aussagte, auf Anfrage von Brundage bereits seit 1965 mit Doping im Sport beschäftigt und dabei stets für eine Einführung von strikten Dopingkontrollen plädiert (vgl. *Dimeo, Hunt & Bowers*, 2011, S. 929). Desweiteren war er im Gegensatz zu Porritt ein weitaus besserer Organisator, der es verstand, die medizinischen und später verstärkt biochemischen Experten zu koordinieren. Dies wird in der Phase nach 1968 deutlich erkennbar, in der das IOC eine weitaus klarere Strategie verfolgte und die deshalb als Phase der Standardisierung der Dopingpolitik und Dopingkontrollen des IOCs bezeichnet werden kann.

Die zunehmende Profilierung der Medizinischen Kommission des IOC

Ende der 1960er Jahre beschleunigte sich die technische Entwicklung der Testverfahren. Obwohl oft vernachlässigt, muss diesem Aspekt der Dopinggeschichte eine hohe Bedeutung für die gesamte Entfaltung des Anti-Doping-Kampfes zugesprochen werden, da effektive Dopingkontrollen nur anhand zuverlässiger Kontroll- und Analyseverfahren durchgeführt werden konnten. Der britische Pharmazieprofessor Arnold Beckett hatte sich zusammen mit seinen Kollegen des *Chelsea College* in London bereits ab 1958 mit der Entwicklung von Dopingtests beschäftigt und schon 1965 bei der *Tour of Britain*

[3] Nach Angaben des offiziellen Berichtes der Olympischen Spiele in Mexiko City wurden insgesamt 88 Dopingtests von insgesamt 1293 Athleten analysiert. Zu diesem Zeitpunkt ließ die technologische Entwicklung nur Dopinganalysen von Amphetaminen, Alkohol und Koffein zu (*Organizing Committee of the Games of the XIX Olympiad*, 1968, S. 278).

und 1966 bei der Fußball-Weltmeisterschaft in England Dopingtests durchgeführt (*Dimeo*, 2007, S. 110). 1967 gelang es der Forschergruppe, einzelne Aufputschmittel durch das Verfahren der gaschromatographischen Trennung zu bestimmen (*Beckett et al.*, 1967). Es ist daher auch nicht weiter verwunderlich, dass Beckett als einziger Nicht-Mediziner von De Merode in die neue Medizinische Kommission berufen wurde.

Neben (Sport)Medizinern und Pharmazeuten begannen nun auch Chemiker, sich in die wissenschaftliche Auseinandersetzung für die Bekämpfung des Dopingproblems einzubringen. So sprach der deutsche Chemiker Prof. Manfred Donike bereits 1965 auf einem sportmedizinischen Kongress über die Möglichkeiten, Gaschromatographie zur Analyse von Dopingmitteln zu verwenden (*Donike*, 1966). Ihm gelang 1969 schließlich auch das Synthetisieren des Derivats N-Methyl-N-trimethylsilyl-trifluoracetamid, das heute noch bei der Gaschromatographie eingesetzt wird (vgl. *Donike*, 1969; *Thevis*, 2010, S.12). Die technische Entwicklung gab De Merode die notwendige Basis, um seine strikte Dopingpolitik weiter voranzutreiben, da er mehr und mehr auf zuverlässige Analyseverfahren zurückgreifen konnte. So präsentierte er im Januar 1969 auf der Sitzung des IOC-Exekutivkomitees die Diskussionsergebnisse der ersten Treffen der Medizinischen Kommission. Es wurde vorgeschlagen, positiv getestete Athleten (und deren Teams) vom Wettbewerb auszuschließen. Außerdem sollten Kontrollen mit den modernsten und geeignetsten Methoden etabliert werden und eine Liste mit verbotenen Substanzen[4] veröffentlicht werden (*IOC*, 1969). Eine erste Umsetzung dieser Initiativen ergab sich bei den Olympischen Sommerspielen in München 1972. Dort wurde Manfred Donike, der bereits 1971 an der Deutschen Sporthochschule Köln ein entsprechendes Labor installiert hatte, mit der Leitung des Dopinglabors beauftragt, wodurch die Basis für eine enge Zusammenarbeit mit Arnold Beckett geschaffen wurde.

Unter der Leitung von Donike sowie der Medizinischen Kommission des IOC kam es 1972 bei den Olympischen Spielen in München schließlich zu den ersten systematischen Dopingkontrollen. Es wurden dort erstmals Massenspektrometer eingesetzt, um Dopingsubstanzen zu ermitteln. Außerdem wurden viele weitere Elemente der Dopinganalyse eingeführt, die noch heute angewandt werden (vgl. *Hemmersbach*, 2008, S. 839). In München wurde auch erstmals nach einem offiziellen Dopingprotokoll gearbeitet, nach dem folgende analytische Schritte eingehalten werden mussten (vgl. *Krieger & Wassong*, 2012, S. 64):

> „1) Die Analyse einer Probe hat nach Möglichkeit innerhalb von 24 Stunden zu erfolgen, gerechnet vom Eintreffen der Probe im Labor. 2) Die Analyse vollzieht sich in folgenden Schritten: 2.1) Screening: Dünnschichtchromatographie auf nichtflüchtige, Gaschromatographie auf flüchtige Substanzen. 2.2) Identifizierung: a) Gaschro-

[4] Diese Liste enthielt zu diesem Zeitpunkt Amphetamin, Ephedrin und ähnliche Substanzen, Aufputschmittel für das zentrale Nervensystem wie Strychnin und Analeptika, Narkotika und Schmerzmittel, Antidepressiva und Beruhigungsmittel.

matographisch mit zwei Säulen verschiedener Polarität und Derivatbildung vor der gaschromatographischen Analyse oder Bestimmung der Kovats-Indices. Pyrolyse-Gaschromatographie kann ebenfalls angewendet werden. b) Alternativ zu a): Kombination Chromatographie (Dünnschicht- bzw. Gas-) mit Massen- oder Infrarot-Spektroskopie. c) Eine Substanz gilt als nachgewiesen, wenn die Meßwerte mit den Werten von authentischen Vergleichsmaterial übereinstimmen. 3) Zutritt zum Labor haben außer dem Leiter des Labors und dem Laborpersonal nur: die Mitglieder der Medizinischen Kommission des IOC, vom Vorsitzenden der Medizinischen Kommission des IOC ausdrücklich autorisierte Personen, der Gesamtleiter der Dopingkontrolle.“ (*Donike, Clasing & Klümper*, 1974, S. 196).

Insgesamt wurden in München anhand dieses Protokolls 2079 Urinproben von Athleten analysiert, unter denen sich insgesamt sieben positive Befunde befanden.[5]

München kann im Kampf gegen Doping aber nicht nur mit der technischen Entwicklung der Analyseverfahren in Verbindung gebracht werden, sondern auch damit, dass dort das IOC seine Initiativen auf diesem Gebiet transparenter werden ließ. So wurde von der Medizinischen Kommission in Kooperation mit den Organisationskomitees der Sommerspiele in München und der Winterspiele in Sapporo eine Broschüre mit dem Titel *Doping* herausgegeben. Diese enthielt allgemeine Artikel zum Dopingproblem, ein Kapitel über Dopinganalysen zur Erstellung erster Standards für die Kontroll- und Analyseverfahren sowie eine Erklärung der technischen Organisation der Dopingkontrollen in Sapporo und München. Der Abschnitt zur Dopinganalyse wurde von Beckett und Donike gemeinsam erstellt (vgl. *Krieger & Wassong*, 2012, S.64). Neben der Informationstransparenz verfolgte De Merode mit der Veröffentlichung der Broschüre noch ein weiteres Ziel. In der Broschüre wurde festgelegt, dass die Medizinische Kommission die Dopingkontrollen bei Olympischen Spielen übernahm. Damit manifestierte De Merode die Bedeutung seiner Kommission, die Avery Brundage – und dies auch noch am Ende seiner Amtszeit als Präsident des IOC – für Geldverschwendung hielt (vgl. *Hunt*, 2010, S. 40). Durch den Schachzug von De Merode stieg eindeutig die öffentliche Bedeutung der Medizinischen Kommission.

Nach den Olympischen Spielen 1972 führte die Medizinische Kommission ihre Strategie der Ausweitung verstärkter und systematisierter Kontrollen fort. Durch die Einführung standardisierter Kontroll- und Analyseverfahren in München wurden erste Richtlinien geschaffen, die es nun im Hinblick auf die

---

[5] Miguel Coll (Puerto Rico, Basketball), Rick DeMont (USA, Schwimmen) und Mohammad Reza Nasehi (Iran, Gewichtheben) wurde die Einnahme von Ephedrin, Jaime Huelamo (Spanien, Radsport) und Aad van den Hoek (Niederlande, Radsport) die Einnahme von Coramin, und Walter Legel (Österreich, Gewichtheben) sowie Buidaa Bakhaavaa (Mongolei, Judo) die Einnahme von Amphetamin nachgewiesen (vgl. *Clasing*, 2010, S. 171). Ein Problem trat bei den Wettbewerben im Modernen Fünfkampf auf, bei denen auf Wunsch des Internationalen Verbandes für Modernen Fünfkampf (UIPMB) auf Beruhigungsmittel getestet wurde. Die Analyse der Proben ergab 14 positive Befunde. Allerdings wurden die Athleten nicht disqualifiziert, da der Generalsekretär des UIPMB abstritt, die Kontrollen beantragt zu haben und De Merode argumentierte, dass sich die Medizinische Kommission nicht in die Belange der Sportverbände einzumischen habe (*IOC*, 1972, S. 40).

folgenden Olympischen Spiele weiterzuentwickeln galt. Dabei verschrieb sich die Kommission auch der Einführung eines Testverfahrens für anabole Steroide, da sich die Zahl der Verdachtsfälle, die auf die Einnahme von Anabolika zurückzuführen war, erhöhte. Natürlich hatte es auch schon während der Olympischen Spiele in München Hinweise auf den Missbrauch der leistungssteigernden Substanz gegeben. Der amerikanische Leichtathlet und Olympiateilnehmer Jay Silvester führte eine anonyme Umfrage unter allen Leichtathleten durch, bei der sich herausstellte, dass 68% aller männlichen Teilnehmer anabole Steroide vor den Wettkämpfen in München konsumiert hatten (vgl. *Todd*, 1992, S. 330). Eine Möglichkeit zur Anwendung eines ersten Testverfahrens zur Aufdeckung der Einnahme anaboler Steroide wurde im Jahre 1975 durch Professor Raymond Brooks vom *Chelsea College* mit der Konsequenz aufgezeigt, dass anabole Steroide auf die Liste der verbotenen Substanzen für die Spiele in Montreal 1976 gesetzt wurden (*Dirix & Sturbois*, 1998, S. 59).[6] Für diese Spiele wurde der Kanadier Dr. Robert Dugal mit der Leitung des Dopinglabors betraut und er arbeitete, wie Donike vier Jahre zuvor, mit der Medizinischen Kommission eng zusammen. Zwar kam es aufgrund des relativ kurzfristigen Verbotes von Anabolika und der geringen Erfahrung im Umgang mit den Testverfahren zu einigen Schwierigkeiten und Auseinandersetzungen mit den NOKs (vgl. *Hunt*, 2010, S. 56ff.), jedoch konnte bei insgesamt acht Sportlern die Einnahme von Anabolika nachgewiesen werden, darunter bei sieben Gewichthebern.[7] Zusätzlich wurden bei der Entnahme von insgesamt 1786 Proben drei weitere Sportler wegen des Nachweises anderer verbotener Substanzen von den Spielen ausgeschlossen (vgl. *Clasing*, 2010, S. 171). Diese Ergebnisse zeigen, dass die Einführung des Testverfahrens für anabole Steroide als weiterer richtungsweisender Schritt betrachtet werden muss. Allerdings gilt es auch zu beachten, dass aufgrund des zeitaufwendigen Verfahrens mit Immunoassay nur 275 Proben auf anabole Steroide untersucht werden konnten. Es ist deshalb anzunehmen, dass die Anzahl der positiven Tests deutlich höher gewesen wäre, wenn alle Proben das Testverfahren durchlaufen hätten. Den-

[6] Bei den Olympischen Winterspielen in Innsbruck 1976 wurde noch nicht auf anabole Steroide getestet, da De Merode der Meinung war, Sommersportler würden eher auf Anabolika zurückgreifen (vgl. *Todd & Todd*, 2001, S. 73). Insgesamt wurden in Innsbruck 356 Dopingproben analysiert und zwei Sportler aufgrund positiver Befunde von den Spielen ausgeschlossen: Galina Kulakova (USSR) und Frantisek Popisil (Tschechoslowakei). Auch hier war Donike wieder an der Arbeit im Labor beteiligt (vgl. *Hemmersbach*, 2008, S. 841).

[7] Unter den positiv getesteten Gewichthebern war auch der US-Amerikaner Mark Cameron. Das Olympische Komitee der Vereinigten Staaten (USOC) kritisierte die Disqualifikation ihres Athleten scharf und behauptete, die Medizinische Kommission des IOC hätte das USOC nicht über den positiven Befund informiert. Allerdings sagte der medizinische Betreuer des amerikanischen Teams, dass Cameron bereits vor den Spielen positiv getestet wurde und er sich bewusst war, ein gefährliches Spiel zu spielen. Dieses Spiel habe er nun verloren. (*Todd & Todd*, 2001, S. 74). Die anderen positiv auf Anabolika getesteten Athleten waren Blagoi Blagoev (Bulgarien), Phil Grippaldi (USA), Zbigniew Kaczmarek (Polen), Valentin Khristov (Bulgarien), Arne Norrback (Schweden), Petr Pavlasek (Tschechoslowakei) und Danuta Rosani (Polen) (*Clasing*, 2010, S. 171).

noch bleibt festzuhalten, dass das bereits in München durch Manfred Donike und Arnold Beckett vorhandene Wissen durch die Heranziehung der Erkenntnisse weiterer Wissenschaftler wie Robert Dugal und Raymond Brooks erweitert wurde und eine zunehmende internationale personelle Vernetzung im wissenschaftlichen Kampf gegen Doping zu erkennen war. De Merode kommentierte diese Entwicklung äußerst positiv, als er nach den Olympischen Spielen 1976 zusammenfasste, dass bei den Dopingkontrollen in Montreal zum ersten Mal Wissenschaftler aus der ganzen Welt zusammengearbeitet hätten und dadurch ein großer Nutzen für die Olympische Bewegung entstanden sei (*De Merode*, 1979, S. 10).

Nach den Spielen der XXI. Olympiade in Montreal setzte die Medizinische Kommission ihre Bemühungen fort, die Dopingkontrollen zu standardisieren und die Anti-Doping Aktivitäten des IOC auszuweiten. Wissenschaftliche Experten wie Arnold Beckett beklagten nach wie vor, dass das Fehlen universeller Kontrollen das größte Problem im Anti-Doping-Kampf sei (vgl. *Hunt*, 2010, S. 64). Die Akteure bemühten sich nun um eine verbesserte Vernetzung über die personelle Ebene hinaus, um den Kampf gegen Doping auch in den nationalen und internationalen Sportverbänden voranzutreiben. So lässt sich auch erklären, dass die IAAF ab 1979 damit begann, Dopinglabore offiziell zu akkreditieren. Dadurch wollte der Verband vergleichbare Testergebnisse ermöglichen, aber auch garantieren, dass die genommenen Dopingproben nach universellen Richtlinien analysiert werden. Die maßgeblichen Wirkungskräfte hinter dieser Initiative waren Manfred Donike und Arnold Beckett, die im Medizinischen Komitee des Verbandes aktiv waren und die später auch in der Medizinischen Kommission des IOC die Einführung eines Akkreditierungsverfahrens vorantrieben. 1981 wurden die von der IAAF akkreditierten Labore dann schließlich vom IOC übernommen.[8] Des Weiteren zeigt die Übernahme der bereits von der IAAF akkreditierten Labore, dass auch die Sportorganisationen intensiver auf dem Gebiet der Dopingbekämpfung kollaborierten, da die wissenschaftlichen Experten in den vielen Kommissionen oftmals dieselben waren.

Die sich ausweitende und institutionell professionalisierende Vernetzung sowie die verstärkte Einbindung von Wissenschaftlern veranlasste De Merode letztendlich auch dazu, die Medizinische Kommission des IOC umzustrukturieren, um darüber dann den Olympischen Anti-Doping-Kampf effektiver zu gestalten und technische Entwicklungen noch schneller in die Dopingkontrollen bei Olympischen Spielen integrieren zu können. Im Zuge dieser Umstrukturierung wurden die Sub-Kommissionen „Doping und Biochemie im Sport", „Biomechanik und Physiologie", „Sportmedizin und Orthopädie" und „Koor-

[8] Zu diesem Thema wird derzeit am *Institut für Sportgeschichte* an der *Deutschen Sporthochschule Köln* von den Autoren dieses Artikels ein Forschungsprojekt durchgeführt. Darin wird in erster Linie die Entstehungsphase der offiziell akkreditierten Olympischen Dopinglabore aufgezeigt und die Zusammenarbeit zwischen der Medizinischen Kommission des IOC und des Medizinischen Komitees des IAAF untersucht.

dination mit den NOKs im Bezug auf medizinische und sportwissenschaftliche Kurse" in der Medizinischen Kommission aufgebaut (*Dirix & Sturbois*, 1998, S. 19). Die neuen Abteilungen führten zu einer fachlichen Ausdifferenzierung der Aktivitäten der Medizinischen Kommission, worüber es De Merode gelang, einen noch engeren Expertenkreis zu schaffen, dessen Mitglieder sich ausschließlich mit Doping und den angewandten Kontroll- und Analyseverfahren beschäftigen sollten. Hier gilt auch festzuhalten, dass für De Merode nun nicht mehr Mediziner, sondern vielmehr Biochemiker und Wissenschaftler mit weitreichender Laborerfahrung die Hauptakteure waren. So ist es auch zu erklären, dass er Manfred Donike zum neuen Vorsitzenden der Sub-Kommission „Doping und Biochemie im Sport" berief, der sonst nur noch Robert Dugal, Claus Clausnitzer, Viktor Rogozkin, Arnold Beckett und De Merode selbst angehörten. Zweifelsohne wurden mit der Einführung der Sub-Kommissionen durch De Merode neue Handlungslinien bestimmt, und er betrachtete die Aufbau- und Standardisierungsphase des Olympischen Anti-Doping-Kampfes als abgeschlossen. In dieser Phase waren medizinische Experten noch von großer Bedeutung, da ein Kampf gegen Doping zunächst aus sportmedizinischer Sicht legitimiert werden musste. Nun ging es vorwiegend um die Entwicklung von Testverfahren, durch die mehr Athleten des Dopings überführt werden sollten und kontinuierlich Dopingmittel in die Liste der verbotenen Substanzen aufgenommen werden konnten. Eine Legitimation dafür waren auch die bei den Olympischen Sommerspielen 1980 in Moskau durchgeführten Dopingkontrollen, bei denen, gegen den Trend der vorangegangenen Olympischen Spiele, keine positiven Befunde festgestellt wurden; insgesamt wurden 1645 entnommen (vgl. *Hemmersbach*, 2008, S. 842). Im Nachhinein sollte es sich allerdings bestätigen, dass es durchaus positive Befunde hätte geben können, wenn die technische Entwicklung schon einen Schritt weiter gewesen wäre. So veröffentlichte Donike 1983 sein Ergebnis von in Moskau außerhalb des offiziellen Protokolls genommenen Proben, die er mit einer neuen Methode auf das Verhältnis zwischen Testosteron und Epitestosteron analysierte. Dabei stellte er fest, dass mehr als 20% von all seinen Dopingproben aus Moskau einen zu hohen Anteil von Epitestosteron zu Testosteron aufwiesen, darunter die von 16 Goldmedaillen-Gewinnern (*Donike, Bärwald, Klostermann, Schänzer & Zimmermann*, 1983).

Schlussfolgerungen: Die Jahre 1967-1981 als wichtige Phase für den Aufbau des institutionellen Anti-Doping-Kampfes

Die historische Darstellung der unterschiedlichen Phasen der Dopingpolitik des IOC erlaubt einen Überblick über die ersten weltweiten Initiativen im Anti-Doping-Kampf. Obwohl das IOC sich bereits 1937 mit der Problematik beschäftigte, löste erst der umstrittene Tod von Knud Jensen im Jahr 1960 Initialmaßnahmen aus. Eine organisierte und zielorientiere Herangehensweise lässt sich allerdings erst seit der Gründung der Medizinischen Kommission im Jahre 1967 konstatieren, als die Kommission unter ihrem Vorsitzenden Alexandre De Merode für den globalen Anti-Doping-Kampf massiv eintrat. Das Umdenken, das unter ihm stattfand, äußerte sich in einer unmittelbaren Aktivitätssteigerung des IOC im Anti-Doping-Kampf. Dies hatte zunächst Auswirkungen auf die Dopingkontrollen bei den Olympischen Spielen 1972 in München. Dort wurden unter der Leitung von Manfred Donike zum ersten Mal standardisierte Kontroll- und Analyseverfahren angewandt, die in langen Diskussionen zwischen den Verbänden, dem Organisationskomitee und der Medizinischen Kommission entstanden. Beispielhaft dafür steht das Dopingprotokoll, das die in München angewandten analytischen Verfahren (vgl. *Hemmersbach*, 2008, S. 839) zusammenfasst. In den Jahren zwischen den Olympischen Spielen in München und Montreal beschäftigte sich die Medizinische Kommission dann vorwiegend damit, die hoch gesetzten Standards aus München zu optimieren. Dabei kam es dem IOC zugute, dass Raymond Brooks ein Testverfahren für anabole Steroide entwickelte, welches in Montreal erstmals eingesetzt wurde. Gleichzeitig begannen sich die Wissenschaftler auf personeller und institutioneller Ebene besser zu vernetzen und das Medizinische Komitee der IAAF führte 1979 ein Akkreditierungsverfahren für Dopinglabore ein, das vom IOC nach einer weitreichenden Umstrukturierung der Medizinischen Kommission 1981 übernommen wurde. Dabei wurde auch auf die erfolglosen Kontrollen bei den Olympischen Spielen 1980 in Moskau reagiert. Da die Fortschritte im angesprochenen Zeitraum von 1967 bis 1981 vor allem technischer Natur waren, wurden in dieser Phase Naturwissenschaftler immer bedeutender im Kampf gegen Doping. Dies kam in der Zusammensetzung der Sub-Kommission „Doping und Biochemie im Sport“ deutlich zum Vorschein; eine Tatsache, die von einigen IOC-Mitgliedern auch heute noch als kritisch betrachtet wird. So ist der ehemalige Vize-Präsident des IOC und Gründungspräsident der Weltantidopingagentur (WADA) Richard W. Pound der Ansicht, dass es ein fundamentaler Fehler des IOC war, die Führung im Dopingfeld Wissenschaftlern zu überlassen (*Pound*, 2004, S. 57). Die Sub-Kommission, die 1981 durch die Umstrukturierung De Merodes geschaffen wurde, ist bis heute fester Bestandteil der Medizinischen Kommission. Auch deshalb scheint es notwendig zu sein, den Einfluss von Wissenschaftlern auf den Olympischen Anti-Doping-Kampf noch genauer zu untersuchen und die wichtige Rolle der Sub-Kommission „Doping und Biochemie im Sport“ weiter aufzuarbeiten.[9] Darüber kann dann ein entscheidender Beitrag zu einem detaillierten Verständnis der Dopingpolitik des IOC in ihrer Ganzheit geleistet werden.

[9] Zu diesem Thema wird derzeit von Jörg Krieger am *Institut für Sportgeschichte* an der *Deutschen Sporthochschule Köln* ein Promotionsvorhaben durchgeführt. Dabei wird der Aufbau eines naturwissenschaftlichen Netzwerkes zur Unterstützung der Olympischen Anti-Doping-Politik untersucht.

Literatur

Barker, P. (2012). *Five Rings Over Britain. The IOC Sessions in London & Birmingham*. O.O.: Cotinos Books.

Beckett, A.H., Tucker, G.T. & Moffat, A.C. (1967). Routine Detection and Identification in Urine of Stimulants and Other Drugs, some of which may be Used to Modify Performance in Sport. *Journal of Pharmacy and Pharmacology*, 19, 273.

Clasing, D. (2010). *Doping und seine Wirkstoffe. Verbotene Arzneimittel im Sport* (2., überarbeitete und erweiterte Aufl.). Balingen: Spitta Verlag.

Coubertin, P. De (1925/2000). Speech Given at the Opening of the Olympic Congresses at the City Hall of Prague, May 29, 1925. In N. Müller (Hrsg.), *Olympism. Selected Writings* (S. 555-559). Lausanne: International Olympic Committee.

Dimeo, P. (2007). *A History of Drug Use in Sport 1876-1976*. London: Routledge.

Dimeo, P., Hunt, T.M. & Bowers, M.T. (2011). Saint or Sinner?: A Reconsideration of the Career of Prince Alexandre De Merode, Chair of the International Olympic Committee´s Medical Commission, 1967-2002. *The International Journal of the History of Sport*, 28, 925-940.

Dirix, A. & Sturbois, X. (1998). *The First Thirty Years of the International Olympic Committee Medical Commission*. Lausanne: International Olympic Committee.

Donike, M. (1966). Der Dopingnachweis mit Hilfe chromatographischer Methoden, *Sportarzt und Sportmedizin*, 2, 81-86.

Donike, M. (1969). N-Methyl-N-trimethylsilyl-trifluoracetamid, ein neues Silylierungsmittel aus der Reihe der silylierten Amide. *Journal of Chromatography*, 42, 103.

Donike, M., Clasing, D. & Klümperer, A. (1974). Dopingkontrollen bei den Spielen der XX. Olympiade München 1972 – Teil 2. *Leistungssport*, 3, 192-199.

Donike, M., Bärwald, K.R., Klostermann, K., Schänzer, W. & Zimmermann, J. (1983). Nachweis von exogenem Testosteron (detection of endogenous testosterone). In H. Heck (Hrsg.), *Sport: Leistung und Gesundheit/Kongreßband Deutscher Sportärztekongress 1982* (S. 293-298). Köln: Deutscher Ärzte Verlag.

Ferreira Santos, J. & Pini, M. (1963). Doping. *Bulletin du Comité International Olympique*, 81, 56-57.

Gleaves, J. (2011). Doped Professionals and Clean Amateurs: Amateurism´s Influence on the Modern Philosophy of Anti-Doping. *Journal of Sport History*, 38 (2), 237-254.

Hemmersbach, P. (2008). History of Mass Spectrometry at the Olympic Games. *Journal of Mass Spectrometry*, 43, 839-853.

Henne, K. (2010). *The Origins of the International Olympic Committee Medical Commission and its Technocratic Regime: A Historiographic Investigation of Anti-Doping Regulation and Enforcement in International Sport.* Final Report to the IOC 2009 Postgraduate Research Grant Programme, submitted 31st December 2009.

Holt, R. (1989). *Sport and the British*. Oxford: Oxford University Press.

Houlihan, B. (2002). *Dying to Win.* Strasbourg: Council of Europe Publishing.

Hunt, T. (2010). *Drug Games. The International Olympic Committee and the Politics of Doping, 1960-2008.* Austin: University of Texas Press.

IOC (1937). *Protokoll der 34. IOC Session in Warschau vom 7. bis 11. Juni 1937.*

IOC (1938). *Protokoll der 35. IOC Session in Kairo vom 13. bis 18. März 1938.*

IOC (1961a). *Protokoll des Treffens des IOC-Exekutivkomitees in Athen am 15. Juni 1961.*

IOC (1961b). *Protokoll der 58. IOC Session in Athen vom 19. bis 21. Juni 1961.*

IOC (1964). *Protokoll der 63. IOC Session in Tokio vom 6. bis 8. Oktober 1964.*

IOC (1967). *Protokoll der 65. IOC Session in Teheran vom 3. bis 9. Mai 1967.*

IOC (1968a). *General Report of the Work of the Medical Commission of the International Olympic Committee during the 1968 Olympic Winter Games in Grenoble presented by Dr. Jacques Thiebault.*

IOC (1968b). *General Report of the Work of the Medical Commission of the International Olympic Committee during the Games of the XIXth Olympiad presented by Dr. Eduardo Hay.*

IOC (1969). *Protokoll des Treffens des IOC-Exekutivkomitees in Lausanne vom 26. bis 31. Januar 1969.*

IOC (1972). *Protokoll des Treffens des IOC-Exekutivkomitees in München vom 6. September 1972.*

IOC (1973). *Protokoll des Treffens des IOC-Exekutivkomitees in Varna vom 29. bis 30. September 1973 und am 2. Oktober 1973.*

Kluge, V. (1998). *Olympische Sommerspiele. Die Chronik II: London 1948 – Tokio 1964*. Berlin: Sportverlag.

Krieger, J. & Wassong, S. (2012). Munich 1972 – Turning Point in the Olympic Doping Control System. In J. Forsyth & M. Heine (Hrsg.), *Problems, Possibilities, Promising Practices: Critical Dialogues on the Olympic and Paralympic Games. Proceedings of the Eleventh Symposium for Olympic Research* (S. 62-67). London, Ontario: University of Western Ontario.

La Cava, G. (1962). The Use of Drugs in Competitive Sport. *Bulletin du Comité International Olympique*, 78, 52-53.

Merode, A. De (1979). Doping Tests at the Olympic Games in 1976. *Bulletin du Comité International Olympique*, 135, 10-16.

Møller, V. (2005). Knud Enemark Jensen´s Death During the 1960 Rome Olympics: A Search for Truth? *Sport in History*, 25 (3), 452-471.

Organizing Committee of the Games of the XIX Olympiad (1968). *Mexico City Olympic Games 1968 Official Report Volume Two*. Mexico City: Organizing Committee of the Games of the XIX Olympiad.

Pound, R.W. (2004). *Inside Dope.* Mississauga, Ontario: Wiley & Sons.

"The Biographies of all IOC-Members". *Journal of Olympic History*, 20 (2), 43-51.

Thevis, M. (2010). *Mass Spectrometry in Sports Drug Testing.* Hoboken, New Jersey: Wiley & Sons.

Todd, T. (1992). A History of the Use of Anabolic Steroids in Sport. In J.W. Berryman & R.J. Park (Hrsg.), *Sport and Exercise Science: Essays in the History of Sports Medicine* (S. 319-350). Urbana: University of Illinois Press.

Ungerleider, S. (2001). *Faust´s Gold. Inside the East German Doping Machine.* New York: St. Martin´s Press.

Vettenniemi, E. (2010). Runners, Rumours, and Reaps of Representations: An Inquiry into Drug Use by Athletes in the 1920s. *Journal of Sport History*, 37 (3), 415-430.

Wassong, S. (2008). 'Clean Sport': A Twofold Challenge in the Contemporary History of the Modern Olympic Games. In R.K. Barney, M.K. Heine, K.B. Wamsley & G.H. MacDonald (Hrsg.), *Pathways: Critiques and Discourses in Olympic Research. Proceedings of the Ninth International Symposium for Olympic Research* (S. 84-93). London, Ontario: International Centre for Olympic Studies.

Wheatcroft, G. (2003). *Le Tour: A History of the Tour de France*. London: Simon & Schuster.

Wrynn, A.M. (2006). 'A debt was paid of in tears': Science, IOC politics and the debate about high altitude in the 1968 Mexico City Olympics. *The International Journal of the History of Sport*, 23, 1152-1172.

Dopingbekämpfung anlässlich der FIFA Fußball-Weltmeisterschaft England 1966

Martin Nolte
Institut für Sportökonomie und Sportmanagement,
Deutsche Sporthochschule Köln

Zusammenfassung

Der Beitrag befasst sich mit den ersten Dopingkontrollen des Internationalen Fußball-Verbandes FIFA. Deren Ergebnis anlässlich der VIII. Fußball-Weltmeisterschaft in England im Jahre 1966 war negativ. Zwar analysierte man bei drei Spielern der deutschen Nationalmannschaft feine Zeichen von Ephedrin. Doch stammte dies von Nasensprays zur Behandlung von Schnupfen. Damit fehlte es den Spielern an einer künstlichen sowie unfairen Leistungssteigerungsabsicht. Deren Vorliegen war nach damaligen Regeln von der FIFA nachzuweisen. Das Prinzip des strict liability wurde erst wesentlich später eingeführt.

Summary

This paper adresses the issue of the first doping tests conducted by the International Football Association FIFA. The results of these tests during the VIII. Football World Championships in England in 1966 were all negative. Though the tests showed small traces of ephedrine in the urine samples of three players of the German National Football Team, those came from a nasal spray used against cold. Thereby there wasn't any artificial nor unfair intent of performance increase. According to the former rules, the existence of such an intent was established by FIFA. The principle of "strict liability" was introduced considerably later in the Anti-Doping-Regulations.

Einführung

Doping vergiftet den Sport. Es schädigt die individuelle Gesundheit von Athleten, verletzt den sportethischen Grundsatz des Fair Play und beeinträchtigt die Integrität von Wettkämpfen. Doping verletzt überdies fremde Vermögensinteressen, stört den ordnungsgemäßen Arzneimittelverkehr, führt zu Folge- und Begleitkriminalität und hat negative Folgen für die Volksgesundheit (*Nolte*, 2011). Deswegen gehört die Bekämpfung von Doping zu den zentralen Herausforderungen des organisierten Sports und avancierte zum sportpolitischen „*Elchtest*“[1] des 21. Jahrhunderts.

---

[1] Als Elchtest bzw. Fahrdynamik-Test bezeichnete man zunächst einen speziellen Test der Seitenstabilität von Pkws; populär wurde der Begriff, als am 21. Oktober 1997 ein Fahrzeug vom Typ „Mercedes-Benz A-Klasse“ bei einem Test in Schweden auf die Seite kippte und

Die Anfänge der Dopingbekämpfung liegen weit zurück. Die ersten Regelwerke zur Bekämpfung von Doping im Weltfußball datieren aus dem Jahre 1966. Sie bildeten die Grundlage für die Durchführung von Kontrollen des Weltfußballverbandes FIFA anlässlich der 8. Fußball-Weltmeisterschaft in England. Jüngste Aufmerksamkeit erhielten die historischen Regeln durch eine Glosse in der Wochenzeitschrift DER SPIEGEL im Jahre 2011 (Heft 40, 2011). Darin wurde behauptet, Spieler der deutschen Fußball-Nationalmannschaft hätten bei der FIFA Fußball-Weltmeisterschaft in England 1966 gegen damalige Anti-Doping-Regeln verstoßen bzw. seien *gedopt* gewesen.

Diesen Behauptungen zugrunde lag ein Brief vom 29. November 1966. Diesen hatte der damalige Vorsitzende des Medizinischen Komitees der FIFA, *Mihailo Andrejevic*, an den seinerzeitigen Präsidenten des Deutschen Leichtathletik-Verbandes, *Max Danz*, über den Verlauf der Dopingkontrollen bei der FIFA Fußball-Weltmeisterschaft England 1966 geschrieben. Darin bestätigte *Andrejevic*, dass alles gut gelaufen sei, „jedoch [...] nur zum Schluss bei der deutschen Mannschaft bei drei Spielern sehr feine Zeichen von der Einnahme gewissen Ephedrinmittels gegen Schnupfen[,] entdeckt" worden seien. Wie dieser Umstand von der FIFA bewertet wurde, geht aus dem Brief nicht hervor. DER SPIEGEL [a.a.O.] sprach jedoch kurzerhand von Doping und stützte sein journalistisches *Verdikt* allein auf die damalige Liste verbotener Medikamente. Darauf habe auch Ephedrin ohne Festlegung von Grenzwerten gestanden.

Die Glosse verblüffte. Denn sie stand im erkennbaren *Widerspruch* zu den bekannten Ergebnissen sämtlicher Dopingkontrollen bei der Fußball-Weltmeisterschaft 1966. Die Proben wurden seinerzeit im *Pharmacy Department at Chelsea College of Science and Technology* an der *University of London* analysiert und verliefen nach dem dezidierten Untersuchungsbericht über das Ergebnis sämtlicher Dopingkontrollmaßnahmen von *Beckett* und *Turner allesamt negativ* (*Beckett, Tucker & James,* 1965). Diesen Umstand ließ DER SPIEGEL jedoch ebenso unerwähnt wie die weiteren Voraussetzungen der damaligen Anti-Doping-Regularien, wonach die Annahme von Doping oder eines sonstigen Regelverstoßes gerechtfertigt gewesen wäre.

Dies ist Anlass für den nachfolgenden Beitrag. Er illustriert den damaligen *Sachverhalt* nochmals in ganzer Breite und erläutert die Struktur sowie den Inhalt der ersten *Anti-Doping-Regularien* der FIFA aus dem Jahre 1966 als Maßstab zur sportrechtlichen Subsumtion des historischen Geschehens. Im Mittelpunkt des Beitrags steht hierbei die Frage, ob das journalistische Urteil, drei Spieler der Deutschen Fußball-Nationalmannschaft hätten bei der Fußball-

---

auf dem Dach liegen blieb. Der ehemalige Bundesverfassungsrichter *Udo Steiner* prägte später den Begriff von der Dopingbekämpfung als sportpolitischen „Elchtest" (*Steiner*, 2000; *ders.*, 2010; zur sportpolitischen Bedeutung der Dopingbekämpfung und Rolle des Staates *Nolte*, 2004).

Weltmeisterschaft 1966 gegen Anti-Doping-Regeln verstoßen bzw. seien gedopt gewesen, aus rechtswissenschaftlicher Sicht zutrifft.[2]

A. Sachverhalt

Der Brief, den *Andrejevic* am 29. November 1966 über den Verlauf der Dopingkontrollen an *Danz* geschrieben hatte, enthielt *keine* Neuigkeiten. Der Fund feiner Spuren von Ephedrin im Urin deutscher Spieler war ebenso lange bekannt wie deren Verursachung durch die Verwendung von *Nasen-Sprays* zur Behandlung von *Schnupfen*. Dies belegen zahlreiche wissenschaftliche Veröffentlichungen in deutscher, englischer und französischer Sprache bereits aus den 70er Jahren (*Uehleke*, 1972; *Beckett & Cowan*, 1979; *Beckett*, 1980; *Mondenard*, 2010).

Insbesondere *Uehleke* (a.a.O.) berichtete hierüber im Jahre 1972 detailgenau. Ihm zufolge seien die betreffenden Kontrollen bei der deutschen Fußballmannschaft nach dem Viertelfinale zur Weltmeisterschaft 1966 in England vorgenommen worden. Anschließend habe man im Chromatogramm von Urin-Extrakten Spuren ephedrinähnlicher Stoffe gefunden. Die anschließende Nachfrage bei der deutschen Mannschaft und ihren Betreuern nach Ernährung, besonderen Gewürzen, Getränke-Arten, leichten Erkrankungen usw. habe dann ergeben, dass einige der deutschen Spieler im nasskalten England unter leichtem Schnupfen gelitten und gelegentlich, besonders vor dem Schlafen, ein Anti-Schnupfen-Spray benutzt hätten, um ihre *Nase frei* zu bekommen. In diesem Spray seien kleine Mengen Ephedrin enthalten gewesen. Deren Einnahme sei aber unbeabsichtigt geschehen und deshalb ein berühmtes Beispiel für die damalige Unkenntnis der Verhältnisse und besonders der Zusammensetzung vieler Kombinationspräparate.

Diesen Darstellungen entsprachen wörtliche Zitate von *Beckett* aus dem Jahre 1980 (*Beckett et al.*, 1980). Unter seiner Verantwortung stand nicht nur die damalige Dopinganalyse im *Pharmacy Department at Chelsea College of Science and Technology* an der *University of London*. Von ihm stammte vielmehr auch der *offizielle Testbericht* über die Dopingkontrollen bei der FIFA Fußball-Weltmeisterschaft England 1966, den dieser mit dem Kollegen *Tucker* verfasst hatte und alle Proben unter Anwendung des damaligen Regelwerks als negativ erklärte (*Beckett, Tucker & James*, 1965).

Schließlich findet sich auch eine jüngere Bilanzierung aller Dopingkontrollen im Rahmen von Fußball-Weltmeisterschaften von *Mondenard* aus dem Jahre 2010 (*Mondenard*, 2010). In dieser Auflistung findet sich der Hinweis

---

[2] Die Antwort auf diese Frage war Gegenstand einer rechtswissenschaftlichen Expertise des *Verfassers* im Auftrag des Deutschen Fußball-Bundes e.V. (DFB), der sich aufgrund des Presseartikels zu eigenen Nachforschungen im Rahmen seiner satzungsmäßigen Gesamtverantwortung für die Einheit des deutschen Fußballs sowie seiner sozialen und gesellschaftspolitischen Verantwortung und Verbundenheit mit dem Gedanken des Fair Play veranlasst sah.

auf drei Fälle deutscher Spieler, bei denen Ephedrin im Rahmen der Dopingkontrollen 1966 gefunden wurde.

Der *tatsächliche* Fund ephedrinhaltiger Spuren bei drei Spielern der deutschen Fußball-Nationalmannschaft im Rahmen von Dopingkontrollen bei der Fußball-Weltmeisterschaft 1966 infolge der Einnahme von Anti-Schnupfen-Sprays war damit bereits lange bekannt. Dieser Fund wurde jedoch nach damaligen Anti-Doping-Regularien weder als Doping noch als sonstiger Verstoß bewertet. Dies protokollierten *Beckett* und *Tucker* auch im offiziellen Untersuchungsreport sämtlicher Dopingkontrollen in unmissverständlichen Worten:

> „Results. A total of 136 urine samples, of which 125 were from players, were analysed. (a) Players' Samples: *All player's samples* were reported as being *negative* for artificial stimulants." (*Beckett, Tucker & James,* 1965)[3]

Anhaltspunkte für die evidente Fehlerhaftigkeit des offiziellen Untersuchungsreports gibt es nicht. Auch fehlen Gründe, die es bei rechtsstaatlicher Sicht erlaubten, die Feststellungen im Untersuchungsreport als falsch zu bezeichnen. Die tatsächlichen Umstände, die zum Fund ephedrinhaltiger Spuren in Urinextrakten bei drei deutschen Spielern führten, waren jedenfalls bei der Bewertung ihrer Proben bereits bekannt. Deshalb bewertete man diese als negativ. Dieses Ergebnis entsprach den damaligen Anti-Doping-Regularien.

B. Maßgebliche Anti-Doping-Regularien

Maßgeblich für die Beurteilung des *historischen* Sachverhalts sind die Anti-Doping-Regularien der FIFA aus dem Jahre 1966. Eine Bewertung nach heutigen Regeln wäre mit dem Rückwirkungsverbot unvereinbar. Die damaligen Normen unterscheiden sich jedoch deutlich von den Anti-Doping-Bestimmungen heutiger Provenienz.

Die Dopingkontrollen der FIFA im Rahmen der 8. Fußball-Weltmeisterschaft im Jahre 1966 waren die ersten Dopingkontrollen in der Geschichte von Fußball-Weltmeisterschaften überhaupt. Diesen Kontrollen lagen Anti-Doping-Regularien mit Hinweisen für Ärzte, Kontrolleure und andere Offizielle zugrunde, die von dem Medizinischen (Unter-)Ausschuss der FIFA unter ihrem damaligen Präsidenten *Andrejevic* speziell für diese Weltmeisterschaft erarbeitet wurden.[4]

Diese Anti-Doping-Regularien, deren *englischsprachige Fassung* bei Auslegungsfragen maßgeblich gewesen sein dürfte, einschließlich der Liste verbotener Mittel (*„Prohibited Drugs"*) hatten einen Gesamtumfang von lediglich fünf Seiten und unterscheiden sich damit bereits ihrem Umfang nach deutlich von den heutigen Regelwerken: Allein die zweite Fassung des Welt-Anti-

---

[3] Hervorhebungen im Zitat stammen vom *Verfasser.*

[4] Anti-Doping Regulations, incorporating a guide for Doctors, Commissars and other officials, Presented by The Technical Development Committee – and – The Medical Sub-Committee of F.I.F.A.

Doping-Codes aus dem Jahre 2009, mit dem die Anti-Doping-Regularien der FIFA vereinbar sind und dem der Nationale Anti Doping Code 2009 in seiner Version 2.0 entspricht, besitzt einen beträchtlichen Umfang von über 100 Seiten – wobei Internationale Standards für Dopingkontrollen (44 Seiten), für Meldepflichten (38 Seiten), für Datenschutz (22 Seiten), für Therapeutische Ausnahmegenehmigungen (36 Seiten) und für Labore (89 Seiten) hinzu kommen.

Entscheidend für das historische Verständnis des damaligen Geschehens ist jedoch der Inhalt der früheren Anti-Doping-Regularien anlässlich der 8. FIFA Fußball-Weltmeisterschaft im Jahre 1966. Im Gegensatz zu heutigen Regeln verlangten sie nicht nur den objektiven Nachweis einer verbotenen Substanz. Der Athlet musste vor allem auch in einer *spezifischen Leistungssteigerungsabsicht* handeln. Die Notwendigkeit dieser subjektiven Absicht ist von zentraler Bedeutung für das heutige Verständnis der damaligen Regeln. Sie unterscheidet sich diametral vom heutigen Prinzip der *strict liability*[5] des ersten Welt-Anti-Doping-Codes, der am 1. April 2004 in Kraft trat, und offenbar der journalistischen Bewertung in der Wochenzeitschrift DER SPIEGEL zugrunde lag. Danach trägt der Athlet die unbedingte Verantwortung für alle Stoffe in seinem Körper. Diese Verantwortung erlaubt es, bereits den objektiven Nachweis einer verbotenen Substanz als Doping zu bezeichnen und den Vorsatz sowie subjektive Absichten lediglich bei der Länge der Sanktion in Rechnung zu stellen.[6] Diese Systematik war damaligen Regeln (noch) fremd. Deshalb ist deren *methodologisch geordnete* Auslegung für das Verständnis des damaligen Ergebnisses so wichtig.

I. Vorwort

Den ersten Abschnitt der damaligen Anti-Doping-Regularien bildete das *Vorwort* („Foreword"), in dem zunächst die *Prinzipien* („The Principles") insbesondere zum Zweck der Dopingbekämpfung niedergelegt wurden. Dieser bestand darin, normale Bedingungen für einen fairen und gesunden Wettkampf zwischen gesunden und jungen Menschen zu gewährleisten („[...] to ensure normal conditions for a fair and sound competition between healthy young people."). Daneben fanden sich verschiedene *Definitionen* vor allem zum Schlüsselbegriff des Dopings. Die Verabreichung oder der Gebrauch körperfremder Stoffe wurde danach nur dann als Doping bewertet, wenn deren einzi-

[5] Dessen Zulässigkeit bejaht das Schweizerische Bundesgericht – Urteil vom 10.01.2007, Az. 4P_148/2006 (hierzu die Anmerkung von *Netzle,* 2007; kritisch zur strict-liability-Regel LG Stuttgart, Urteil vom 02.04.2002, Az. 17 O 611/00, sowie *Haas*, 2010; hierzu auch *Hilpert,* 2011; zu den Anforderungen an Dopingstrafen nationaler Sportverbände, insbesondere auch zum Grundsatz der strict liability *Adolphsen,* 2000).

[6] So nach Art. 2.1, 4.4. sowie 10.1 ff. NADC; ebenso § 5 Nr. 1 der aktuell gültigen Anti-Doping Regulations der FIFA (kritisch hierzu mit Blick auf den „Makel eines Dopingverstoßes" allein bei Vorliegen des objektiven Tatbestandes *Lehner*, 2012).

ges *Ziel* („sole object") darin bestand, eine *künstliche* und zugleich *unfaire Leistungssteigerung* vor oder während des Wettkampfes hervorzurufen („[...] increasing artificially and in an unfair manner the performance before, or during the competition [...].").

II. Regularien im engeren Sinne

Der zweite Abschnitt bezog sich auf die Anti-Doping-Regularien im engeren Sinne („Anti-Doping Regulations"). Er konkretisierte die *kumulative* Erfordernis eines objektiven Nachweises einer verbotenen Substanz und einer subjektiven Leistungssteigerungsabsicht, welches bereits in der Einleitung zum Ausdruck gebracht wurde. Doping wurde danach *ausdrücklich* als der Gebrauch von Substanzen oder Methoden mit dem *Ziel* der künstlichen Steigerung physischer und/oder mentaler Verfassung von Spielern verstanden („The use of substances or processes [...] with the *aim* to augment artificially the physical and/or mental condition of a player [...] shall be considered as an act of doping [...]."; Herv. D. Verf.).

Bereits diese Formulierung ließ erkennen, dass eine *spezifische* Leistungssteigerungs*absicht* erforderlich war und die Beweislast für das Vorliegen objektiver und subjektiver Voraussetzungen bei der FIFA lag. Hätte man das Fehlen einer subjektiven Leistungssteigerungsabsicht – heutigen Regeln entsprechend – als vom Athleten nachzuweisenden Entschuldigungsgrund verstehen wollen und damit auch die Beweislast umgekehrt, so wäre etwa eine Formulierung gewählt worden, wonach der Gebrauch verbotener Substanzen oder Methoden Doping darstellt, es sei denn, der Athlet handelte nicht mit dem Ziel, seine physische und/oder mentale Verfassung künstlich zu steigern. Von dieser Konzeption sah man jedoch ab.

Weitere Bestimmungen bezogen sich auf die Vornahme der Dopingkontrollen, insbesondere auf die Auswahl der Spieler und auf ihre *Mitwirkungspflichten* bei Durchführung der Dopingkontrollen („Demands for investigation", „Ex Officio demand"). Spieler, die unter dem Verdacht des Dopings standen („Players under suspicion of doping"), waren ferner dazu angehalten, jede notwendige medizinische Untersuchung durch einen autorisierten Mediziner vornehmen zu lassen und Ärzte in Ausübung ihrer Pflichten durch *exakte Informationen* über den Gebrauch von Medikamenten oder Behandlungen zu unterstützen („[...] every participating player [...] shall be obliged to undergo any necessary medical examination by an authorised doctor and to assist doctors in their duties by giving exact information concerning the use of any medicaments or special treatment [...].").

Diese spezielle *Offenbarungs- und Mitwirkungspflicht* bezog sich ausweislich ihrer Bezeichnung („Players *under suspicion* of doping"; Herv. d. Verf.) explizit auf solche Spieler, die unter dem (begründeten Anfangs-) Verdacht standen, gedopt zu haben. Dieser (Anfangs-)Verdacht konnte sich (zumindest auch) auf das Ergebnis bereits durchgeführter Dopingkontrollen gründen, aus denen beispielsweise der Fund einer verbotenen Substanz hervortrat.

Für diese Lesart der Offenbarungspflicht spricht nicht nur deren ausdrückliche Bezugnahme auf verdächtige Spieler. Auch der *systematische* Kontext zwischen der Regel über die Mitwirkungspflichten von Spielern bei Durchführung von Dopingkontrollen und der anschließenden Vorschrift über ihre Offenbarungspflichten ist ein Argument dafür, dass der (Anfangs-)Verdacht für Doping typischerweise aus dem Ergebnis einer Dopingkontrolle abgeleitet werden konnte. Darüber hinaus lassen der systematische Kontext und die besondere Vorschrift zu den Offenbarungspflichten der Athleten erkennen, dass der Einnahme von Medikamenten zur Heilbehandlung große Bedeutung beigemessen wurde und man daraus den Gegenbeweis zu einer verbotenen Leistungssteigerungsabsicht ableitete.

Für *dieses* Auslegungsergebnis spricht schließlich auch das Verhalten des Verantwortlichen des Medizinischen (Unter-)Ausschusses *Andrejevic* nach dem Fund ephedrinhaltiger Spuren im Urin deutscher Spieler. So befragte man im Anschluss (!) an den Befund die deutschen Spieler und die Mannschaftsleitung nach der Einnahme gewisser Medikamente (siehe C.). Diese Befragung war *notwendig*, um überhaupt eine künstliche Leistungssteigerungsabsicht nachweisen zu können. Wäre allein die Feststellung eines objektiven Befundes maßgeblich gewesen, so hätte sich jegliche Nachfrage erübrigt.

Weitere Bestimmungen der Anti-Doping-Regularien betrafen anderweitig verdächtige Personen („Other persons under suspicion“), handelten vom Vorgehen bei positivem Beweis eines Dopingvergehens oder der Verweigerung einer Dopingprobe („In cases of positive evidence of doping“) und regelten die Protokollierung des Testverfahrens („Testing Protocol“) sowie der Analyse („Analysis Protocol“).

Schließlich schrieben die Regularien für den Fall, dass in einer Urinprobe eine verbotene Substanz entdeckt wurde, vor, dass ausschließlich dem Präsidenten des Medizinischen (Unter-)Ausschusses die konkrete Substanz mitzuteilen war und dieser die Teamoffiziellen über den Fund einer verbotenen Substanz informieren sollte. Erst danach sollte der Präsident des Medizinischen Ausschusses zunächst den Kontrolleur („Area Medical Officer“), der die entsprechende Probe genommen hatte, die Teamoffiziellen und – bei positivem Resultat – den Disziplinarausschuss informieren.

III. Hinweise für Ärzte und Labore

Der dritte Abschnitt der Anti-Doping-Regularien enthielt schließlich *Hinweise* für Ärzte („Advice For Doctors“) mit einer Liste verbotener Substanzen sowie für die Laboratorien („Advice For Laboratory“) insbesondere die Festlegung der chromatographischen Untersuchungsmethode.

Die Liste verbotener Substanzen war explizit nicht als abschließend bezeichnet. Sie erstreckte sich vor allem auf besonders gesundheitsschädliche

Wirkstoffgruppen („[...] the following drugs which are especially harmful und pernicious for the human organism [...]."). Dies entsprach dem *Sinn* der Dopingbekämpfung. Dieser bestand nicht nur darin, *faire* Wettbewerbe zu gewährleisten, sondern vor allem die *Gesundheit* der teilnehmenden Spieler zu schützen. Dieser *Schutzgedanke* tritt bereits deutlich hervor aus den grundlegenden Prinzipien („[...] for a [...] sound competition [...].") und aus den Definitionen der damaligen Anti-Doping-Regularien („Considering the ever increasing harmful effects of doping [...]."). Er entspricht ferner den speziellen Offenbarungspflichten verdächtiger Spieler, Auskunft zu geben über den Gebrauch von Medikamenten oder speziellen Behandlungen, um ihre individuelle Gesundheit zu schützen und normale Bedingungen für alle Wettkämpfer zu gewährleisten („In order to protect individual health and to ensure normal conditions for all competitors [...].").

C. Subsumtion

Dass Spuren ephedrinähnlicher Stoffe bei deutschen Spielern im Rahmen von Dopingkontrollen bei der FIFA Fußball-Weltmeisterschaft in England 1966 gefunden wurden, entspricht ebenso den Fakten wie die Tatsache, dass dieser Fund auf die Verwendung von Anti-Schnupfen-Sprays zurückzuführen war. Diese Feststellungen erlauben indes nicht den Schluss, dass den betreffenden Spielern Doping oder ein sonstiger Verstoß gegen die damaligen Anti-Doping-Regularien vorzuwerfen gewesen wäre. Zu diesem Ergebnis führt eine *methodologisch geordnete* Interpretation des damaligen Regelwerks nach Wortlaut, Historie, Systematik und Zweck.

I. Wortlaut

Bereits der *Wortlaut* der maßgeblichen Anti-Doping-Regularien bezeichnete den objektiven Nachweis einer verbotenen Substanz *nur dann* als Doping, sofern die verbotene Substanz mit dem *Ziel* des Spielers aufgenommen wurde, eine *künstliche* und *zugleich unfaire Leistungssteigerung* hervorzurufen.

Der Kreis verbotener Substanzen ergab sich hierbei aus einer speziellen Liste, auf der Ephedrin nicht ausdrücklich stand. Allerdings untersagte die Liste sämtliche Drogen der Amphetamin-Gruppe, einschließlich der Amphetamine selbst und ihrer Ableitungen (Nr. 2: „Drugs of the amphetamine group, including amphetamine itself and its methyl und hydroxy derivations."). Da Ephedrin eine psychotrope Substanz ist, die zur Klasse der Amphetamine gehört, fiel es unter die Amphetamin-Gruppe. Grenzwerte für die verschiedenen Stoffe kannte die Liste nicht. Deshalb war Ephedrin eine (objektiv) verbotene Substanz. Dies allein reichte für einen Dopingverstoß nach damaligen Regeln jedoch *nicht.*

Entscheidend für das Negativergebnis war vielmehr das Fehlen der *spezifischen Leistungssteigerungsabsicht* bei den deutschen Spielern. Die Nachforschungen der FIFA belegten vielmehr dessen *Gegenteil.* Nach Feststellung ephedrinhaltiger Spuren im Urin deutscher Spieler prüfte der Vorsitzende des Medizinischen (Unter-)Ausschusses *Andrejevic* deren Ursache. Er befragte Spieler und Mannschaftsleitung nach möglichen Gründen und gelangte auf diese Weise zur *unbestrittenen* Feststellung, dass die Spuren auf die Verwendung von Nasen-Sprays zur Behandlung von Schnupfen zurückzuführen waren. Diese Feststellung schloss jedoch die *spezifische*, nach damaligen Regularien erforderliche Leistungssteigerungsabsicht aus.

Denn die Vorschriften verlangten *nicht irgendeine* Leistungssteigerungsabsicht, was man bei unbedarfter Betrachtung möglicherweise behaupten könnte. Die Regeln konkretisierten und qualifizierten den Vorsatz vielmehr in Richtung einer *künstlichen* und *zugleich unfairen* Leistungssteigerungsabsicht („[...] increasing artificially and in an unfair manner the performance before, or during the competition [...].“). Medizinische Heilbehandlungen, die der Herstellung normaler und fairer Bedingungen zwischen gesunden Menschen dienten („[...] to ensure normal conditions for a fair and sound competition between healthy young people.“), waren dadurch erlaubt. Zu diesen Heilbehandlungen zählte auch die Verwendung von Nasen-Sprays durch deutsche Spieler zur Behandlung von Schnupfen im nasskalten England. Die Spieler wollten schlicht ihre Nase freibekommen, um *atmen* zu können. Dabei ging es ihnen um den Erhalt ihrer *normalen* Leistungsfähigkeit. Eine darüber hinausgehende Wirkung war offensichtlich nicht bezweckt. Schließlich hätten die Spieler eine signifikante, systemische Leistungssteigerung auch nur durch den Konsum entsprechender Mengen erreichen können. Bei den deutschen Spielern wurden indes lediglich feine Spuren von Ephedrin gefunden. Eine tatbestandsmäßige Absicht zur Steigerung der Leistung auf ein künstliches und unfaires Niveau lag damit erkennbar nicht vor.

II. Geschichte

Das *grammatikalische* Auslegungsergebnis wird gestützt durch den *historischen* Kontext der damaligen Anti-Doping-Regularien aus dem Jahre 1966. Sie bildeten das erste Regelwerk von Dopingkontrollen bei Fußball-Weltmeisterschaften überhaupt. Zur damaligen Zeit konnten weder Spieler noch Mannschaftsleitung auf profunde Erfahrungen mit Anti-Doping-Regularien zurückgreifen. Ob und inwieweit sich die pharmakologische Zusammensetzung von Kombinationspräparaten auf die Auslegung und Anwendung dieser Regularien auswirken würde, war ihnen nicht bekannt. Auch dieser Unerfahrenheit und Unkenntnis dürfte es geschuldet sein, dass Spieler der deutschen Nationalmannschaft auf die Verwendung von Nasen-Sprays zurückgriffen und damit einen Anfangsverdacht begründeten, der sich erst im Rahmen der Befragung als unbegründet erwies.

III. Systematik

Von besonderer Bedeutung waren ferner Offenbarungsobliegenheiten der Spieler, die nach damaligen Anti-Doping-Regularien bei Vorliegen eines Dopingverdachts die *Pflicht* hatten, exakte *Informationen* über Medikamente oder medizinische Behandlungen zu geben. Diese Pflicht stand im systematischen Zusammenhang mit der Durchführung und Untersuchung von Dopingkontrollen, aus denen sich ein entsprechender Dopingverdacht ergeben konnte. Der ordnungsgemäßen Erfüllung der Offenbarungspflicht durch deutsche Spieler dürfte bereits damals eine ähnliche Wirkung beigemessen worden sein, die heute medizinische Ausnahmegenehmigungen besitzen.

Deren Vorliegen führt dazu, dass kein Verstoß gegen Anti-Doping-Bestimmungen vorliegt, mit anderen Worten: *kein Doping* vorliegt. Schließlich ist zu beachten, dass die Preisgabe von Informationen über Medikamenteneinnahme oder Behandlungen nach damaligen Regeln erst durch Vorliegen eines Verdachts ausgelöst wurde („being under suspicion of doping").

Auch hierin zeigt sich ein gewichtiger Unterschied zur heutigen medizinischen Ausnahmegenehmigung. Diese wird im Allgemeinen – abgesehen von seltenen (Not-)Fällen – nur dann wirksam, wenn sie *vor* der Anwendung einer Substanz erteilt wird. An zeitliche Fristen war die Erfüllung der damaligen Offenbarungspflicht hingegen *nicht* gebunden. Man konnte der Offenbarungspflicht nach den bestehenden Regeln damit auch erst *nach* Auftreten eines Dopingverdachts genügen.

Dass im Urin von drei Spielern der deutschen Fußball-Nationalmannschaft feine Spuren von Ephedrin gefunden wurden, mag damals zwar einen (Anfangs-)Verdacht für ein Dopingvergehen begründet haben. Entsprechend den Regularien wurden die betreffenden Spieler und die Mannschaftsleitung aber vor allem auch nach *leichten* Erkrankungen und ihrer *Behandlung* befragt. Dabei stellte sich heraus, dass die ephedrinhaltigen Spuren auf die Verwendung von Nasen-Sprays zur Behandlung von Schnupfen zurückzuführen waren. Damit erfüllten die Spieler ihre Pflicht, die Einnahme von Medikamenten und die Behandlungen offenzulegen und widerlegten zugleich die Vermutung, einer verbotenen Leistungssteigerungsabsicht. Ein Verstoß gegen Offenbarungspflichten lag damit offenkundig *nicht* vor.

Diese Bewertung entsprach auch dem *Sinn und Zweck* der Offenbarungspflichten. Sie dienten ausdrücklich dazu, die individuelle Gesundheit zu schützen und normale Bedingungen für alle Wettkämpfer zu gewährleisten („In order to protect individual health and to ensure normal conditions for all competitors […]."). Es wäre also auch von daher *sinnwidrig* gewesen, den Gebrauch von Nasen-Sprays zur Behandlung von Schnupfen als Verstoß gegen Offenbarungspflichten anzusehen.

Zieht man im Übrigen den Vergleich zur heutigen Ausnahmegenehmigung, lag in der Erfüllung der Offenbarungspflichten zugleich ein *Dispens* von dem Verbotensein gewisser Stoffe. Nach heutigen Maßstäben läge damit nicht einmal ein objektiver Verstoß gegen die Regularien vor, der die Bezeichnung „Doping“ rechtfertigt. Damit begangen die deutschen Spieler weder Doping noch missachteten sie ihre Offenbarungspflichten.

IV. Sinn und Zweck

Das derart protokollierte Ergebnis entsprach schließlich auch dem *Sinn und Zweck* der damaligen Regelungen. Deren Prinzip bestand darin, normale Bedingungen für einen fairen und *gesunden* Wettkampf herzustellen sowie die *individuelle* Gesundheit der Wettkämpfer zu schützen. Demgemäß forderte man für unzulässiges Doping eine Leistungssteigerungsabsicht, die auf Herbeiführung unnormaler und *gesundheitsschädlicher* Verhältnisse gerichtet war. Dass es sich bei dem Gesundheitsschutz der teilnehmenden Athleten nicht um ein bloßes Nebenziel der maßgeblichen Bestimmungen handelte, ergibt sich aus deren Einleitung, den Anti-Doping-Regularien im engeren Sinne, insbesondere den Offenbarungspflichten, sowie nicht zuletzt aus der Tatsache, dass sich die Liste der verbotenen Substanzen explizit vor allem auf gesundheitsschädliche Stoffe bezog.

Berücksichtigt man diese tragenden Schutzzwecke, so lässt sich in dem Verhalten der deutschen Spieler schlechterdings *kein Verstoß* gegen die *Anti-Doping-Regularien von damals* erkennen. Denn schließlich diente die Verwendung von Nasen-Sprays der Behandlung von Schnupfen und damit der Bekämpfung von Krankheiten. Damit entsprach das Verhalten der deutschen Spieler den *Schutzzwecken* der Anti-Doping-Regularien, weil nur auf diese Weise ein unnormaler Leistungsabfall der deutschen Spieler verhindert und damit ein fairer Wettkampf zwischen allen Wettkämpfern gewährleistet werden konnte.

Die protokollarische Feststellung, den Fund ephedrinhaltiger Spuren in Urinextrakten deutscher Spieler *nicht* als Verstoß gegen die Anti-Doping Regulations von 1966 zu werten, war damit auch nach dem Sinn der Vorschriften geboten und regelkonform.

Zusammenfassung

Der Ursprung von Dopingbekämpfung im Weltfußball geht zurück auf das Jahr 1966. Die Kontrollen anlässlich der 8. FIFA Fußball-Weltmeisterschaft in England 1966 waren die ersten Kontrollen bei Fußball-Weltmeisterschaften überhaupt. Diesen zugrunde lagen Anti-Doping-Regularien, die vom Medizinischen (Unter-)Ausschuss der FIFA unter ihrem damaligen Präsidenten *Andrejevic* ausgearbeitet wurden. Auf Grundlage dieser Vorschriften erfolgten über 100 Dopingkontrollen, die im *Pharmacy Department at Chelsea College of Science and Technology* an der *University of London* analysiert und im offiziellen Testbericht von *Beckett* und *Tucker* (*Beckett, Tucker & James,* 1965) *negativ* bewertet wurden.

Zwar stellten die Dopingkontrolleure nach dem Viertelfinale der Fußball-Weltmeisterschaften bei Spielern der deutschen Mannschaft feine Zeichen von Ephedrin in Urinextrakten fest. Allerdings rechtfertigte dieser Fund lediglich die Nachfrage des Verantwortlichen des Medizinischen (Unter-)Ausschusses *Andrejevic* bei Spielern und Mannschaftsleitung nach möglichen Ursachen des Ephedrins. Bei dieser Nachfrage stellte sich heraus, dass die Spieler im nasskalten England an Schnupfen litten und Nasen-Sprays verwendet hatten, um atmen zu können. Der Anfangsverdacht für Doping oder eines sonstiges Verstoßes gegen damalige Regeln war damit widerlegt.

Denn die Anti-Doping-Regularien aus dem Jahre 1966 verlangten nicht nur den Fund einer verbotenen Substanz, zu der Ephedrin gehörte. Sie forderten – im Gegensatz zum heutigen Prinzip der *strict liability* – vielmehr den Nachweis einer spezifischen *Leistungssteigerungsabsicht* des Athleten zur Herbeiführung *künstlicher* und *unfairer* Wettbewerbsbedingungen. Diese Absicht musste im Widerspruch zur Herstellung normaler Bedingungen für einen fairen und gesunden Wettkampf zwischen gesunden und jungen Menschen stehen. Das war den deutschen Spielern durch den Gebrauch von Schnupfen-Sprays nicht zu unterstellen. Denn zum Ersten war deren Verwendung nachweislich eine medizinische Heilbehandlung von Schnupfen, die nach heutigen Maßstäben als medizinische Ausnahmegenehmigung erlaubt ist. Und zum Zweiten widersprach die Menge des Ephedrinbefundes („feine Spuren“) der Annahme einer systemischen Leistungssteigerungsabsicht. Deshalb wurden alle Dopingproben als negativ bewertet.

Dieses Ergebnis entspricht einer methodologisch geordneten Auslegung der damaligen Regeln. Über die Begründung des Ergebnisses hinaus zeigt das konkrete Beispiel aber nicht nur die maßgeblichen Unterschiede zwischen den historischen Anti-Doping-Regularien und den ausgefeilten Bestimmungen heutiger Provenienz, die wesentlich von dem Prinzip der *strict liability* geprägt sind. Es verdeutlicht vielmehr auch die besonderen Herausforderungen des Sportrechts bei der Beurteilung historischer Sachverhalte, die im Lichte der damaligen Regelungen – und nicht etwa in ihrem Schatten – zu erfolgen hat.

Literatur

Anti-Doping-Regularien der FIFA 1966, siehe Anhang.

Nationaler Anti Doping Code 2009, Zugriff am 13.06.2013 unter http://www.nada-bonn.de/fileadmin/user_upload/nada/Recht/Regelwerke/100701_NADA-Code_komplett.pdf

Welt-Anti-Doping-Code 2004, Zugriff auf die deutsche Fassung am 13.06.2013 unter http://www.wada-ama.org/rtecontent/document/code_deutsch.pdf sowie auf die englische Fassung am 13.06.2013 unter http://www.wada-ama.org/Documents/World_Anti-Doping_Program/WADP-The-Code/Code_Review/1 st_Consultation/WADA_Code_2003_EN.pdf

Welt-Anti-Doping-Code 2009, Zugriff auf die deutsche Fassung am 13.06.2013 unter http://www.nada.at/files/doc/Regelwerke/WADA_Code_09_deutsch.pdf sowie auf die englische Fassung am 13.06.2013 unter http://www.wada-ama.org/Documents/World_Anti-Doping_Program/WADP-The-Code/WADA_Anti-Doping_CODE_2009_EN.pdf

Adolphsen, J. (2000). Anforderungen an Dopingstrafen nationaler Sportverbände - am Beispiel des Falles Dieter Baumann. *Zeitschrift für Sport und Recht*, 7 (3), 97-101.

Beckett A.H. (1980). L'utilisation de substances dopantes dans le sport. *Médicographia*, 2 (3), 36-38.

Becket, A.H., Cowan, D.A. (1979). Misuse of Drugs in Sport. *British Journal of Sports Medicine,* 12, 185-194.

Beckett, A.H., Tucker, G.T., & James, R.D. (1966). *Report on the Testing for Artificial Stimulants in Urine Samples from Football Players in the World Championship.* Unveröffentlichter interner Bericht der Fédération Internationale de Football Association, 113-124.

Der Spiegel (2011). Heft 40, 123. Zugriff am 13.06.2013 unter http://www.spiegel.de/spiegel/print/d-80726223.html

Haas, U. (2010). Grundlagen des Sportrechts. In E. Reschke, U. Haas & T. Haug (Hrsg.), *Handbuch des Sportrechts.* Dokumentation mit Erläuterungen. Loseblattsammlung (Band 1, Abschnitt B, 2. Kapitel, Rn. 100b ff). München: Luchterhand.

Hilpert, H. (2011). *Die Geschichte des Sportrechts.* Stuttgart: Richard Boorberg Verlag.

Lehner, M. (2012). Das Dopingverfahren und seine Sanktionen. In J. Adolphsen, M. Nolte, M. Lehner, M. Gerlinger (Hrsg.), *Sportrecht in der Praxis* (S. 319-398). Stuttgart: Verlag Kohlhammer.

Mondenard, J. de (2010). *Dopage Dans Le Football.* Paris: Verlag Jean-Claude Gawsewitch Éditeur.

Netzle, S. (2007). Anmerkung zum Urteil des Schweizerisches Bundesgericht vom 10.01.2007, Az. 4P_148/2006. *Zeitschrift für Sport und Recht*, 8 (2), 65-67.

Nolte, M. (2011). Dopingbekämpfung in Deutschland – Prototyp einer Verantwortungsteilung von Staat und Gesellschaft. In U. Schliesky, C. Ernst & S. Schultz (Hrsg.), *Die Freiheit des Menschen in Kommune, Staat und Europa*. Festschrift für Edzard Schmidt-Jortzig (S. 771-782). Heidelberg: Verlag C.F. Müller.

Nolte, M. (2004). *Staatliche Verantwortung im Bereich Sport – Ein Beitrag zur normativen Abgrenzung von Staat und Gesellschaft.* Kiel: Verlag Lorenz-von-Stein-Institut für Verwaltungswissenschaften an der Christian-Albrechts-Universität zu Kiel.

Steiner, U. (2010). Der „Anti-Doping-Staat" – zu den verfassungsrechtlichen Grenzen hoheitlicher Dopingbekämpfung. In W. Höfling & J. Horst (Hrsg.). *Doping – warum nicht?* (S. 91-99). Tübingen: Verlag Mohr Siebeck.

Steiner, U. (2000). Doping aus verfassungsrechtlicher Sicht. In V. Röhricht & K. Vieweg (Hrsg.). *Doping-Forum* (S. 125-137). Stuttgart et.al.: Boorberg Verlag.

Uehleke, H. (1972). Doping. *Pharmazie in unserer Zeit*, 1 (4), 123-129.

Schweizerisches Bundesgericht, Urteil vom 10.01.2007, Az. 4P_148/2006, Zugriff am 13.06.2013 unter http://www.polyreg.ch/d/informationen/bgeunpubliziert/Jahr_2006/Entscheide_4P_2006/4P.148__2006.html

LG Stuttgart, Urteil vom 02.04.2002, Az. 17 O 611/00, Zugriff am 13.06.2013 unter http://lrbw.juris.de/cgi-bin/laender_rechtsprechung/document.py?Gericht=bw&GerichtAuswahl=Landgerichte&Art=en&sid=3e08616b997403703924c1b5af28f6cf&nr=1014 &pos=0&anz=1

Anhang

FEDERATION INTERNATIONALE DE FOOTBALL ASSOCIATION, ZURICH

VIII WORLD CHAMPIONSHIP

ENGLAND, 1966

ANTI-DOPING REGULATIONS

Incorporating a guide for Doctors, Commissars and other officials

Presented by The Technical Development Committee – and – The Medical Sub-Committee of F.I.F.A.

FOREWORD

The Principles

THE ANTI-DOPING REGULATIONS as referred to in this booklet have been laid down by the Medical Sub-Committee of F.I.F.A. in collaboration with the Football Association.

These regulations are intended to combat every kind of Doping, to ensure prompt investigation and examination of players whenever suspicion of Doping may appear and thus help to ensure normal conditions for a fair and sound competition between healthy young people.

The principles of these regulations are as agreed by the International Medical and Legal Conference organised by the European Council at Strasbourg in September, 1965.

Definition

The administration to, or the use by, a player of any agent foreign to the organism, by whatsoever route introduced, with the sole object of increasing artificially and in an unfair manner the performance before, or during the competition, is deemed to be 'Doping'.

Considering the ever increasing harmful effects of doping upon the health and dignity of those who resort to it, and the offence against the spirit of fairness essential to sports competition, firm action in suspected cases is to be taken on the basis of the following Regulations.

ANTI-DOPING REGULATIONS

Act of Doping

The use of substances or processes before or during the competition (see list at end of this booklet) with the aim to augment artificially the physical and/or mental condition of a player, or the attempted offer and persuasion to use it by another person, shall be considered as an act of doping and such person(s) involved shall, if necessary proof is obtained, be penalised.

Demands for investigation

Random testing for doping will be undertaken at all matches, the method being decided by ballot before the match, by the Referee (or F.I.F.A. Commissar) and the Area Medical Officer. (N.B. – This could easily be arranged by drawing two players names from each team out of a hat.)

Ex Officio demand

The players so designated would be instructed to present themselves in the Medical Treatment Room of the Stadium at the end of the game in order to void a specimen of urine for testing. Additional demands for the testing of particular players may also be made by the Referee or the F.I.F.A. Commissar for the particular game in question.

Players under suspicion of doping

In order to protect individual health and to ensure normal conditions for all competitors, every participating player of a National Team being under suspicion of doping, shall be obliged to undergo any necessary medical examination by an authorized doctor and to assist doctors in their duties by giving exact information concerning the use of any medicaments or special treatment before and/or during the match, or concerning the persuasion by another person to do so.

Samples of urine shall be taken for analysis in such cases.

Other persons under suspicion

Any person assisting, or inciting others to use substances or methods with the intention of increasing artificially the physical and/or mental condition of a player, shall be considered as having committed an offence against the health of the player and against the ethics of the sports competitions. He thus exposes himself to an investigation and to such other steps as the Disciplinary Committee consider necessary. (Art. 9, Rule 3 of the World Cup Regulations.)

In cases of positive evidence of doping

In such cases where evidence proves positive, or in the event of refusal to supply a urine sample, the player and/or other person or persons involved will be dealt with by the Disciplinary Committee.

Testing Protocol

The players designated for testing will report immediately at the end of the game in question to the Medical Room of the Stadium in question.

Samples will be collected as described below in the presence of the Area Medical Officer, the Doctor of the team whose player is involved and the Sampling Officers (2) from the laboratory. The player will select two bottles, urinate into one and then pour half the sample into the other. If the player cannot urinate immediately, he must remain available until he can do so. Both bottles will then be sealed in the player's presence. The player will then verify that the record of his name and number and the number of his specimen bottle are correct. He will then sign in duplicate, alongside his name and bottle code number to verify that he has witnessed the whole procedure. After all sampling at any one match is completed, the two sets of duly sealed specimens will be placed in separate boxes which will then be sealed with a distinctive metal seal and the fact of their sealing verified by the signature of the Sampling Officer and the Area Medical Officer (or other match official).

The master record of the names of the players tested, together with the numbers of their specimens, will be kept in a safe place by the Sampling Officer and a copy will be given to the Area Medical Officer for safe keeping. This second set of samples will be held by the Area Medical Officer and kept available for use in the case of dispute. They will not be destroyed until official permission has been received from F.I.F.A. Headquarters.

The other set of samples will be taken by the Sampling Officer for personal carriage or by express delivery to the appropriate London terminus, where it will be collected by an official from the Chelsea College of Science and Technology.

(N.B. – The names of the players involved will not be on their urine samples. A code will be used which will be known only to the Sampling Officer and to the President of the Medical Sub-Committee of F.I.F.A. Headquarters.)

Analysis Protocol

On arrival at the laboratory, two members of the staff will verify that the seal is intact and the box will be opened in their presence. The seals on all specimens will similarly be examined.

Analysis will be performed within six hours of receipt of samples at the laboratory, in the presence of at least one person other than the analyst. A F.I.F.A. official may also be present at the analysis if this is so desired.

Transmission of Results

Results will be transmitted immediately by personal letter to the President of the Medical Committee at F.I.F.A. Headquarters. In the event of a positive result, the substance detected will not be disclosed except to the President of the Medical Sub-Committee who will notify the team officials that a prohibited drug has been found on urine analysis.
(N.B. – This procedure is in line with medical ethics in that up to this stage no none-medical person has been notified of the results.)

The President of the Medical Committee will then notify the Area Medical Officer who took the sample and the team officials. If the result is positive, he will inform the Disciplinary Committee also.

Legal Responsibility

The test porgramme will be undertaken exclusively for the F.I.F.A. who will assume full legal responsibility for the consequences of action based on the results of analytical tests, including publication.

ADVICE FOR DOCTORS

LIST OF PROHIBITED DRUGS

This list of drugs selected for particular attention to doctors does not include all the substances which could be used for doping. However, in principle, the following drugs which are especially harmful and pernicious for the human organism and which are amenable by appropriate analytical technique, should be controlled:

1. Narcotics (morphine, heroin, etc.) according to the internationally agreed list.
2. Drugs of the amphetamine group, including amphetamine itself and its methyl and hydroxy derivations.
3. Strychnine.
4. Diethyl ether.
5. Trinitroglycerine.
6. Phenylmethylmorpholine (phenmetrazine).
7. Dialcoylamides of crotonyl alcoylamino-butyric acid (Micoren).

ADVICE FOR LABORATORY

TECHNIQUES OF ANALYSIS:

For the detection of drugs, a procedure based on chromotographic methods will be used.

Doping im Blickwinkel der Bildungsforschung. Annäherungen

Eckhard Meinberg
Institut für Pädagogik und Philosophie,
Deutsche Sporthochschule Köln

Zusammenfassung

Seit geraumer Zeit beschäftigt sich die pädagogische Wissenschaft u.a. auch mit dem Dopen im Sport. Dies geschieht mehr fragmentarisch, wobei sich das Interesse naheliegenderweise auf eine Präventivpädagogik konzentriert. Eine solche Pädagogik der Verhinderung von Dopinghandlungen zielt hauptsächlich auf Erziehung und Unterricht, von Bildung ist dagegen weniger die Rede. An eben dieser Auslassung wird hier angesetzt, in dem exemplarisch erörtert wird, wie das Dopingphänomen mit einer leiblichen Allgemeinbildung sowie spezifischen Formen von Bildung verknüpft werden kann. Gleichzeitig damit wird die Unentbehrlichkeit bildungstheoretischer Reflexionen für eine umfassende Antidopingpädagogik angedeutet.

Summary

The science of pedagogy deals with doping in sports in a more fragmentary way since a couple of years. It is obvious that the main interest is focused on a preventive pedagogy, which will hinder and stop those actions of doping. This essay is going to show that such a preventive pedagogy as a special kind of Antidoping pedagogy needs, beyond this, a framework containing general and special reflections of education (Bildung).

Einleitende Problementfaltung

Eines ist unstrittig: Bildung ist gegenwärtig in fast aller Munde. Politisch hofiert, hängt doch angeblich Wohl und Wehe des Wirtschafts- und Zukunftsstandortes des rohstoffarmen Deutschlands an der „Ressource", flux zum „Humankapital" hochstilisierten Bildung. Einmal diese und andere vollmundigen politischen Parolen und Floskeln unbeachtet gelassen, signalisieren sie jedoch exemplarisch die öffentliche Aufmerksamkeit, die derzeit von Bildung ausgeht. In der Wissenschaft finden diese und andere Zuwendungen rein äußerlich in der Umbenennung beziehungsweise Einführung der Bezeichnung Bildungswissenschaft in universitäre Studiengänge Widerhall. Ehemalige erziehungswissenschaftliche Fakultäten und Institute werden, dem Trend entsprechend, vermehrt in Bildungswissenschaft(-en) umbenannt. Bildung scheint, vordergründig, „in" zu sein.

Versagt man es sich, auf Gründe und Hintergründe dieses konjunkturellen Bildungsaufschwungs einzugehen und nimmt stattdessen ohne weitere Umschweife das hier zu erörternde Problemtandem Bildung und Doping in Augenschein, dann könnte man spontan eine Unvereinbarkeit zwischen diesen beiden Tätigkeitsformen vermuten. Doping und Bildung – das will, mit Blick auf die derzeitige Forschungs- und Literaturlage, nicht so recht zusammen passen; denn in der bisherigen pädagogischen Diskurslandschaft haben auf Doping gerichtete Studien keine tieferen Spuren hinterlassen; man muss sich von allem Anfang an eingestehen, dass die Dopingproblematik nicht zu den „Themenrennern" gehört. Ihre Rolle ist vielmehr die eines Außenseiters. Wenn man sich mit dem Dopingphänomen in pädagogischer Absicht beschäftigt, so dominieren eindeutig Untersuchungen, die um Erziehung und Unterricht zentriert sind, um dadurch einen Beitrag zu einer Präventivpädagogik zu leisten (vgl. dazu als ein Beispiel von anderen *Steinmann*, 2011), die systematisch einer Behütungspädagogik zugeordnet werden kann, für die neuzeitlich Rousseau wichtige Gleise gestellt hat. Im Gegenteil dazu wird Bildung und werden bildungstheoretische Ansätze auf der pädagogischen Agenda kaum sichtbar, üben sie sich in Abstinenz. Dass dieser Zustand durchaus geändert werden kann und muss, soll im Vorliegenden beispielhaft *angezeigt* werden – unter der Voraussetzung, dass eine pädagogisch aufbereitete *Antidopingpädagogik* nicht nur erziehungs- und unterrichtstheoretisch, sondern gerade auch bildungstheoretisch zu verfahren hat, weil sie besondere Erkenntnisse liefern kann, die so weder erziehungs- noch unterrichtstheoretisch möglich sind. Es gilt also: Erst im Zusammenwirken von Erziehungs-, Unterrichts- und Bildungstheorie kann sich eine Antidopingpädagogik entfalten. Voraussetzung dafür ist, dass Doping im Sport und anderswo von der zeitgenössischen Bildungsforschung tatsächlich ernst genommen wird.

Macht man sich ein Verständnis von Bildungsforschung im weiteren Sinne zu eigen, das unterscheidet zwischen einer Bildungstheorie, die philosophisch-hermeneutisch-reflexiv vorgeht und eine längere Tradition hat, die am Ende des 18. Jahrhunderts eröffnet wurde sowie einer weitaus jüngeren empirischen Bildungsforschung, so bedarf es beider Versionen, um über die vielseitig verwickelten menschlichen Bildungsprozesse aufklären zu können. Beide Varianten verhalten sich komplementär zueinander. So sehen es auch Dörpinghaus, Poenitsch und Wigger: „Aus bildungstheoretischer Perspektive bedarf es der Bildungsforschung (= empirische, d. V.), um den Realitätsbezug der Bildungstheorie zu gewährleisten, um in Erfahrung zu bringen bzw. unter welchen Bedingungen Prozesse, die den Namen ‚Bildung' verdienen, tatsächlich möglich sind. Andererseits ist aus der Perspektive der Bildungsforschung die Bildungstheorie als ein begrifflicher und theoretischer Rahmen notwendig, um Fragestellungen zu entwickeln sowie Befunde zu untersuchen und zu beurteilen" (*Dörpinghaus, Poenitsch & Wigger*, 2006, S. 133).

Meine Darstellung hat erklärtermaßen einen bildungstheoretischen Anstrich, ohne im Entferntesten so vermessen sein zu wollen, eine Antidopingpädagogik bildungstheoretisch begründen zu wollen, was sehr wohl möglich und ebenso notwendig wäre. Im Folgenden wird lediglich der bescheidene Versuch gestartet, eine Bildungsschneise in das Gelände zu schlagen, in dem Beziehungen zwischen Bildung und Doping plausibel erscheinen. Und dies auch nur in einer thesenhaften Komprimierung. Die Dopingproblematik ist danach sowohl in der Praxis wie in der Theorie *auch* ein mehrdimensionales Bildungsproblem. Konkreter werden solche Bildungszonen angegeben, die eine Affinität zum Dopen zulassen und in Form von *Spezialbildungen* auftreten. Dabei handelt es sich um eine mehr oder weniger idealtypische Sondierung, die im Bildungsvorgang nicht trennscharf voneinander abgegrenzt werden kann, stattdessen ineinander greift. Solche besonderen Bildungsgebiete hervorhebende Spezialbildungen nehmen sich unterschiedlicher Fragen und Aspekte des Dopens an. Welche sind das jedoch? Vorauszuschicken ist erstens eine Abklärung des zugrunde liegenden Bildungsverständnisses angesichts eines nicht geringen Angebots impliziter und expliziter, teils konkurrierender Begriffe.

Bildung ist die unablässige Auseinandersetzung des Individuums mit der Welt in einer spezifisch historischen, gesellschaftlichen und kulturellen Lage mit dem Ziel, sich selbst und die Welt zu verstehen. Danach bestimmen Selbst- und Weltverhältnisse das individuelle Bildungsgeschehen, wobei Welt all das ist, was dem Ich als die Anderen und das Andere unter Einschluss der Natur (Außenwelt) begegnet. Ein so gepoltes Bildungsverständnis, das ihre Herkunft aus den um 1793 gezeugten fragmentarischen Ansatz Humboldts nicht leugnen will, definiert das Individuum anthropologisch primär als *Weltwesen*, als *Homo Mundanus*, für den Welsch jüngst in seinem Respekt heischendem Mammutwerk ein gänzlich beispielloses Profil gezeichnet hat (vgl. *Welsch*, 2012). Bildungstheoretisch übersetzt: Dieses höchst vielgestaltige ichhafte Weltwesen kann sich gar nicht anders bilden, denn in der Koexistenz mit der Welt, die sich faktisch konkretisiert und zergliedert in eine Pluralität buntscheckiger Lebenswelten, die immer auch latent und explizit Bildungswelten sind.

Vorauszuschicken ist zweitens eine populäre Differenz von Bildung, nämlich die in *Allgemeinbildung* und *Spezialbildung*, wobei auch noch eine *Grundbildung* im Sinne von Elementarbildung diskriminiert wird (vgl. unter anderem *Benner*, 2008, S. 216ff.). Versucht man Doping auf Bildungsvollzüge zu beziehen, so die These, ragt es in die Majorität von Spezialbildungen hinein, die wiederum engstens mit der Allgemeinbildung interagieren. Die sogenannten „allgemeinbildenden Schulen“ beispielsweise, die unisono auf einen „Bildungsauftrag“ vereidigt werden, sind von ihrer Struktur, Organisation und Inhalten her immerzu auch Schulen spezieller Bildung. Denn: Ohne Spezialbildung keine Allgemeinbildung wie vice versa jede Spielform spezieller Bildung nicht ohne eine Dosis von Allgemeinbildung zustande kommt. Zwischen Allgemein- und Spezialbildung bestehen unaufhebbare Wechselbezüge. Wenn dem so ist, dann lässt sich Doping nicht nur, wie einleitend behauptet, aus der Perspektive von Spezialbildungen wahrnehmen und beleuchten, sondern auch aus dem Blickpunkt der Allgemeinbildung.

Doping im Kontext unterschiedlicher Bildungsbereiche

Leibliche Allgemeinbildung

Der Begriff Allgemeinbildung meint in der Regel ein Dreifaches: Zum einen eine Bildung „für alle", zum anderen Bildung im Medium des Allgemeinen und drittens, dass sich alles an Fähigkeiten und Fertigkeiten des Individuums entfalten möge (vgl. dazu unter anderem Klafki). Hinzu kommt noch etwas anderes – und das ist die scheinbar paradoxe Tatsache, dass selbst das Spezielle allgemein sein kann, was an der leiblichen Bildung exemplifiziert wird, die eine von anderen Spezialbildungen ist. Wie nun soll dieses Besondere Züge des Allgemeinen tragen?

Wenn, so eine vorherrschende Lesart von Allgemeinbildung, sich Alles am Menschen, all seine Fähigkeiten und Vermögen entwickeln sollen, so können schlechterdings leibliche Kompetenzen nicht ausgespart werden, wie unter anderem Pestalozzi in der eingängigen Metapher „Kopf – Herz – Hand" mit großer Breitenwirkung zum Ausdruck gebracht hat. Diese Idee von Allgemeinbildung hat unter anderem der Leibesbildung (Pestalozzi spricht von Körperbildung) ihren Stammplatz eingebracht – und zwar auf zweierlei Weise: Einmal als umfassende leibliche Allgemeinbildung und das andere Mal als leibliche Spezialbildung. Wie ist das zu verstehen? Für die spezielle Leibesbildung ist die sportive eine naheliegende Kandidatin, die, in der Schule mit einem Stundenminimum etatisiert, als Sportunterricht planmäßig vermittelt wird, indes nicht das Ganze einer möglichen Leibesbildung ausmacht. Denn die Bildung leiblicher Fähigkeiten im weiteren Sinne, die nicht gezielt und allein der Körperertüchtigung dienen kann auch im Musik- oder Kunstunterricht und den Theater-AGs erfolgen, die im Verbund den traditionellen musisch-gymnastischen Bildungskanon bestücken, ihn praktisch und theoretisch repräsentieren.

Eine essenzielle Komponente von Bildungsvorgängen ist das Reflektieren auf das Leibsein als ein unverzichtbarer Bestandteil der leiblichen Allgemeinbildung – und so ergeben sich zusätzliche Inhalte wie Sexualität, schulisch abgehandelt etwa durch die „Sexualkunde" und auch der Umgang mit dieser und das Reden über die äußere Natur, schulisch präpariert als weiterhin stiefmütterlicher Umweltunterricht. D.h.: Die leibliche Allgemeinbildung setzt einmal direkt praktisch, wie im Sportunterricht, am Leib und Körper an und initiiert gezielte Bewegungsvollzüge, damit der Körper in Form kommt, aber es wird gleichzeitig auch der theoretische Wissenshunger zu stillen versucht, was, bleibt man bei der allgemeinbildenden „Institution Schule", speziellen Bereichen überlassen wird, die ein unterschiedliches Wissen über das Leibsein erzeugen. Die Gesamtheit des praktischen Umgangs mit dem Leib/Körper wie das Erkennen und Wissen über ihn konstituieren eine leibliche Allgemeinbildung.

Billigt man diese Auffassung, dann ist Dopinghandeln auch ein Thema einer dezidiert leiblichen Allgemeinbildung. Weshalb? Kurz geantwortet: Ein übergreifendes *Bildungsziel* und zugleich als Handlungsmaxime formuliert, könnte lauten: *Achte auf deinen Leib und kümmere dich verantwortlich in möglichst all seinen Facetten und Zuständen um ihn!* (vgl. dazu ausführlich *Meinberg*, 2011). Diese Zielgebung ist unter anderem durch ihren Sorgecharakter gekennzeichnet, der unter anderem als Selbstsorge in der Antike gängiger ethischer Topos war und hauptsächlich über Foucault und Schmid sowie Höffe seit Jahren rehabilitiert wird (vgl. dazu auch spezifisch *Gebauer*, 2010, S. 41-55) und in eine Theorie der ars vitae eingeht, für die das Bildungssubjekt unumgänglich ist. Dörpinghaus spricht dies wünschenswert deutlich aus:

> „Sich um sich zu sorgen als eine Form der Selbstgestaltung enthält gerade, dass man auf vieles achten möge und aufmerksam, ja wachsam sein Leben führen sollte, und zwar als eine Art Praxis der Freiheit mit dem Ziel verbunden, sich selbst zu regieren und nicht regiert zu werden“ (*Dörpinghaus*, 2009, S. 6).

Fast überflüssig anzumerken, dass eine Bildung, die immer Selbstbildung ist, das Leibsein nicht nur zu beachten, sondern zu achten hat. Wird diese Maxime habitualisiert, was allerdings immer wieder neu und zum Teil recht widerständig geschieht und geschehen muss, dann könnte es dazu führen, dem unterschiedlich motivierten Dopingbegehren zu trotzen. Allemal und unabhängig davon ist dieses allgemeine Ziel prädestiniert für eine Antidopingpädagogik.

Von ihm her führt, wie nicht anders zu erwarten, ein schnurgerader Weg zu solchen Sonderformen der Bildung, die ausdrücklich auf je spezifische Weise an der Bildung des Leibseins beteiligt sind. Deswegen auch das Dopen einzubeziehen hätten. Denn dieses Ziel verklammert die leibliche Allgemeinbildung mit Bildungsbereichen, die als Spezialbildung in Erscheinung treten, was durch einige grundsätzlich gehaltene, jedoch thesenhafte Fingerzeige weiter illustriert werden kann.

Gesundheitsbildung und Doping

Die ausgewiesene Zielsetzung und Handlungsmaxime: „Achte auf deinen Leib…“ ist eine Reaktion auf die Tatsache, dass der Mensch sein Leben zu gestalten hat. Um diesen Anspruch realisieren zu können, muss jeder Einzelne, ob er will oder nicht, auch mit seinem Leibsein irgendwie zurechtkommen. Der Leib, „die Natur, die wir selbst sind“ (*Böhme*, 2003), das Naturgegebene wird zu einer Daueraufgabe, sodass eine Kultivierung des Leibes/ Körpers zwingend wird, was jedoch nicht ohne Risiken abgeht, ist doch laut einem anthropologischen Grundsatz von Gehlen, der Mensch das riskierte Lebewesen, mit der „konstitutionellen Chance“, zu verunglücken. Dass Doping alles ist, nur nicht risikofrei, geradewegs risikosteigernd wirkt, ist allseits bekannt. Dopingmedikation von Gesunden verzehrt, kann, auch das ist nicht unbekannt, *krank* machen, zu teils schweren Gesundheitsschädigungen führen, ein fast alles überragendes Motiv für das ständig herbei zitierte Dopingverbot sind.

Da Doping prinzipiell leibfeindlich und damit gesundheitsschädlich ist, betrifft es auch den Sektor Gesundheitsbildung. Und auch dieser, was sich kaum ausreden lässt, ist anzuraten, dass sie sich der Leitmaxime der leiblichen Allgemeinbildung verpflichtet: „Achte auf deinen Leib...“. Dass dieses Ziel im Hinblick auf Gesundheit und Krankheit zu verfeinern und konkretisieren ist, das müsste eine wichtige Obliegenheit der Gesundheitsbildung sein. Diese Leitmaxime wird konsequentermaßen eine *gesunde Lebensführung* begünstigen, die unter anderem auch eine besondere Fairness erfordert, nämlich den fairen Umgang mit dem eigenen Körper.

In den Dopingdiskursen spielt die Fairness eine eminente Rolle, auch darauf gründet sich ein zentrales Dopingverbot, weil Dopingpraktiken die Fairness, den „Geist“ des Sports zerstören. In diesem Zusammenhang wird seit den 90er Jahren eine Erweiterung des Fairnessverständnisses vorgenommen, weil es sich nicht mehr und ausschließlich auf die Einhaltung von Regeln, auf den Umgang mit dem Gegner und Mitspieler, sondern auf ein faires Verhalten gegenüber dem eigenem Körper bezieht, wie es Siep zum Beispiel in seiner Klassifizierung der Fairnessarten unternommen hat (vgl. dazu *Siep*, 1993, S. 87-103), dem später andere gefolgt sind.

Das Regulativ des modernen Sports Fairness lässt sich mit dem älteren Regulativ Gesundheit verbinden. Die Gesundheitsbildung, die zu einer gesunden Lebensführung anleiten und diese mit ermöglichen will, schließt Fairness ein, insofern eine gesunde Lebensweise eine solche ist, die einen fairen Umgang mit dem Leibsein praktiziert. Wer auf seine Gesundheit achtet, indem er sie beachtet, der achtet auch die Fairness, womit die normative Grundierung der Gesundheitsbildung überdeutlich und zugleich ersichtlich wird, dass sie direkt und indirekt mit einer anderen Spezialbildung verschwistert ist, der moralischen.

Doping als Gegenstand der Moralbildung

Dopen im Sport ist wurzelhaft ein Problem der leiblichen Bildung, präziser: der sportmoralischen Leibesbildung, die ihr Beziehungszentrum in der Fairness besitzt, und dessen Innerstes trifft, wenn Schürmann diese so charakterisiert:

> „Fairness besagt im wesentlichen Kern eine Verpflichtung eingegangen zu sein, den Wettkampf als Wettkampf aufrecht zu erhalten – den Wettkampf zu vollziehen, um den Wettkampf zu vollziehen, und nicht, um diesen Vollzug zu einem Mittel für Anderes, d.h. für einen anderen Zweck zu machen“ (*Schürmann*, 2010, S. 64).

Fairness als Garantin für eine Dopingreinhaltung, eben für einen „sauberen Sport“, sorgt nicht bloß für das Funktionieren des Wettkampfs, sondern ist zugleich Ziel pädagogischer Förderabsichten und Maßnahmen. Wenn diese Bildung Fairness fördern will, versucht sie zugleich Unfairness zu hemmen. Gemäß dieser Doppelintention besitzt sie einen zweigleisigen Gegenstand: Die Moral der Dopenden und die Moral der Dopingasketen, wobei letztere als Idealnorm fungiert. Gemessen an dieser Idealnorm wird die Dopingmoral als Unmoral evaluiert.

Gefährdet wird die Fairness, so fährt Schürmann weitergehend aus, dadurch, dass die Aktiven den Wettkampf zu lax nehmen, sich zu unernst verhalten oder dass sie, angestachelt vom Erfolgsstreben, es mit der Ernsthaftigkeit übertreiben; beides geht auf Kosten der Fairness. Hinter dieser Argumentation verbirgt sich die Annahme, dass zu wenig wie andererseits zu viel Ernst der Fairness nicht bekömmlich ist. Auf die Mitte scheint es anzukommen. Faires Verhalten zeichnet sich durch ein Mittleres aus: Nicht Übermaß von Ernsthaftigkeit, aber auch nicht „Untermaß". Gelingt die Vermeidung der beiden Extremhaltungen des zu viel und zu wenig und wird stattdessen die rechte Mitte getroffen, die rechte Balance zwischen ihnen gehalten, dann praktizieren die Sportaktiven die Fairness als Tugend, entsprechend der klassischen „Lehre des Aristoteles". Fairness ist nicht nur ein Wert, nicht bloß ein Prinzip, sondern auch eine Tugend, wie Gerhardt sie interpretiert (*Gerhardt*, 1993, S. 5-25) und Meinberg gar als Kardinaltugend des Sports (vgl. dazu sehr ausführlich *Meinberg*, 2009, sowie zuletzt 2012) emporhebt.

Von daher ist es alles andere als abwegig, die Tugendbildung dem Problemreservoir einer moralischen Bildung zuzuordnen. Untersuchenswert ist dabei, dass Tugenden ohne Laster nicht denkbar sind und umgekehrt, wie Seel erst vor kurzem überzeugend dargetan hat (vgl. dazu *Seel*, 2011), die Fährte von Aristoteles ausdrücklich aufnehmend und auch modifizierend. Für realistische pädagogische Prozesse ist jedenfalls zu berücksichtigen, dass Tugenden kein bleibender Besitz des Individuums darstellen müssen, vielmehr immer wieder neu in der Mannigfaltigkeit von variierenden Situationen bestätigt und zum Teil neu errungen werden müssen. Dopen ist keine Tugend, sondern ein Laster, das, differenziert zugeschaut, aus einer Pluralität von verschiedenen Lastern besteht, die miteinander koexistieren. Laster weisen, ähnlich Tugenden eine koexistenziale Struktur auf (vgl. dazu *Meinberg* in diesem Band).

Zudem haben Tugenden und Laster etwas Wankelmütiges an sich, sie können „kippen". Dopingsportaktive können jahrelang einen sauberen Sport betreiben, der Fairnesstugend gehuldigt haben, die ihnen ein sanftes Ruhekissen ohne Skrupel verschafft hat – und dann geschieht es doch: Der Griff in den Dopingschrank, mit der die Abwendung von der Tugend und die Zuwendung zum Laster einhergeht. Entgegengesetztes Verhalten kann auch verzeichnet werden, wenn Dopingakteure ihrem Tun ein Ende setzen und danach die Waffen für den Antidopingkampf kreuzen.

Um hier abzubrechen: Es dürfte andeutungshaft klar geworden sein, dass der moralische Bildungssektor integraler Bestandteil einer Antidopingpädagogik ist, was auch auf eine ästhetische Bildung zutrifft.

Dopen aus der Optik einer ästhetischen Bildung

Das allgemeine Ziel der Leibesbildung „Achte auf deinen …" enthält quasi „von Hause aus" bereits einen ästhetischen Aufforderungscharakter, insofern es das Bildungssubjekt dazu veranlassen will, sein Leibsein bewusst wahrzunehmen wie zu empfinden, es zu genießen, sich an und mit ihm zu vergnügen; es gemäß ästhetischen Kriterien, Normen, Werten, Maßstäben und Regulativen zu kultivieren. Ästhetische Bildung ist leibaffin, wiewohl bekanntermaßen sie nicht in Leibesbildung aufgeht, vielmehr als pädagogisches Subgebiet und erziehungswissenschaftliche Teildisziplin ein Eigendasein fristet, das jedoch mit nahezu allen anderen Bildungsbereichen aufs Vielfältigste verschlungen ist, zum Beispiel mit eben der Leibesbildung. Ästhetik dreht sich seit der Antike und besonders in der Moderne, allen voran die Pioniergestalt Baumgarten, um die Wahrnehmung, was wenig erstaunlich ist, kann das griechische Urwort Aisthesis auch mit Wahrnehmung übersetzt werden. Darin gründet denn auch, Ästhetik als Wahrnehmungslehre zu konzipieren (vgl. dazu unter anderem *Böhme*, 2001). Analog zum Credo der Kommunikationstheorien, dass man nicht nicht kommunizieren könne (Watzlawick) gilt für die Ästhetik der Elementarsatz: Man kann nicht nicht wahrnehmen, was, kein großes Geheimnis, den leibbedingten Sinnesapparat herausfordert. Ästhetische als aisthetische Bildung beruht auf unzähligen Wahrnehmungs- und Sinnesprozessen.

Von dort her ergibt sich ein Brückenschlag zum Doping, weil dadurch auch die Sinne absichtlich beeinflusst und eine Sinnesbildung im weitesten Sinne davon nicht bloß marginal berührt wird. Ähnliches trifft auf die Empfindung zu, neben der Wahrnehmung ein anderes Generalthema der aisthetischen Bildung. Wie können Dopingpraktiken die Welt der Empfindungen beeinflussen und welche werden überhaupt ausgelöst? sind Fragen von anderen, die aisthetische Bildungsprozesse auslösen können. Von einigen wenigen Ausnahmen abgesehen, haben aisthetische Bildungstheorien in der gegenwärtigen Bildungstheorie und empirischen Bildungsforschung längst nicht den Zuspruch gefunden, den sie verdient hätten. Einer der wenigen ist Müller, der in seiner Theorie einer „Ästhesiologie der Bildung" (vgl. dazu *Müller*, 1997) deren Bedeutsamkeit hellsichtig herausarbeiten konnte, gerade auch durch seine profunde Rekonstruktion ihrer Geschichte. Dopinghandeln im Sport bildungstheoretisch zu erörtern, schließt unabdingbar die Auseinandersetzung mit Wahrnehmungs- und Empfindungsprozessen ein.

Indes: Differenziert man nicht streng zwischen aisthetisch und ästhetisch, sondern schließt sich dem üblichen Sprachgebrauch an, der den Begriff ästhetisch favorisiert, dann ist dieser noch von anderer Statur, hat neben dem Genuss und Vergnügen noch die Geschmacksbildung zum Thema. Dabei spielen herkömmlicherweise das Schöne und Erhabene sowie darauf gerichtete Geschmacksurteile einen ausschlaggebenden Part. Eben darauf wurde landläufig Ästhetik eingegrenzt, und das nicht partikular, regional, vielmehr universal. Das Schöne und die Schönheit erfahren eine universale Wertschätzung, wie

Welsch fast kategorisch feststellt: „Es gibt [...] universale Muster des Schönheitsempfindens – ästhetische Prüfungen, die für Menschen in jeder Kultur gleichermaßen gelten. Alle Menschen schätzen Gegenstände, die diesen Mustern entsprechen, als schön ein" (*Welsch*, 2012, S. 293). Diese kulturübergreifenden Vorstellungen erstrecken sich naheliegender Weise auch auf den menschlichen Körper. Der „schöne" Körper ist ein universal beliebtes Objekt ästhetischer Begierde und Vergnügen. Seit je finden sich in allen Kulturen Maße, Maßstäbe, Idole der physischen Schönheit, die sich aus unterschiedlichen Quellen speisen. Vielfach wird nichts unversucht gelassen, sich diesen Idealvorstellungen anzunähern, eine Neigung, die in unserer technischen Zivilisation auf großes Echo stößt.

Die allgemeine Ästhetisierung von Lebenswelten ist auch ein Produkt der technischen Zivilisation, bietet sie doch Möglichkeiten en masse, gerade auch den menschlichen Körper zu „verschönern", diesen als etwas schicksalhaft Gegebenes nicht bloß hinzunehmen. Der Körper avanciert zu einem begehrten Manipulationsobjekt. Unabhängig davon, dass Dopingaktive eine Inakzeptanz gegenüber ihrem Körper empfinden, hat der Kulturkritiker Anders vor mehr als einem halben Jahrhundert in einem gänzlich anderen Zusammenhang generell dieses Verhalten als „prometheische Scham" bezeichnet: Scham gegenüber dem, was die Natur uns ohne eigenes Zutun geschenkt hat. Nach Anders wird eine zum Teil tiefe Scham gegenüber der vermeintlichen Natur gegebenen Unzulänglichkeit hervorgerufen. Der *imperfekte Körper* soll entsprechend der gesellschaftlich angepriesenen Perfektionsideale, die auch immer bestimmte Schönheitsideale „verkörpern", verändert, verbessert werden (vgl. *Anders*, 1981).

Doping erweist sich, was sich längst herumgesprochen hat, auch als ein probates Mittel, Schönheits- und Perfektionsidealen näher zu rücken, was auch außerhalb der Welt des Sports en vogue ist und dank diverser Technologien Erfolg verheißend ist. Auch hier kann man sich, wie beim Spitzensport, offenbar nicht früh genug sputen, unterwerfen sich doch bereits Kinder und Jugendliche dem Schönheitsregime (vgl. dazu *Steinmann*, 2011, 132ff.).

Doping im Sport und außerhalb des Sporttreibens kann ersichtlich ästhetische Beweggründe haben, die dezidiert ästhetische Bildungsprozesse herbeizuführen in der Lage sind und deshalb nicht vernachlässigt werden dürfen. Dabei sind es Wahrnehmungs-, Empfindungs- und Geschmacksprozesse, die in den Vordergrund rücken und einem Ästhetikverständnis folgen, das nicht, wie herkömmlicherweise oft geschehen, auf bildende Kunst verengt wird, sondern gerade eine Entgrenzung dieses Gegenstandsbereichs vorgenommen wird, der auch den Sport als ästhetisches Phänomen würdigt (vgl. dazu unter anderem *Nebelung*, 2008; *Welsch*, 2012). Seel beispielsweise erklärt Dopingsport zu einem Anästhetikum, verurteilt ihn „als Verrat am Sport", weil es ein Verrat an der Unwahrscheinlichkeit seiner Ergebnisse und deshalb an der Schönheit seiner Auffassungen ist (*Seel*, 2010, S. 11), wodurch er Wettkampsport primär auf eine ästhetische Moral gründet. In dieser Argumentationsbesonderheit Erinnerung weckend an das „Schöngute", wird das Anästhetische sowohl in den ästhetischen Horizont einbezogen wie auch einer ethischen Evaluation unterzogen. Verallgemeinert: Dopen, das vorübergehend in die Selbstgestaltung der Aktiven integriert wird, ist per se aisthetisch-ästhetisch imprägniert, da das Entwerfen selbst grundständig eine ästhetische „Performance“ leibgebundener Vollzüge darstellt.

Doping im Bezugsfeld zusätzlicher Bildungsbereiche

Der Umkreis einer bildungstheoretischen Erfassung großräumiger, von ästhetischem Ehrgeiz beflügelter Praktiken versprechen sich Erfolg von zum Teil delikaten Technologien und technischen Prozeduren, die auch Frauen mannhaft über sich ergehen lassen. Technikbasierte und technikgestützte Eingriffe sowie Prothetiken sind die Regel, dienen als ästhetische Verbesserungsgehilfen, die zugleich einer im strengen Wortsinn *Verdinglichung* des Körpers zuarbeiten. Genau darin überlappen sich ästhetische, technische und moralische Bildung, die, ihr traditionelles Selbstverständnis hinter sich lassend, gegenwärtig auch mit der Frage konfrontiert werden, wie technische Innovationen das Verhältnis des Bildungssubjekts zu seiner Körperlichkeit verändern können und wo mögliche Grenzen zu ziehen sind. Die Dopingpräparate sind Ausfluss und Resultat technischer Errungenschaften und passen sich voll dem Zeitgeist der technischen Zivilisation an. Nicht zufällig ist Technodoping eine Kreation des wissenschaftlich-technischen Erfindungsgeistes. Die zurückliegenden und auch noch anhaltenden teilweise heftigen Debatten um die Daseinsberechtigung von Technodoping, die nicht selten im Gestus moralischer Entrüstung zirkulieren, sollten auch eine technische Bildung und Bildungstheorie nicht untätig lassen, kann doch an diesem Beispiel auch die Urteilskraft des Individuums, Signatur einer jedweden Bildung, geübt und gebildet werden (vgl. dazu ausführlich und grundsätzlich *Meinberg*, 2011, S. 158ff.).

Schließlich, jedoch nicht zuletzt kann Doping auch an einer ökologischen Bildung problematisiert werden, die ebenfalls leibbezogen ist, aber auch die Stärkung der Urteilskraft im Sinn hat. Dazu nur eine ganz kurze Notiz: Seit der „Rio-Konferenz“ der Vereinten Nationen (1992), in der weltweite Leitlinien für „ein erträgliches Leben im 21. Jahrhundert“ verabschiedet wurden, steht der Begriff „Sustainable development“ an der Spitze der Agenda und fehlt seither in keinem Konzept einer ökologischen Bildung. Nachhaltigkeit ist seitdem eine Höchstforderung dieser Spezialbildung, inzwischen fast schon inflationär für alles Mögliche verwendet, kann diese auch auf das Dopingproblem gewendet werden.

„Nachhaltigkeit“ ist heute ein Gebot der Stunde sowie eine bestimmte Einstellung und Haltung, Wert und Prinzip zugleich, Element der ökologischen Fairness (vgl. dazu *Segets*, 2002). Und, wie wir wissen, wird ja auch ein fairer, schonender Umgang, ein nachhaltiger dem Körper gegenüber gefordert (vgl. *Siep*, 1993; *Caysa*, 2003). Dopenden liegt wenig an Nachhaltigkeit, der Nachhaltigkeit eines intakten Körpers, der auch nach dem Karriereende einigermaßen beschwerdefrei bleibt; denn die langfristigen schädlichen Dopingwirkungen und Nebenwirkungen sind kaum abschätzbar. Dopende sind den „konsumierenden Menschen“ in der Konsumgesellschaft verwandt, die kaum etwas so verpönen wie Langlebigkeit, Nachhaltigkeit, stattdessen auf das Kurzfristige setzen und ihr Wohlbefinden dementsprechend in einer „Wegwerfgesellschaft“ suchen (vgl. dazu *Bauman*, 2008), welche insgesamt die Flüchtigkeit zum Standard macht. Der grenzenlos konsumierende Homo oeconomicus verträgt sich schwerlich mit dem Homo oecologicus (vgl. dazu *Meinberg*, 1995, 2001) als möglichem Leitbild einer ökologischen Bildung, ebenso wenig wie Dopende die Ehrfurcht vor dem Leben, zumindest während ihrer sportaktiven Zeit, vermissen lassen.

Ein Schlusswort

Ausgehend von der Führungsthese, dass Doping allemal auch ein Thema für die Bildung ist, die ihrerseits zu den Grundfesten einer Antidopingpädagogik zählt, wurden im Argumentationsverlauf bestimmte Bildungsbereiche und darauf abgestimmte Spezialbildungen herausgehoben, die dem Dopen unterschiedliche pädagogische Fragen abgewinnen können. Abgesehen von der Spannweite der hier angetippten bildungstheoretischen Möglichkeiten wird erkenntlich, wie wenig generell menschliche Bildungsprozesse vom Leibsein suspendiert werden können.

Bildung ist weitaus leibgebundener als dies die real existierenden Bildungstheorien wahrhaben wollen. Noch etwas ist reflexionsbedürftig, die Korrespondenz zwischen Spezialbildungen und Spezialethiken: Der Gesundheitsbildung entsprechen Gesundheitsethiken, der moralischen Bildung Pädagogiken der Ethik, der ästhetischen Bildung ästhetische Ethiken, der technischen Bildung Technikethiken, der ökologischen Bildung ökologische Ethiken, der Sexualbildung Sexualethiken, der leiblichen Bildung somatische Ethiken und so weiter. Die Aufklärung dieser Beziehungen ist ein Zukunftsprojekt, von der auch eine nicht auf Erziehung und Unterricht reduzierte Antidopingpädagogik mit Gewissheit profitieren wird.

Literatur

Anders, G. (1981). *Die Antiquiertheit des Menschen*. München: Beck.

Bauman, Z. (2009). *Leben als Konsum*. Hamburg: Hamburger Edition.

Benner, D. (2008). *Bildungstheorie und Bildungsforschung. Grundlagenreflexion und Anwendungsfelder*. Paderborn: Schöningh.

Böhme, G. (2001). *Aisthetik. Vorlesung über Ästhetik als allgemeine Wahrnehmungslehre*. München: Wilhelm Fink.

Böhme, G. (2003). *Leibsein als Aufgabe: Leibphilosophie in pragmatischer Hinsicht*. Zug: Die Graue Edition.

Böhme, G. (2008). *Ethik leiblicher Existenz*. Frankfurt a. M.: Surkamp.

Caysa, V. (2003). *Körperutopien. Eine philosophische Anthropologie*. Frankfurt a. M.: Campus.

Dörpinghaus, A., Poenitsch, A. & Wigger, L. (2006). *Einführung in die Theorie der Bildung*. Darmstadt: Wissenschaftliche Buchgesellschaft.

Dörpinghaus, A. (2009). Bildung. Plädoyer wider die Verdummung. *Forschung und Lehre*, Supplement (9), 3-15.

Foucault, M. (1986). *Sexualität und Wahrheit, Band 3*. Frankfurt a. M.: Surkamp.

Gebauer, G. (2010), Grenzenlose Steigerung oder Sorge um sich selbst? Ein Essay über die Zukunft eines antiken Ideals. *Zeitschrift für Kulturphilosophie*, H 1, 41-55.

Gerhardt, V. (1993). Fairness – die Tugend des Sports. In V. Gerhardt & M. Lämmer (Hrsg.), *Fairness und Fairplay: Eine Ringvorlesung an der Deutschen Sporthochschule Köln* (S. 5-25). Sankt Augustin: Academia.

Höffe, O. (2007). *Lebenskunst und Moral Oder macht Tugend glücklich?* München: Beck.

Liebau, E., Klepacki, L. & Zirfas, J. (Hrsg.) (2009). *Theatrale Bildung*. Weinheim: Juventa.

Meinberg, E. (1995), *Homo oecologicus. Das neue Menschenbild im Zeichen der ökologischen Krise*. Darmstadt: Wissenschaftliche Buchgesellschaft.

Meinberg, E. (2006). *Dopingsport im Brennpunkt der Ethik*. Hamburg: Merus.

Meinberg, E. (2011). *Leibliche Bildung in der technischen Zivilisation. Über den Umgang mit dem Leibe*. Berlin: LIT.

Meinberg, E. (im Druck). *Fairness als Kardinaltugend des Sports*. Vortrag: Peking 2012.

Müller, H. R. (1979). *Aisthesiologie der Bildung*. Würzburg, Königshausen: Neumann.

Nebelung, T. (2008). *Sportästhetik. Sport als ästhetisches Erlebnis*. Sankt Augustin: Academia.

Schmid, W. (1998). *Philosophie der Lebenskunst. Eine Grundlegung*. Frankfurt a. M.: Surkamp.

Schürmann, V. (2010). Bewegungsvollzüge verstehen. Bausteine einer Hermeneutik des Sports. *Zeitschrift für Kulturphilosophie*, H 1, 55-65.

Seel, M. (2010). Eine Anästhetik des Sports. Versuch über das Doping. *Zeitschrift für Kulturphilosophie*, H 1, 7-17.

Seel, M. (2011). *111 Tugenden, 111 Laster. Eine philosophische Revue*. Frankfurt a. M.: Fischer.

Siep, L. (1993). Arten und Kriterien der Fairness im Sport. In V. Gerhard & M. Lämmer (Hrsg.), *Fairness und Fairplay* (S. 87-103). Sankt Augustin: Academia.

Segets, M. (2002). *Ökologische Aspekte der Sportethik. Zur Entwicklung einer umweltbezogenen Fairneßethik im Sport*. Butzbach Griedel: Afra.

Steinmann, M. A. (2011). *Dopingprävention bei Jugendlichen. Konzeption, Durchführung und Evaluation einer Primärprävention für die Sekundarstufe I Kölner Realschulen und Gymnasien*. Berlin: Lehmanns media.

Welsch, W. (2012). *Blickwechsel. Neue Wege der Ästhetik*. Stuttgart: Reclam.

Welsch, W. (2012). Homo mundanus. Jenseits der anthropischen Denkform der Moderne. Weilerswist: Vellbrück Wissenschaft.

Die Profession der Anti-Doping-Beauftragten

Annika Steinmann
Institut für Pädagogik und Philosophie,
Deutsche Sporthochschule Köln

Zusammenfassung

Im aktuell verbindlichen Regelwerk für den Spitzensport, das die Welt-Anti-Doping-Agentur vorgibt und das auf Basis deutschen Rechts national umgesetzt wird, erscheint ein Passus, der die Prävention von Doping betrifft. Darin heißt es, dass jeder Sportfachverband dazu verpflichtet ist, einen so genannten Anti-Doping-Beauftragten[1] zu benennen. Seine Aufgabe sei es, als Ansprechpartner zu fungieren. Unklar bleibt laut des Regelwerkes allerdings die spezifische Ausgestaltung dieses Amtes. Im vorliegenden Beitrag wird eben diese reflektiert, um Dopingprävention zu verbessern und das Stigma des Alibi-Handelns abzustreifen.

Summary

The prevention of doping is part of the current binding body of rules and regulations for top-class sports set by the World Anti-Doping Agency. This body of rules and regulations is transported into national practice according to national – in this case German – law. The World Anti-Doping Agency states that every sports association has to appoint a representative for Anti-Doping policy. The task of this representative is to act as a contact partner for athletes and officials alike. However the rules and regulations don't specify the tasks of the Anti-Doping-Representative. Often representatives are accused of only functioning as alibis. The present article reflects this problem with the aim to improve the prevention of doping.

Einleitung

Es gibt nahezu keine Sportart, die nicht schon mit Dopingvorwürfen konfrontiert wurde – entweder durch öffentlichkeitswirksame Unterstellungen oder anhand überführter Athleten. Doping wird im Kontext der Berichterstattung über Spitzensport reflexartig mitgeliefert. Staatliche Sendeanstalten, wie die ARD (vgl. www.sportschau.de), führen auf ihren Websites bereits auf der Startseite deutlich sichtbar die eigenständige Kategorie „Doping" auf. Diese besteht mehrheitlich aus investigativ-journalistischen Beiträgen des „ARD-

[1] Wenn ich von *dem* Anti-Doping-Beauftragten schreibe, meine ich zugleich auch *die* Anti-Doping-Beauftragte. Es gelten durchweg alle maskulinen Personen- und Funktionsbezeichnungen für Frauen und Männer in gleicher Weise.

Dopingexperten Hajo Seppelt", Aufklärung über geläufige „Mittel, Methoden und Motive" und stellt die Vitae überführter Athleten dar.

Die *Welt*-Anti-Doping-Agentur und die ihr unterstellten *Nationalen* Anti Doping Agenturen haben auf die vermeintliche Dopingdurchsetztheit reagiert: So genannte Anti-Doping-Beauftragte (ADB) sind zumindest auf dem Papier fester Bestandteil organisierter Dopingprävention im Spitzensport in Deutschland. Die Berechtigung und Organisation dieses Amtes beruhen auf dem Welt-Anti-Doping-Code. Die Welt-Anti-Doping-Agentur fordert darin zwar nicht expressis verbis die Etablierung von Anti-Doping-Beauftragten, allerdings schreibt sie koordinierte Präventionsarbeit, Informationsaustausch etc. vor (vgl. *WADC*, Art. 18). National wird dies in Deutschland mit der in allen nationalen Sportfachverbänden verpflichtenden Berufung von Anti-Doping-Beauftragten umgesetzt. Als Anti-Doping-Beauftragte arbeiten Personen, die unterschiedliche berufliche Qualifikationen, Vorkenntnisse sowie persönliche Voraussetzungen mitbringen. Im folgenden Beitrag wird der Welt-Anti-Doping-Code als sachbezogene Grundlage der Anti-Doping-Beauftragten (ADB) dargestellt. Daraus ableitend folgt eine Darstellung der Umsetzung in der Berufspraxis. Beendet werden die Ausführungen mit Empfehlungen für eine strukturelle und inhaltliche Professionalisierung, denen das Professionalitätsverständnis Oevermanns (1997; 2002) zu Grunde liegt. Die folgenden Ausführungen mögen zumindest der Beginn eines Prozesses sein, Dopingprävention substantiell zu stärken und damit gleichzeitig deren Status aufzuwerten, was wiederum die Anerkennung und somit Durchsetzungskraft der Dopingprävention erhöhen könnte.

Der Nationale Anti Doping Code (NADC)

Mit der Annahme des Welt-Anti-Doping-Codes (WADC) im Dezember 2003 hat sich die Nationale Anti Doping Agentur Deutschland (NADA) zusammen mit dem Nationalen Olympischen Komitee zur nationalen Umsetzung des WADC verpflichtet.

Daraus ist der Nationale Anti Doping Code (NADC) entstanden. Dieser in juristischem Duktus verfasste Code dient nun als *das* Anti-Doping-Regelwerk der Nationalen Anti Doping Agentur Deutschland. Ziel ist es, „Doping im Sport aufzuspüren, zu unterbinden und zu ächten." (*ebd.*, S. 9) Die allgemein bekannte Verbotsliste unzulässiger Methoden und Substanzen, die mindestens einmal jährlich aktualisiert wird, ist dabei ein wichtiger Bestandteil des NADC (vgl. Artikel 4). Der NADC vereint die international verbindlichen Vorgaben und Standards des WADC und die in der Bundesrepublik Deutschland bereits existierenden Anti-Doping-Regelwerke.

> „Der NADC 2009 ist intensiv mit Vertretern des Deutschen Olympischen Sportbundes (DOSB) und Anti-Doping-Beauftragten sowie Rechtsexperten von Sportverbänden, der Deutschen Institution für Schiedsgerichtbarkeit (DIS), dem Bundesministe-

rium des Innern sowie europäischen Anti-Doping-Organisationen beraten worden." (*NADC*, S. 8)

Der NADC gilt sportartübergreifend und richtet sich „grundsätzlich an alle Sporttreibende und in den Sport Involvierte" (*ebd.*, S. 9). Die aktuelle Fassung des NADC, der NADC 2009 (Version 2.0), ist auf Beschluss des Vorstands der NADA am 1. Juli 2010 in der Bundesrepublik Deutschland in Kraft getreten und soll, um Konstanz bemüht, voraussichtlich bis 2015 Gültigkeit besitzen. Er ersetzt damit die Fassung aus dem Jahr 2006. Der NADC 2009 (Version 2.0) ist von der World Anti-Doping Agency (WADA) anerkannt und beinhaltet auf 125 Seiten insgesamt 18 Artikel sowie Begriffsbestimmungen und Kommentare.

Der aktuelle NADC ist auf der Homepage der NADA (www.nada-bonn.de) im Themenfeld „Recht" zu finden und ungekürzt einsehbar sowie im Buchhandel käuflich zu erwerben. Eine Zuordnung zum Themenfeld „Recht" scheint kein Zufall zu sein, ist er doch (mehrheitlich) von Juristen verfasst und nur mit juristischer Vorbildung in seiner Gesamtheit zu erschließen.

Für den vorliegenden Beitrag ist vor allem „Artikel 15: Dopingprävention" von Interesse, denn dort wird die Funktion und Berechtigung der Anti-Doping-Beauftragten umschrieben. Insgesamt gehört der Art. 15 mit drei Unterpunkten, die auf einer Seite aufgeführt sind, zu den am wenigsten umfangreichen Artikeln des NADC. Unterteilt ist er dabei in

Art. 15.1 „*Ziel der Dopingprävention*",
Art. 15.2 „*Präventionsprogramme*" sowie
Art. 15.3 „*Koordinierung und Zusammenarbeit*".

Dort heißt es im letzten Abschnitt:

> „Der nationale Sportfachverband bestellt einen Anti-Doping-Beauftragten und meldet diesen der *NADA*. Der Anti-Doping-Beauftragte ist Ansprechpartner für *Athleten* und die *NADA*." (*ebd.*, S. 64).

Umsetzung

Der Art. 15.3 des NADC verpflichtet demnach alle nationalen Sportfachverbände, mindestens einen Anti-Doping-Beauftragten zu „bestellen" und diesen namentlich der Nationalen Anti Doping Agentur (NADA) zu „melden". Was bedeutet dieser Akt in der Umsetzung? Was sind tatsächliche Aufgaben eines „Ansprechpartners"? Wer spricht wen, warum, wann, wo und in welcher Form an?

Antworten auf diese grundlegenden Fragen liefert der NADC jedoch nicht. Der NADC lässt das Aufgabengebiet der Anti-Doping-Beauftragten völlig offen. Er beschränkt sich lediglich oder immerhin auf die Implementierung dieses Amtes mittels rechtlicher Vorgaben, ohne die Rahmenbedingungen der Ausgestaltung mitzuliefern.[2]

Bekanntlich unterliegen (berufliche) Tätigkeiten im Übrigen einer eindeutig ausformulierten Stellenbeschreibung, aus der die Arbeitsaufgaben des Stelleninhabers hervorgehen sowie die daraus resultierenden fachlichen, persönlichen und sozialen Anforderungen. „Ansprechpartner" zu sein, gibt jedoch keinerlei Aufschluss über das tatsächlich zu Leistende. Das Phänomen *Doping* und in diesem Zusammenhang noch zudem erweitert um *Anti*-Doping ist derart komplex, da facettenreich, polykontextural und aus unzähligen (wissenschaftlichen) Perspektiven zu betrachten, dass es nahezu unmöglich erscheint, es in seiner Gänze verinnerlicht zu haben, und es zudem noch als „Ansprechpartner" nachvollziehbar zu vermitteln. Allein die unterschiedlichen Zugriffe auf das Thema der Autoren dieses Bandes lassen die Bandbreite erahnen, obwohl es sich dabei ausschließlich um sportwissenschaftliche bzw. geistes- und sozialwissenschaftliche sowie juristische Ansätze handelt. Insbesondere weitere sportwissenschaftliche Mutterdisziplinen, vor allem Naturwissenschaften und Medizin, stellen angesichts der Anzahl ihrer Publikationen und vor allem in der öffentlichen Wahrnehmung vermeintlich die Hauptakteure im (Anti-) Doping-Diskurs.

Kenntnisse, die ein ADB erwerben sollte

Im Interesse der WADA und NADA und ihrem Anspruch entsprechend, die „Hauptakteure im Anti-Doping-Kampf" zu sein, muss zunächst das Tätigkeitsfeld der Anti-Doping-Beauftragten zwingend klar herausgearbeitet und transparent werden, um den Nimbus des „Scheinhandeln[s] der Verbände in der Dopingbekämpfung [...]" abzustreifen (*Bette & Schimank*, 2006, S. 102). Pikanterweise liegt eine solche Beschreibung, zumindest offiziell zugänglich, bislang nicht vor. Meiner Auffassung nach müssen die betreffenden Akteure der jeweiligen Verbände selbst die Aufgaben eines Anti-Doping-Beauftragten festlegen und ausformulieren; also die NADA, die Sportfachverbände (DOSB) und die derzeit aktiven Anti-Doping-Beauftragten. Dem einleitenden Zitat kann entnommen werden, dass Anti-Doping-Beauftragte beratend beim Verfassen des aktuellen NADC tätig waren, ein Aufgabenbereich, der sich nicht unmittelbar aus dem NADC ergibt. Unklar bleibt, inwiefern Anti-Doping-Beauftragte bei der englisch-deutschen Übersetzung bzw. deutsch-englischen Rück-Übersetzung des WADC und der Zusammenführung mit deutschem Recht zum NADC „beratend" tätig wurden. Neben der willkürlichen Interpretation des Amtes seitens des Sportfachverbandes/der NADA und der daran gekoppelten Personalauswahl, kommen individuelle durchaus legitime Ausges-

[2] Erkenntnissreich wäre sicherlich eine Analyse der bisher praktizierten Auswahl- und Ausbildungsverfahren. Wer hat wen anhand welcher Kriterien zum ADB bestellt? Wie bzw. wodurch oder durch wen wurde er auf seine Tätigkeit vorbereitet?

taltungen des jeweiligen Anti-Doping-Beauftragten hinzu. Fraglich bleibt, wie die im NADC geforderte Berufung eines Anti-Doping-Beauftragten in den Sportfachverbänden umgesetzt wird. Genauer: Welche Aufgaben übernehmen Anti-Doping-Beauftragte? Worin liegen die Schwerpunkte ihrer Arbeit? Welche fachlichen Grundlagen benötigen sie dafür? Handelt es sich bei dem Anti-Doping-Beauftragten um einen reinen Wissensvermittler als „Ansprechpartner“, so wäre ein datengefüttertes Computerprogramm aus unterschiedlichen Gründen sicherlich effektiver. Auf Grundlage der bisherigen Ausführungen liegt es nahe davon auszugehen, dass die Auslegung dessen, was ein Anti-Doping-Beauftragter zu leisten hat, sehr unterschiedlich ausfällt. Die Durchsicht der Verbands-Homepages mit dem Schlagwort Anti-Doping-Beauftragte/r zeigt unterschiedliche öffentliche Darstellungen, was ein Indiz für diese Vermutung sein könnte. Die Bandbreite reicht von der Aufzählung spezifischer Aufgabenfelder der Anti-Doping-Beauftragten (z.B. Radsportverband), über die Bekanntgabe der Kontaktdaten bis hin zur Nichterwähnung.

Nach der noch zu leistenden Tätigkeitbeschreibung müssten daraus die zu erwerbenden Kenntnisse abgeleitet werden, die ein ADB im Anti-Doping-Feld benötigt. Denkbar wären Grundlagen- oder doch vertiefte Fachkenntnisse in folgenden vier Kategorien:

a) der Ethik, Medizin, Biochemie, Pharmazie, Psychologie, Soziologie, um die Bedingtheit und Genese von „Doping“ mehrperspektivisch zu begreifen.

b) Fähigkeiten und Fertigkeiten, die ein versierter Ansprechpartner benötigt. Gemeint sind bspw. Techniken verlässlicher Informationsbeschaffung und deren Vermittlung, Mediation, Rhetorik.

c) Kenntnis gültiger Regelwerke, des Doping-Kontrollsystems mit Meldepflichten, rechtliche Bestimmungen etc.

d) Kenntnisse, Fähigkeiten, Fertigkeiten in Bezug auf (Doping-) Präventionsarbeit.

Unter anderem mit Verweis auf Bette & Schimank (2006), Bette; Kühnle & Thiel (2012), Meinberg (2006), die NADA, Spitzer & Franke (2011), Singler & Treutlein (2010), Das Zentrum für präventive Dopingforschung (ZePräDo), welches an der Deutschen Sporthochschule Köln angesiedelt ist, liegen zu allen genannten Kategorien vielfältige anerkannte Veröffentlichungen und Materialien vor, die es systematisch aufzuarbeiten, zu strukturieren und auf die Anforderungen der ADB hin zu bündeln gilt. Neben den unter a) bis d) aufgezählten zu erwerbenden Fachkenntnissen, deren Bedarf an Breite und Tiefe zu analysieren wäre, schließen sich Fragen nach persönlichen und sozialen Kompetenzen an: Welche persönlichen und sozialen Kompetenzen sind vorteilhaft? Nicht unbeachtet sollten ebenfalls strukturelle Kriterien sein: Über welche Entscheidungskompetenz verfügen sie, können sie bspw. strukturelle Rahmenbedingungen in ihrem Verband beeinflussen? Ist das Amt des

Anti-Doping-Beauftragten an weitere Funktionen im Verband gekoppelt?[3] Sind sie präsent? Sind die Anti-Doping-Beauftragten untereinander vernetzt? Und nicht zuletzt: Werden sie für ihre Arbeit finanziell entlohnt oder arbeiten sie ehrenamtlich?[4]

Die theoriegeleiteten Ausführungen von Oevermann zum Professionalitätsverständnis (1997; 2002) und die daraus abgeleiteten Konsequenzen professionellen Handelns in pädagogischen Kontexten von Lüsebrink (2006) können für die Konzeptionierung der noch zu leistenden Tätigkeitsbeschreibung und einer sich daran schließenden grundlegenden Qualifizierungsmaßnahme richtungsweisend sein und herangezogen werden. Demnach steht außer Frage, dass Professionalisierung eben nicht eine Standardisierbarkeit der zu erwerbenden Kompetenzen und daran gekoppeltes routiniertes, dogmatisches Handeln bedeutet. Dies ergebe sich daraus, dass strukturelle, persönliche und den Fall betreffende Konstellationen immer einzigartig seien. Oevermann und Lüsebrink verweisen darauf, dass weder Problemkonstellationen, noch Ideallösungen standardisierbar sind. Professionelles Handeln bedinge vielmehr, das Problembewusstsein der Akteure zu sensibilisieren, damit eigenständige, zielführende Lösungsversuche initiiert werden können.

Ausblick

Im vorliegenden Beitrag wurden die Entstehung des NADC und die damit eingeführte Funktion der Anti-Doping-Beauftragten skizziert. Desweiteren konnte aufgezeigt werden, dass für dieses Amt offiziell bislang weder eine Tätigkeitsbeschreibung noch Standards existieren, die die zu erbringenden Anforderungen betreffen. Abgeschlossen wurden die Darstellungen mit Empfehlungen, um diese Lücken zu schließen. Der Deutsche Olympische Sportbund (DOSB) lädt in regelmäßigen Abständen die Anti-Doping-Beauftragten seiner Mitgliedsverbände zum „Erfahrungsaustausch“ ein. 2011 folgten dieser Einladung 70 Teilnehmer. Das entspricht in etwa der Hälfte aller in Deutschland tätigen ADB (www.dosb.de; 08.12.2011). Reicht das?

Nimmt man die Einführung der Anti-Doping-Beauftragten als positives Signal statt nur als leere Symbolik an, dann müsste meines Erachtens zwingend eine Professionalisierung erfolgen, sofern dieses Amt ein glaubwürdiger und fester Bestandteil in der Dopingprävention sein soll.

Doch wer bzw. welche Institutionen könnten Standards festlegen, die es auf Basis der von NADA, den aktiven ADB und den Sportfachverbänden (DOSB) ausformulierten Tätigkeitsbeschreibung als Anti-Doping-Beauftragter

---

[3] D.h. bedeutet die Bewerbung für ein Amt im Verband unter Umständen automatisch die gleichzeitige Verpflichtung als Anti-Doping-Beauftragter – also zwei Funktionen in Personalunion?

[4] Die Finanzierung könnte Aufschluss über den Stellenwert und Status der ADB geben sowie über den Grad der Professionalität.

bedarf? Und wer könnte diese Grundlagen vermitteln? Nationale und internationale Anti Doping Agenturen sowie Sportfachverbände scheiden als alleinige Taktgeber definitiv aus, da sie Handlungszwängen unterliegen (vgl. *Bette & Schimank*, 2006). Unabhängigkeit und eine gewisse Distanz zum Gegenstand in Form von Nicht-Involviertheit muss die Basis der Ausgestaltung sein, damit der Wissenstransfer und die daran gekoppelte Selbst-Bildung der Anti-Doping-Beauftragten nicht durch einen Interessenskonflikt blockiert werden. Diese genannten Institutionen aber bilden zudem keineswegs die Bandbreite des wissenschaftlichen Kenntnisstandes ab, sie verfügen nicht über ausreichende personelle, finanzielle und strukturelle Ressourcen. Universitäten hingegen bieten das weiter oben angesprochene wissenschaftliche, zeitgemäße Know-how sowie Erfahrung im Wissenstransfer. Zudem ist es ein genuines Merkmal von Wissenschaft, die geforderte Unabhängigkeit und Neutralität zum Forschungsgebiet zu wahren. Den Verbänden und der NADA käme die Aufgabe zu, ihre zweifelsohne hohe Expertise, Strukturkenntnisse und Spezifika begleitend in beratender Funktion einzubringen, um die Passung an vorhandene Strukturen zu gewährleisten. Das Ergebnis dieser Zusammenarbeit sollte eine verbindliche und abprüfbare Qualifikation von Anti-Doping-Beauftragten sein, der ein Curriculum aus den oben genannten vier Kategorien zu Grunde liegt, damit sie als ausgebildete Experten in einem definierten Bereich der Dopingprävention professionell im Sinne von Oevermann und Lüsebrink agieren können. Dabei könnte die Methode der so genannten Fallarbeit sinnvoll eingesetzt werden, bei der stellvertretend Beispiele des Problemfeldes bearbeitet werden. Die Fallarbeit, also die Problembearbeitung anhand exemplarischer Einzelfälle, fördere durch Perspektivwechsel das Abstraktions- und Reflektionsvermögen. Außerdem ließen sich dabei theoretisch-abstraktes mit praktischem Wissen verbinden. Das Lernen durch gemeinsame, fallbezogene Auseinandersetzungen und Diskussionen diene dem Prozess der Erkenntnisgewinnung. Nach Lüsebrink (S. 45ff.) folgt einer sorgfältigen Analyse und Interpretation der Situation zunächst die Explikation der Norm, die mit den zuvor hervorgehobenen Fakten verglichen wird. Treten bei diesem Vergleich von rekonstruierter Fallstruktur und der explizierten Norm Differenzen auf, sollten Lösungsansätze erarbeitet werden. Dies geschehe stets mit dem Bewusstsein biografisch gewachsener Überzeugungen (vgl. Scherler und Schierz sinngemäß nach *Lüsebrink*, 2006, S. 50; 58). Ziel der Fallarbeit sei die exemplarische Verständigung sowie das Aufzeigen von Handlungsalternativen ohne eine simplifizierte Handlungsanleitung sein zu wollen! Die Fallarbeit könnte somit meines Erachtens als geeignete Lernmethode zur Qualitätssteigerung der als Anti-Doping-Beauftragte handelnden Personen eingesetzt werden.

Benötigen Anti-Doping-Beauftragte auch zukünftig keine verbindliche, der Komplexität angemessene zu erwerbende Wissensbasis sowie Bildung und strukturelle Einflussmöglichkeiten, gibt es weiterhin kein transparentes, klar umrissenes Aufgabengebiet, dann bleibt Dopingprävention in diesem Segment nur die routinemäßige Wiederkehr des ewig Gleichen. Das kann nicht der Anspruch der Verantwortlichen sein. Oder vielleicht doch?

Literatur

Bette, K.-H. & Schimank, U. (2006). *Die Dopingfalle - Soziologische Betrachtungen.* Bielefeld: transcript.

Bette, K.-H., Kühnle, F. & Thiel, A. (2012). *Dopingprävention. Eine soziologische Perspektive.* Bielefeld: transcript.

Combe, A. & Helsper, W. (Hrsg.) (1997). *Pädagogische Professionalität. Untersuchungen zum Typus pädagogischen Handelns.* Frankfurt am Main: Suhrkamp.

Lüsebrink, I. (2006). *Pädagogische Professionalität und stellvertretende Problembearbeitung* (Sport, Medien, Gesellschaft, Bd. 4). Köln: Sportverlag Strauß.

Meinberg, E. (2006). *Dopingsport - im Brennpunkt der Ethik.* Hamburg: merus.

Nationale Anti Doping Agentur Deutschland (Hrsg.) (2010). *Nationaler Anti Doping Code.* Nada-Dokumente Nr. 4. Aachen: Meyer & Meyer.

Oevermann, U. (1997). Theoretische Skizze einer revidierten Theorie professionalisierten Handelns. In A. Combe & W. Helsper (Hrsg.), *Pädagogische Professionalität. Untersuchungen zum Typus pädagogischen Handelns* (S. 70-182).

Oevermann, U. (2002). Professionalisierungsbedürftigkeit und Professionalität pädagogischen Handelns. In M. Kraul, W. Marotzki & C. Schweppe (Hrsg.), *Biographie und Profession* (S. 19-63). Bad Heilbrunn: Klinkhardt.

Singler, A. & Treutlein, G. (2010). *Doping – von der Analyse zur Prävention.* 2. Auflage. Aachen: Meyer & Meyer.

Spitzer, G. & Franke, E. (Hrsg.) (2011). *Sport, Doping und Enhancement – Sportwissenschaftliche Perspektiven.* Band 2. Köln: Sportverlag Strauß.

www.dosb.de. Zugriff am 13. Januar 2013 unter http://www.dosb.de/de/service/sportmehr/news/detail/news/zwischen_erwartungsdruck_und_zutrauen/

www.nada-bonn.de. Zugriff am 13. Januar 2013 unter http://www.nada-bonn.de/de/recht/#.UZ8mhEpdKho

www.sportschau.de. Zugriff am 13. Januar 2013.

Dopingaufklärung in der Unterhaltungsfalle? Überlegungen zum Umgang mit Doping im medialisierten Sport

Holger Ihle und Jörg-Uwe Nieland
Institut für Kommunikations- und Medienforschung,
Deutsche Sporthochschule Köln

Zusammenfassung

Der Beitrag beleuchtet die Möglichkeiten der Dopingaufklärung im Lichte des Berufsverständnisses deutscher Sportjournalisten. Diskutiert wird, inwieweit sich die Aufklärung in einer Unterhaltungsfalle befindet. Im wechselseitigen Abhängigkeitsverhältnis von Medien, Sport und Wirtschaft hat sich bei einer großen Zahl der Sportjournalisten ein Rollenverständnis als Unterhalter etabliert. Zum Verständnis der Unterhaltungsfalle tragen zum einen sportsoziologische Überlegungen und Befunde der sozialwissenschaftlichen Skandalforschung bei. Eingeordnet werden die Beobachtungen von dem in der Kommunikationswissenschaft prominent debattierten Ansatz der Medialisierung. Bei Anwendung dieses Ansatzes auf den Sport (im Sinne einer „Medialisierung des Sports") können Wege aus der Unterhaltungsfalle gezeigt werden.

Summary

The article analyses the prospects of doping enlightenment. Therefor we will look to the professional understanding of German sports journalists. We argue, that doping enlightenment is hold in an "entertainment trap". Within the mutual dependency of sport, the media and economy numerous German sports journalists interpret their job as an entertaining one. To understand the "entertainment trap" we contribute to considerations out of sport sociology and findings of studies about media scandals. In our observations we will use the approach of "mediatisation". In applying this approach to the sport (in the sense of "mediatisation of sport") we will show how sport can leave the "entertainment trap".

Einleitung

„Duzverbot für Sportjournalisten" titelte *Spiegel online*[1] in einem Bericht über die interne Selbstverpflichtung der WDR-Sportredaktionen. Die Initiative war von der Intendantin Monika Piel ausgegangen. Das Positionspapier aus dem Februar 2008 mit dem Titel „Distanz in der Sportberichterstattung" verweist auf die zunehmende Kommerzialisierung des Sports, die zusätzliche Anforde-

[1] Zugriff am 09.03.2013 unter http://www.spiegel.de/kultur/gesellschaft/wdr-intendantin-duzverbot-fuer-sportmoderatoren-a-537954.html

rungen an die Journalisten stelle. Denn es dürfe aber nicht so weit kommen, „dass wir uns mit dem Gegenstand unserer Berichterstattung gemeinmachen" (*ebd.*); stattdessen sei Unabhängigkeit gefragt. Eine Selbstverpflichtung, die auf den Vorwurf der „klebrigen Nähe" (*Leyendecker*, 2006) zwischen (Sport-)Journalisten und Sportlern wie Funktionären reagiert. Ein problematisches Verhältnis, welches gerade im Zusammenhang mit den Dopingfällen im Radsport zu beobachten war (*Hauser*, 2011, S. 207) und eine sozialwissenschaftliche Betrachtung verdient.

Der Sportjournalismus hat sich in der Vergangenheit vergleichsweise wenig mit der Dopingproblematik beschäftigt (vgl. etwa am Beispiel der Tour de France: *Ihle & Scharf*, 2007, S. 220). Während von Politik- und Wirtschaftsjournalismus Aufklärung und Recherche über Hintergründe und Problemlagen erwartet werden (vgl. *Imhof*, 2000, S. 58–59), setzt sich im Sportjournalismus ein aufklärerisches Selbstverständnis nur langsam durch (vgl. *Leyendecker*, 2009; *Blaschke*, 2011). Diese Debatte verweist mittelbar auf die Reflexion normativer Ansprüche an die Medien und deren Geltungsanspruch im Sportjournalismus. Im Folgenden soll verdeutlicht werden, welche Strukturen einem aufklärerischen Sportjournalismus entgegenstehen und auf welcher theoretischen Basis normative (Qualitäts-)Maßstäbe zu formulieren sind, die das sportjournalistische Selbstverständnis verändern können.

Doping im Sport – ein ernstes Problem?

Die große Resonanz, die der Sport in den letzten 150 Jahren erzeugen konnte, hat mit seiner Fähigkeit zu tun, den zum Teil problematischen Konsequenzen gesellschaftlicher Modernisierung eine Sphäre des körperlich Konkreten und sinnlich Nachvollziehbaren entgegenzusetzen (*Bette & Schimank*, 2006b, S. 22; vgl. auch *Schürmann*, 2011, S. 605). Über die Erlebnisofferten und Gefühlsintensitäten hinaus, die der Sport denjenigen anbietet, die ihn betreiben, macht der Sport Menschen in öffentlichen Situationen sozial sichtbar (*Bette & Schimank*, 2006b, S. 22; *Bette & Schimank*, 2006a, S. 90–93). Die Sichtbarkeit wird heutzutage durch die Medien her- und sichergestellt.

Doch Sichtbarkeit alleine reicht weder für die Dopingaufklärung noch für den Anti-Dopingkampf aus. Auch nicht für deren Begründung, denn sportpolitisches wie sportpraktisches Handeln setzt „ein Verstehen des kulturellen Eigensinns dieses Handlungsfeldes ebenso wie eine genaue Beschreibung der wirklichen Problemstrukturen und Krisenursachen voraus" (*Güldenpfennig*, 2012, S. 397). Grundlage für eine solche Beschreibung – und daran anschließende sportpolitische Konsequenzen – bietet die Verwendung der Theorie gesellschaftlicher Differenzierung (vgl. *Bette & Schimank*, 2006a, S. 20–23 m.w.A.). Diese begreift Doping als Problem, „das aus dem Wechselverhältnis zwischen Eigenlogik spitzensportlichen Handelns und den Abhängigkeiten dieses Handelns von wirtschaftlichen, politischen, erzieherischen, wissenschaftlichen u.a. Bezügen hervorgeht" (*ebd.*, S. 25). Doping ist ein systemisches Problem; und zu diesem systemischen Problem zählt, dass es von einem Großteil der Beteiligten – Funktionäre, Publikum, Medien, weite Teile der Sportwissenschaft – gerade nicht als systemisches Problem dargestellt, sondern weiterhin als ein Problem zu bestrafender schwarzer Schafe individualisiert wird (*Bette & Schimank*, 2006b, S. 25–36; grundlegend *Bette & Schimank*, 2006a, S. 137–142). Die derart Agierenden können derweil ihre „eigenen Schäfchen ins Trockene bringen". Wenn diese Diagnose zutrifft, wäre Leistungssport bzw. der Olympismus ein System, das systematisch sein eigenes Versprechen bricht (vgl. *Schürmann*, 2012, S. 609). Das Ergebnis ist eine „Dopingfalle", die mehrere Akteure aufgrund ihrer Interessenverschränkungen transintentional verantworten und am Leben erhalten – an erster Stelle die Sportakteure durch ihr legitimes und zunächst harmloses Interesse an Leistungssteigerungen und sportlichen Erfolgen (*Bette & Schimank*, 2006b, S. 13; S. 200–213; *Bette & Schimank*, 2006a, S. 246–263).[2]

Doping und damit die Dopingfalle sind aber nicht nur im Leistungssport präsent. Dopingtote sind inzwischen auch im „Jedermann-Bereich" zu beklagen und mit dem Steroidmissbrauch in der Fitnessszene wird mehr verdient als im internationalen Drogenhandel. Daran wird ein grundlegendes Versäumnis des gesamten Sportsystems deutlich: „eine verbreitete Nachlässigkeit bei dem sportinternen und öffentlichen Werben für begründete Prinzipien des sportlichen Eigensinns sowie bei der Integration einer strikten Anti-Doping-Einstellung in allen pädagogischen Prozessen in Schule, Verein, Verband und öffentlicher Meinung" (*Güldenpfennig*, 2012, S. 399).
Wie die öffentliche Meinung im Zusammenhang mit Sport und Doping entsteht sowie welche Funktionen der Öffentlichkeit bei der Dopingaufklärung zufallen, erläutern die folgenden Abschnitte.

Sport als Medieninhalt

Die enorme Bedeutung von Sport als Medieninhalt steht mittlerweile außer Frage. Diese Relevanz wird in zahlreichen Studien aus verschiedenen Perspektiven nachgewiesen. Dazu gehören die hohe Nachfrage seitens des Publikums, der zunehmende Umfang der Sportberichterstattung sowie vor allem die ökonomische Bedeutung[3] (vgl. etwa *Rühle*, 2012, S. 556–557; *Woratschek & Schafmeister*, 2004, S. 68–71; *Wanta*, 2013, S. 76; *Bellamy*, 2013, S. 44). Ge-

[2] Die Dopingfalle schnappt nicht plötzlich zu. Vielmehr bemerken die Sportler in der überwiegenden Zahl der Fälle über einen längeren Zeitraum hinweg nicht, dass sie auf eine Falle zu steuern und anschließend in einer solchen gelandet sind (*Bette & Schimank*, 2006b, S. 13–14).

[3] Auf der Seite des Sports besteht hoher Wettbewerb, sowohl innerhalb des etablierten Premiumsports als auch allgemein, da bisher weniger präsente Sportarten in den Markt drängen. Auch im Medienmarkt existiert hoher Wettbewerb, weil immer mehr Medien und Angebote den Markteintritt suchen und neue Geschäftsmodelle etablieren – dies führt zu einer steigenden Nachfrage insbesondere nach Premiumsport (*Schierl*, 2004, S. 106–108).

rade letzterer Aspekt führt im Bereich des Mediensports zur Ausbildung spezifischer Marktstrategien. Hier sind insbesondere Konzentration auf besonders beliebte oder reichweitenstarke Sportarten, die vertikale Integration, die Personalisierung, Entertainisierung und Ästhetisierung zu nennen (*Schierl*, 2004, S. 110–118). Damit wird vor allem die Unterhaltungsfunktion des Sports betont und versucht, ein möglichst großes Publikum an das jeweilige Sportangebot zu binden (vgl. *Bertling*, 2009, insbesondere S. 118–138).[4]

Ein Sportereignis ist für Zuschauer vor allem dann interessant, wenn der Ausgang unklar ist. „[…] The most important motivational factor behind viewing sports on television is for the enjoyment and emotional satisfaction that comes from cheering on a favored team as it follows an undetermined (yet hoped for) path to victory“ (*Raney*, 2004, S. 54). Hier wird die Doppelnatur von Sport als Medieninhalt deutlich: Er dient der Unterhaltung, ist aber als tatsächliches Ereignis Gegenstand von informierender Berichterstattung. Dadurch unterscheidet er sich von anderen Formen nichtfiktionaler Unterhaltung (vgl. hierzu ausführlich *Bertling*, 2009).

Die doppelte Ausrichtung ist bereits bei der Produktion der Medieninhalte evident. Ereignisübertragung, die Sportereignisse ohne Zeitverzögerung ins heimische Wohnzimmer (über-)trägt, erfolgt im Modus der Unterhaltung.[5] Der Modus der Information kommt in der Berichterstattung über Hintergründe ins Spiel. Hier wird etwa darüber berichtet, welche Spielerwechsel in der Winterpause der Bundesliga anstehen, wie hoch die Ablösekosten sind und wer weshalb seinen Trainerposten verloren hat. In diesem Informationsmodus sind aber auch ganz andere Aspekte von Belang, die mit einem Unterhaltungsangebot kaum noch in Verbindung zu bringen sind: Wie werden die Vergaben der Olympischen Spiele entschieden? Welche Ergebnisse fördert die Ethikkommission der FIFA zu Tage? Warum wurden Sportler, die nach ihrer Karriere Doping zugeben, nie positiv auf die eingenommenen Substanzen getestet?

Berufs- und Rollenverständnis von Sportjournalisten

Wie mit solchen Fragen umgegangen wird, hängt ganz wesentlich vom Berufsverständnis der Sportjournalisten ab. Eine Reihe von Befunden deutet darauf hin, dass sich das Rollenbild in den Sportredaktionen tatsächlich in wesentli-

---

[4] Die unterhaltende Ausrichtung der Sportberichterstattung ist jedoch nur so lange unproblematisch, wie sie politisch-gesellschaftliche oder gar moralische Fragen nicht berührt. Allerdings ist gerade die Suche nach Unterhaltung das vorherrschende Nutzungsmotiv, aus dem heraus sich potenzielle Rezipienten überhaupt dem Sport als Medieninhalt zuwenden (vgl. *Raney*, 2004, S. 53–55).

[5] Dabei ist dieser Unterhaltungsmodus keineswegs erst ein Kind des Fernsehzeitalters mit seinen Live-Übertragungen, sondern findet sich bereits in den Anfängen des modernen Sportjournalismus, wenn etwa die Etappen der Tour de France im austragenden Sport-Blatt „L'Auto“ in seitenlangen Reportagen geschildert werden und die Tour als dramatisches Ereignis mitinszenieren (vgl. *Ihle & Scharf*, 2007, S. 204).

chen Aspekten vom „Durchschnittsjournalisten" unterscheidet (vgl. jüngst *Hauer*, 2012). Insbesondere in der US-amerikanischen Journalistenforschung wird eine Sonderstellung von Sportjournalisten betont (vgl. *Wanta*, 2013, S. 84 m.w.N.). Diese Unterschiede lassen sich dahingehend interpretieren, dass Sportjournalisten eine stärker abgegrenzte Gruppe in den Redaktionen bilden als andere Redakteure, weniger Austausch mit den anderen Ressorts pflegen und auch seltener in andere Tätigkeitsgebiete wechseln (*ebd.*). Undurchlässige Gruppengrenzen können ein Faktor dafür sein, dass in der beruflichen Sozialisation ein bestimmtes Rollenselbstverständnis sich über längere Zeiträume verfestigt. In Deutschland war die teilweise Abweichung des Rollenselbstverständnisses der Sportredakteure vom Berufsverständnis in anderen Ressorts in der Vergangenheit Grund für deren Bezeichnung als „Außenseiter der Redaktion", womit insbesondere in den 1970er Jahren eine empirisch belegte Situation beschrieben wurde, die sich durch schlechtere Ausbildung, andere Berufssozialisation und anderes Berufsverständnis als in anderen Ressorts auszeichnete (vgl. *Weischenberg*, 1976). Inzwischen stellt sich hierzulande die Lage anders dar (vgl. *Weischenberg*, 1994, S. 428; *Hauer*, 2012, S. 50–55) – teilweise ist sogar vom Sportjournalisten als dem „Aufsteiger" der Redaktion (vgl. *Görner*, 1995) und einem „Star" der gesamten Branche (*Meyen & Riesmeyer*, 2009, S. 164 sowie S. 171–172) die Rede.[6]

Die Hinweise darauf, dass sich Deutschlands Sportjournalisten von ihren Kolleginnen und Kollegen der anderen Ressorts unterscheiden, lassen sich mit der oben beschriebenen „Doppelnatur" von Sport als Medieninhalt erklären. So betonen etwa Weischenberg, Malik und Scholl (2006), dass 69 Prozent der Sportjournalisten der Aussage zustimmen, sie wollten „dem Publikum Unterhaltung und Entspannung bieten", was insgesamt über alle Ressorts aber nur 37 Prozent der Journalisten genauso sehen (vgl. *Weischenberg et al.*, 2006, S. 279–284; auch *Kolb*, 2009, S. 58). Noch deutlichere Unterschiede ergeben sich bei solchen Aussagen, die wohl als typisch für „kritischen" bzw. „aufklärerischen" Journalismus angesehen werden können. Während 24 Prozent aller Journalisten (und 32 Prozent im Politikressort) Politik, Wirtschaft und Gesellschaft kontrollieren wollen, gilt dasselbe nur für 10 Prozent der Sportjournalisten (vgl. *Weischenberg et al.*, 2006, S. 279–284; auch *Kolb*, 2009 S. 58–59; *Hauer*, 2012, S. 171–183). Die politische Tagesordnung zu beeinflussen und Themen auf die politische Agenda zu setzen, streben lediglich sechs Prozent der Sportjournalisten, aber 14 Prozent im Gesamtdurchschnitt an (vgl. *Weischenberg et al.*, 2006, S. 279–284). Andererseits wollen aber auch Sportjournalisten „Kritik an Missständen üben" (53 Prozent) und setzen dies in ihrer täglichen Arbeit auch um (zu 47 Prozent) und liegen damit nur wenig unter

[6] Erinnert sei daran, dass Sportjournalisten wie Waldemar Hartmann erfolgreiche Buchautoren und „Ikonen der Werbeindustrie" sind und eine Reihe von ehemaligen Sportjournalisten und Sportjournalistinnen inzwischen eine Karriere im Unterhaltungsjournalismus (J.B. Kerner, R. Beckmann, O. Welke) und Politikjournalismus (A. Will, M. Illner, D. Hayali) angetreten haben.

dem Durchschnitt (58 Prozent Zustimmung, 43 Prozent Umsetzung) (vgl. *Weischenberg et al.*, 2006, S. 279–284; auch *Hauer*, 2012, S. 188–192).[7]
Die meisten Untersuchungen zu Sportjournalisten zeigen,[8] dass ein Verständnis als neutrale Informationsinstanz an erster Stelle steht, das Anbieten von „Unterhaltung und Entspannung" aber an zweiter Stelle folgt und stärker ausgeprägt ist als in den übrigen Ressorts. Insofern „kann man vermuten, dass es Sportjournalisten nicht nur um die ‚harte Information' und die ‚seichte Unterhaltung' geht, sondern dass sie auch ‚unterhaltend informieren' und/oder ‚informativ unterhalten' wollen" (*Schaffrath*, 2010, S. 259).

Von besonderer Bedeutung dürfte das Verhältnis der Sportjournalisten zum Gegenstand ihrer Berichterstattung sein, das an vielen Stellen als undistanziert kritisiert wird (vgl. *Hauer*, 2012; *Kautz*, 2011, S. 122–123; *Leyendecker*, 2009; *Meyen & Riesmeyer*, 2009, S. 168). Eine Ausdehnung der Dopingberichterstattung erfordert aus Sicht der meisten Journalisten größtmögliche Distanz zu den Athleten und deren Stab (vgl. *Kautz*, 2011, S. 183; *Hauer*, 2012, S. 188–194).[9]
Im vorliegenden Zusammenhang spielen die spezifischen Einstellungen von Sportjournalisten zum Gegenstandsbereich Doping eine zentrale Rolle. Laut Bette und Schimank (2006a; 2006b) gibt es im Sportjournalismus zwei gegenläufige Strömungen: Einerseits Journalisten, die Doping nicht thematisieren oder eine Thematisierung gar verhindern wollen, andererseits die „Dopingjäger", die sich offensiv für eine umfassende Berichterstattung einsetzen (vgl. *Bette & Schimank*, 2006a, S. 286). Für diese Auffassung gibt es empirische Belege (vgl. *Kautz*, 2011, S. 177–179).

Sofern die skizzierten Befunde als bedeutsam im Sinne von Abweichungen von „normativen Anforderungen" an Journalismus sind, stellt sich die Frage, auf welcher theoretischen Basis solche normativen Anforderungen zu stellen wären. Dies ist dadurch erschwert, dass es (bislang) keinen spezifischen theoretischen Rahmen für Sportkommunikation und Sportjournalismus gibt.[10] Im Folgenden wird anhand des Medialisierungsansatzes sowie der Öffentlichkeitstheorie nach Imhof gezeigt, wie solche Qualitätsansprüche begründbar sein können und was daraus für die Berichterstattung über Doping im Sport folgt.

---

[7] Hinsichtlich des Rollenselbstverständnisses von Fernseh-Sportjournalisten zeigt Schaffrath (2010), dass der Aussage, mit der eigenen Tätigkeit „den Sport zu kontrollieren", insgesamt 28 Prozent der Befragten im öffentlich-rechtlichen Rundfunk zustimmen, aber weniger als zehn Prozent der Befragten, die für privat-kommerzielle Sport-Fernsehsender arbeiten (vgl. *Schaffrath*, 2010, S. 260; auch *Meyen & Riesmeyer*, 2009, S. 169–171).

[8] Vgl. mit einer Einordnung von 14 Studien zum Berufsfeld Sportjournalismus und zur Profession Sportjournalist sowie eigenen Befunden Hauer, 2012.

[9] Vgl. mit dieser Forderung u.a. Kistner, 2004, S. 11–12; Leyendecker, 2009, S. 308–310.

[10] Stellvertretend: „There is no ‚theory of sports communication" (*Wanta*, 2013, S. 78).

Medialisierung

Unter Medialisierung werden in der Kommunikationswissenschaft Anpassungsleistungen gesellschaftlicher Teilbereiche an die Regeln des Mediensystems verstanden (*Meyen*, 2009, S. 27; *Hjrvard*, 2013, S. 8–40, insbesondere S. 17–18). Innerhalb eines breiter angelegten Begriffsverständnisses von Medialisierung[11] wird diese Anpassung als „accommodation“ bezeichnet (vgl. *Schulz*, 2004, S. 89–90). Meyen (2009, S. 23–24) sieht Medialisierung als „Medienwirkungen 2. Ordnung“ und stellt damit hinsichtlich der Ursachen von Medialisierungsprozessen darauf ab, dass sich das Verhalten und der Alltag von Menschen, Organisationen, Institutionen und Systemen ändert, wenn Akteure davon ausgehen, dass Massenmedien nicht wirkungslos sind. Medialisierung ist vor allem für den gesellschaftlichen Teilbereich Politik untersucht worden, insbesondere unter der Annahme von Veränderungen in der Politik, die sich aus Veränderungen in den Medien erklären lassen (vgl. hierzu etwa *Vowe*, 2006, S. 442; auch *Donges*, 2005).

Orientierung an den Medien und öffentlichkeitswirksame Ausrichtung politischer Vorgänge werden häufig als negativ im Sinne eines Bedeutungsverlusts genuin politischer Strukturen und Prozesse beschrieben (vgl. etwa *Scharf*, 1997; *Kepplinger*, 2002; *Kepplinger*, 2005). Politik passt sich – folgend der Annahme, dass das Fernsehen das Leitmedium sei – an dessen (Unterhaltungs-)Logik an, was zu einer zunehmenden Entertainisierung und Boulevardisierung führt. Das heißt, Politik wird nicht nur zunehmend unterhaltsam in den Medien aufbereitet, sondern die politischen Akteure selbst richten ihr Handeln an diesen Logiken aus. Bspw. hat die Anzahl von Statements, die von Politikern gegenüber den Pressevertretern gegeben werden, in den letzten Jahrzehnten deutlich zugenommen (*Kepplinger*, 2002, S. 983). Zahlreich sind auch die Beispiele von Politikern, die den Medien Einblicke in ihr Privatleben gewähren, was die Ausrichtung an der Unterhaltungslogik besonders augenfällig macht. Diese Anpassungsleistungen dienen zuerst einem Publizitätszuwachs, dem andere Ziele wie Popularitätszuwächse, Wählersympathien und schließlich Machtgewinn nachgelagert sind.[12]

Dem systemtheoretischen Ansatz folgend fassen Marcinkowski und Steiner (2010) Medialisierung als aktiven Zugriff von Umweltsystemen des Medien-

[11] Die Tragweite des Medialisierungsansatzes (auch Mediatisierung) ist in der Kommunikationswissenschaft nicht unumstritten. Mit einem sehr weiten Kommunikations- und Medienverständnis operiert bspw. Krotz (2012, S. 26–28), während andere Autoren den kommunikationswissenschaftlich relevanten Bereich auf den von Schulz als „accomodation“ bezeichneten Wandelprozess eingrenzen (so v.a. *Meyen*, 2009, S. 27, *Donges*, 2005, S. 323, 333–335, *Kepplinger*, 2008, S. 327, *Wendelin*, 2011, S. 54). Auf diese Diskussion soll hier aber nicht weiter eingegangen werden (vgl. *Marcinkowski & Steiner*, 2010, S. 53–55; *Hjavard*, 2013, S. 12–14).

[12] Dies verweist auf Meyens Konzept von Medialisierung als Medienwirkung 2. Ordnung – die versuchte Erhöhung der eigenen Medienpräsenz durch politische Akteure folgt aus deren Annahme, dass Medien eine Wirkung (beim Wähler) haben.

systems auf dessen Leistungen, namentlich die Erzeugung öffentlicher Aufmerksamkeit (*Marcinkowski & Steiner*, 2010, S. 53). Medialisierung ist also ein Interdependenzphänomen. Interdependenz gewinnt als Folge fortschreitender funktionaler Differenzierungen an Bedeutung – und zwar ähnlich und gleichzeitig mit anderen solchen Phänomenen wie Ökonomisierung oder Verrechtlichung (*ebd.*, S. 72). Medialisierung tritt dann verstärkt auf, wenn gesellschaftliche Systeme auf öffentliche Aufmerksamkeit angewiesen sind, um ihre eigenen Funktionen und Leistungen zu erbringen (*ebd.*). Sofern dieser Bedarf auf Dauer besteht, „kann es zur strukturellen Absicherung von Zugriffschancen kommen, die sich empirisch als Medialisierungsfolgen beobachten und beschreiben lassen" (*ebd.*, S. 73). Marcinkowski und Steiner wenden sich dezidiert gegen eine ausufernde Annahme von Medienkausalität, vielmehr begrenzen sie die Wirkmacht der Medien darauf, Themen gesellschaftlicher Kommunikation mit öffentlicher Aufmerksamkeit ausstatten zu können und zwar besser als andere Systeme (*ebd.*, S. 72).

Unabhängig davon, ob Medialisierung als „aktiver Zugriff" auf massenmediale Leistungen (vgl. *ebd.*, S. 53) oder als medieninduzierter Anpassungszwang (*Kepplinger*, 2005) verstanden wird, so entsteht damit für die betroffenen gesellschaftlichen Teilbereiche ein Mehr an Publizität und öffentlicher Wahrnehmung (oder zumindest Wahrnehmbarkeit). Insofern ist zu fragen, ob verstärkte öffentliche Aufmerksamkeit den Sport positiv beeinflussen kann und zwar in dem Sinne, dass ein Mehr an Publizität auch zu größerer Transparenz und größerem Rechtfertigungsdruck innerhalb sportpolitischer Strukturen führen kann. Letztere scheinen in den letzten Jahren stärker in den journalistischen Blickpunkt zu geraten.

Die zunehmende Medialisierung ist auch in Bezug auf den Sport untersucht worden. Anders als die Politik, ist der Zuschauersport zunächst ein Unterhaltungsprodukt und Medialisierungsstrategien dienen hier vor allem ökonomischen Zielen (vgl. *Schierl*, 2004), die den Sport als Medieninhalt und Werbeträger wirtschaftlich „ausbeutbar" machen sollen (nicht nur für die Medien, sondern auch für die Sportveranstalter). Insofern lässt sich Medialisierung des Sports sowohl als Medienwirkung 2. Ordnung (im Sinne von *Meyen*, 2009) verstehen als auch als Interdependenzphänomen (nach *Marcinkowski & Steiner*, 2010). In beiden Fällen wird öffentliche Aufmerksamkeit nicht als Selbstzweck gesucht, sondern weil davon ausgegangen wird, dass sie ökonomisch positive Folgen zeitigt (für Werber und Sponsoren) bzw. weil der Sport diese Leistung besser erbringen kann, wenn er dafür auf Medien zur Herstellung von Öffentlichkeit zugreift. So schlagen Dohle und Vowe (2006) das Modell einer „Mediatisierungstreppe" vor, die verschiedene Stufen der Zunahme des Medieneinflusses auf den Sport beschreibt. Weniger modellhaft, aber im Ansatz ähnlich fasst auch Stiehler (2007, S. 6–8) das Einwirken der Medien auf den Sport. Dabei geht es im Wesentlichen um eine Steigerung der Attraktivität des Sports (bzw. einzelner Disziplinen) für die Medien bzw. das Medienpublikum. Der Sport wird demnach insoweit verändert, dass er für die (ökonomisch begründete) mediale Verwertung besser geeignet erscheint. Dies geschieht im Wesentlichen durch Versuche, das Unterhaltungserleben der Fernsehzuschauer zu steigern. Hinzu kommen Aspekte der Erhöhung des ökonomischen Nutzens des Sports für Werbepartner und Sponsoren (vgl. *Schierl*, 2004). Hierbei handelt es sich um ein relativ komplexes Gefüge gegenseitiger Abhängigkeiten, da Medialisierung einerseits durch ökonomische Kalküle vorangetrieben wird, aber andererseits auch wirtschaftlichen Nutzen ermöglicht (vgl. *Dohle & Vowe*, 2006, S. 25).

Medialisierung ist jedoch kein unausweichlicher und allumfassender Prozess, vielmehr existieren Grenzen. Solche Grenzen im Bereich des Sports sind nach Dohle und Vowe (2006) die Kontroversität, die Ökonomisierung und sportliche Eigenlogiken (S. 25–26). Damit ist gemeint, dass eine mediengerechte Änderung des Sports innerhalb der verschiedenen Einflussgruppen (Vereine, Verbände, Fans etc.) nicht unumstritten ist und etwa insbesondere aus Reihen der Anhänger (und Traditionalisten) als Kommerzialisierung kritisiert wird.[13] Ökonomische Grenzen entstehen vor allem durch Bindung an Kosten-Nutzen-Kalküle, Medialisierung müsse „sich rechnen".[14] Die wichtigste Grenze ist laut Dohle und Vowe (2006) die „Handlungslogik von Sieg und Niederlage", denn „[n]ur der authentische Sport bindet die Aufmerksamkeit der Sport-Interessierten" (S. 26).

Zu problematisieren ist an dieser Stelle, ob nicht auch mediale Eigenlogiken die Medialisierung des Sports begrenzen (können). Dies erscheint auf den ersten Blick paradox, kann aber der Fall sein, wenn kritische Berichterstattung Strukturen und Prozesse innerhalb des Sportsystems publik macht, die gerade nicht der Steigerung des Unterhaltungserlebens während der Sportrezeption dienen und auch nicht die mediale Verwertbarkeit des Sports erhöhen. Eine solche Berichterstattung braucht den „Wohlwollenskredit" (*Bette & Schimank*, 2006a) beim Sportpublikum auf und enttäuscht die Erwartungen von Politik, Wirtschaft und Medien. Augenfällig wurde dies seit 2006 am Beispiel der Tour de France, wo insbesondere in Deutschland mit Bekanntwerden der weitreichenden Dopingverstrickungen ein seit Jahren medial erfolgreiches und stark medialisiertes Produkt in Folge umfassender Dopingenthüllungen massiv in der Zuschauergunst verloren hat. Der Ausstieg der öffentlich-rechtlichen Fernsehanbieter aus der Live-Übertragung hat den Druck auf die Journalisten erhöht, ihr Rollenverständnis zu hinterfragen.

---

[13] Erinnert sei in diesem Zusammenhang an die Initiative „Pro Fans" (vgl. www.profans.de), die sich u.a. für den Erhalt von Stehplätzen in deutschen Fußballstadien einsetzt.

[14] Diese Rechnung geht zum Beispiel dann nicht auf, wenn in einer Sportart keine nationalen Sportstars (mehr) hervorgebracht werden – wie es sich im deutschen Tennis oder eine Zeitlang im Skispringen gezeigt hat.

Skandalisierung des Dopings

Ein Skandalruf rekurriert auf einen als gegeben erachteten, allgemeinverbindlichen Kanon moralischer Grundsätze. Denn die Skandalisierung eines Skandalisierten durch einen Skandalisierer markiert den Sündenfall. Darüber hinaus erlaubt die Skandalisierung eine Ausweitung des Blicks – nämlich „von der Vorderbühne des Handelns auf die Hinterbühne, von den offiziellen Rollendarstellungen für das Publikum auf die informellen, persönlichen Beziehungsspiele mit ihren freieren Norm- und Wertinterpretationen“ (*Imhof*, 2000, S. 56).

Für Imhof sind öffentliche Skandalisierungen ein Indikator des sozialen Wandels (2000, S. 57; grundlegend 2011). Dies aus vier Gründen: *Erstens* vermitteln Skandalisierungen einen Einblick in unterschiedliche politisch-soziale Kulturen, die sich als je spezifisches Verhältnis von Öffentlichkeit und Privatheit verstehen lassen. *Zweitens* spiegeln Skandalisierungen Norm- und Wertkonflikte in der Gesellschaft (in Form von Moralisierungswellen). *Drittens* verweist Skandalisierung auf den „neuen Strukturwandel der Öffentlichkeit“.[15] *Viertens* zeugen Skandalisierungen von der fortschreitenden Privatisierung der Öffentlichkeit.

Der Stellenwert von Skandalen für moderne Gesellschaften – und ihren Wandel – erklärt sich über die fünf zentralen Eigenschaften des skandalösen Sachverhalts. Erstens handelt es sich um einen genügend starken Verstoß gegen zentrale Werte oder Normen, den zweitens der Verursacher zwar zu verheimlichen versucht, der aber Unbeteiligten bekannt oder zumindest von ihnen für wahr gehalten wird. Diese Unbeteiligten missbilligen drittens außerdem den Normverstoß und äußern viertens ihre Missbilligung öffentlich. Fünftens beinhaltet die öffentliche Missbilligung wiederum für den Verursacher das Risiko einer Rufschädigung (*Böcking*, 2007, S. 503).

Inzwischen existiert eine intensive Beschäftigung mit Skandalen durch die Sozialwissenschaften und speziell die Kommunikationswissenschaft – es bleibt aber beim Schwerpunkt der Forschung auf politischen und wirtschaftlichen Skandalen. Sportskandale finden nur vereinzelt Berücksichtigung (*Böcking*, 2007, S. 502; *Hauser*, 2011, S. 207). Angesichts des hohen gesellschaftlichen Stellenwerts und der medialen Bedeutung des Sports ist dies verwunderlich – erinnert sei an die Vorbildfunktion, die Spitzensportler vor allem für Kinder und Jugendliche haben und die Präsenz von Fairness- oder Anti-Drogen-Kampagnen, die in der Regel mit einzelnen Sportlern oder ganzen Sportarten als Botschaftern verknüpft sind (*Böcking*, 2007, S. 502). Hinzu kommt, dass bei Sportskandalen die ökonomischen Gründe – die bei der Produktion immer neuer „Aufreger“ meist einen der wichtigsten Auslöser darstellen – aufgrund der Sport-Medien-Wirtschafts-Allianz besonders zum Tragen kommen.

Die von Böcking durchgeführte Analyse zeigt, dass die aus der politischen Skandalforschung bekannten Charakteristika auch für die Berichterstattung

[15] Vgl. insb. Imhof, 2011, S. 108–148.

über Sportskandale gelten. Sie weist nicht nur die typischen Thematisierungsphasen und eine deutlich negative Tendenz auf, sondern unterliegt darüber hinaus auch einer inhaltlichen Dynamik, die für die beteiligten Akteure nur schwer zu kontrollieren ist und die Eskalationstendenz eines Skandals verstärkt (*Böcking*, 2007, S. 520). Eine besondere Rolle spielen dabei die berichtenden Journalisten, die durch die Auswahl verschiedener Akteure und deren Sichtweisen einerseits sowie ihre eigenen Kommentare anderseits den Skandal aktiv vorantreiben. Einerseits ist die Aufdeckung von Missständen eine wichtige journalistische Aufgabe; andererseits birgt diese Art der Berichterstattung aber – wie die politische Skandalforschung zeigt – die Gefahr, dass dadurch auf Rezipientenseite Desillusionierung oder sogar Desinteresse erzeugt werden (*Böcking*, 2007, S. 520).

So erklärt sich, dass die Liste spektakulärer Dopingskandale nicht nur sehr lang ist, sondern Sportarten aus fast allen Bereichen des Spitzensports umfasst. Besonders, wenn erfolgreiche und international bekannte Sportler bzw. Sportstars des Dopinggebrauchs überführt werden, nimmt die mediale Skandalisierung ein Ausmaß an, das weit über die eigentliche Sportberichterstattung hinausgeht und Anlass zu breiter öffentlicher Empörung gibt (*Hauser*, 2011, S. 207–208). Diese Empörung mündete in den letzten Jahren wiederholt in einer Diskussion über die Berechtigung der (hohen) Gratifikation an individuelle Leistungserbringung, die Möglichkeiten der Leistungsgerechtigkeit, die Vergleichbarkeit der Leistung und Transparenz (der Leistungsmessung) (vgl. *Bette & Schimank*, 2006a; *Schürmann*, 2012; *Güldenpfenning*, 2012). Weil – wie Bette und Schimank (2006a; 2006b) herausgearbeitet haben – Doping die Leistungserwartungen von Politik, Wirtschaft und Medien (sowie auch Bildungsinstitutionen) enttäuscht, kommt es zum angedrohten oder tatsächlichen Ressourcenentzug, zur Distanzierung politischer und wirtschaftlicher Ressourcengeber und zu (wachsenden) Problemen bei der Nachwuchsrekrutierung.

Probleme der Dopingaufklärung

An diesem Punkt stellt sich die Frage, warum die Dopingaufklärung mit Hilfe der Sportberichterstattung sich nicht aus der Unterhaltungsfalle befreien kann. So verläuft die Dopingdiskussion in den Sportverbänden weiterhin unterkomplex und halbherzig. „Immer noch gibt es eine prekäre Dominanz naturwissenschaftlich-medizinischer Zugriffsweisen und Akteure in wichtigen Gremien, wenn es um Doping geht – was angesichts der Tatsache, dass Doping vornehmlich ein soziales Phänomen ist, zu denken geben muss. Und nach wie vor läuft die Entlarvungs- und Aufdeckungsarbeit der Medien nahezu ausschließlich täter- und skandalorientiert“ (*Bette & Schimank*, 2006b, S. 15). Die Schwierigkeiten der Dopingbekämpfung lassen sich also nicht nur auf die finanziellen, rechtlichen und logistischen Grenzen der Dopingbekämpfung zurückführen. Nach Ansicht von Bette und Schimank sind sie auch „das Resultat einer personalisierten Situationsdefinition, die den öffentlichen Dopingdiskurs hartnäckig und kontrafaktisch dominiert. Trotz flächendeckender Normverstöße wird Doping nach wie vor nahezu ausschließlich dem Fehlverhalten einzelner Menschen zugeschrieben“ (*Bette & Schimank*, 2006b, S. 21).

Weil Skandale verbale Machtkämpfe sind, indem es für die Beteiligten (Skandalisierte wie Skandalisierer) darum geht, die Öffentlichkeit von ihrer Unschuld überzeugen zu können, kommt es für die Beteiligten entscheidend darauf an, ihre Sichtweise in den Medien durchzusetzen (*Böcking*, 2007, S. 504). „Erst wenn sich vergleichbare Skandale in verschiedenen Sportarten häufen, erscheint ein genereller Effekt plausibel. Vermutlich kommt es außerdem auf die Art des Skandals sowie die vom Skandal betroffene Person an. Je stärker ein Skandal das Herz einer Sportart trifft (z.B. den fairen Wettkampf) und je wichtiger die moralische Integrität der betroffenen Person ist (z.B. die des Schiedsrichters), desto stärker sind vermutlich die negativen Auswirkungen“ (*ebd*, S. 522).

Zu Hilfe kommt ihnen dabei der Aktualitätsdruck. In den letzten Jahren ist die Sportberichterstattung deshalb deutlich „über das Spielfeld hinaus“ ausgedehnt worden – löste sich der Sportjournalismus von der (oft kritisierten) „1:0-Berichterstattung“. Theoretisch sollte mit der Ausweitung der Hintergrundberichterstattung (nachrichtenfaktorengemäß) die Aufarbeitung der Probleme des Sportsystems steigen (und zwar gemäß der Öffentlichkeitsfunktion der Medien), jedoch verbleibt sie meist im Unterhaltungsmodus.

Vor dem Hintergrund der unterschiedlichen Berufssozialisationen und Rollenverständnisse der Sportjournalisten ist auch explizit zu bedenken, dass die Dopingproblematik sich keinesfalls auf positive oder negative Proben beschränkt. Vielmehr werden viele Felder berührt, über die ein aufklärender Sportjournalismus Kenntnis besitzen muss. Das sind zunächst juristische Fragen im Feld des Sportrechts. Hinzu kommen Aspekte der dopinganalytischen Forschung. Wie ist hier der Forschungsstand, welche Testverfahren gibt es und wie verlässlich sind deren Ergebnisse? Darüber hinaus aber auch strukturelle Aspekte: Wer gibt die Dopingtests in Auftrag und bezahlt sie? Auf welche Substanzen wird überhaupt getestet? Schließlich ergibt sich aus genau diesen Fragen auch die Notwendigkeit für grundlegendes wissenschaftstheoretisches Verständnis des Falsifikationsprinzips: Der bestandene Dopingtest kann per se niemals ein Unschuldsbeweis sein. Er ist allenfalls Basis für ein Fortbestehen der Unschuldsvermutung. Das Dopingproblem stellt Sportjournalisten daher vor wesentlich differenziertere Fragen als es der binäre Code von Sieg und Niederlage tut, der nach wie vor der bestimmende Code des Sports und in der Folge auch des Sportjournalismus ist. Insofern muss die Distanz zum Gegenstand eine strukturelle sein, die sich aus Kenntnis dieser Gemengelage ergibt (und nicht daraus, kein aktiver Sportler mehr zu sein, oder immer schon Fan einer ganz anderen Mannschaft). Ein Duzverbot stellt diese Distanz nur auf der (für Zuschauer sichtbaren) Oberfläche her und kann damit allenfalls Ausdruck von kritischem Sportjournalismus sein, aber nicht seine Basis.

Wege aus der Dopingfalle?

Wenn Skandale auf bestehende gesellschaftliche Missstände verweisen, dann gehört deren Thematisierung bzw. Aufdeckung aus normativer Perspektive zu den grundlegenden gesellschaftlichen Funktionen der Medien, und dies wird auch von der Mehrzahl der Journalisten als eine ihrer zentralen Aufgaben angesehen (vgl. *Böcking*, 2007; *Imhof*, 2011). Die Tatsache, dass das Berufsverständnis der Sportjournalisten von dieser (normativen) Ausrichtung abweicht, erschwert es, einen Ausweg aus der Dopingfalle zu finden. Dies auch weil die Sportverbände weiterhin täterorientiert reagieren, die Medien skandal- und akteurszentriert berichten, Pädagogen personale Interventionen empfehlen und das Rechtssystem von der Handlungsautonomie der Subjekte ausgeht. Diese Gemengelage ist aus (sport-)soziologischer Sicht als eine strukturelle Kopplung zu bezeichnen, die trotz der Differenzen zwischen Sport, Recht, Pädagogik und den Medien einer komplexitäts-angemessenen Bearbeitung des Dopingthemas im Weg steht (*Bette & Schimank*, 2006b, S. 35). Die Medialisierung des Sports verschärft die intersystemischen Personalisierungstendenzen.

Wiewohl das eingangs erwähnte Duzverbot eine Reaktion auf die Unterhaltungsfalle ist, bleibt es eine symbolische Maßnahme. Angesichts des im vorliegenden Beitrag diskutierten Berufsverständnisses der Sportjournalisten sind weiterreichende Regelungen notwendig; so dürfen Journalisten keine PR für Verbände und Veranstalter durchführen. Eigentlich eine Selbstverständlichkeit, aber nicht nur die Fälle von Emig, Mohren und Boßdorf (vgl. *Bertling & Nieland*, 2010) zeigen die Schwierigkeiten an. Die Kritik an der „klebrige[n] Nähe zwischen Journalisten und Sportlern" (*Leyendecker*, 2006) muss auf das Verhältnis der Journalisten zur Sportpolitik und den Verbänden erweitert werden.

Schließlich ist mit Bette und Schimank (2006b) ein struktureller Ansatz zu präferieren. Angestrebt werden sollte eine Überwindung der Personenfixierung bei gleichzeitiger Reduktion der biographischen Risiken für die (Spitzen-)Sportler sowie Kontextsteuerung und Institutionalisierung der Dopingbekämpfung. Die Skandalforschung liefert zahlreiche Hinweise dafür, dass eine Krisenbewältigung mit Hilfe einer (kritischen) Öffentlichkeit möglich ist (vgl. *Imhof*, 2011). Die Überwindung der Unterhaltungsfalle läuft auf eine Bewältigung der Medialisierungseffekte hinaus – und zwar im Sinne der Stärkung des Eigensinns des Sports.

Seit einigen Jahren sind innerhalb einzelner Sportredaktionen verstärkte Anstrengungen in Richtung eines kritischen Sportjournalismus zu erkennen. Hier werden insbesondere sportpolitische Strukturen und Prozesse in den Blickpunkt gerückt und auch wirtschaftliche Verflechtungen thematisiert. Im Nachgang zur Fuentes-Affäre richtete beispielsweise die ARD eine eigene Dopingredaktion ein, die bis dahin unbekannte Dopingfälle aufdeckte und die Verantwortlichen in den Verbänden, den Trainer- wie Betreuerstäben und auch die Sportler selbst zum Handeln drängte.[16] Sollte sich dieser Trend erweitern und verstetigen, ist die Frage aufgeworfen, ob er sich theoretisch als Medialisierungsphänomen fassen lässt. Das könnte etwa der Fall sein, wenn kritischer Sportjournalismus auch die Folge einer zunehmenden Selbstbeobachtung ist. In dem Maße, wie der Einfluss der Medien auf den Sport zunimmt, nimmt die Möglichkeit ab, über Sport als eigenständiges Geschehen zu berichten. Der Produktionsprozess des Mediensports als wirtschaftliches Produkt, das auf die Medien als Vermarktungsweg angewiesen ist, muss in den Blickpunkt rücken, da die journalistische Funktion der Beobachtung von Gesellschaft anders nicht aufrechterhalten werden kann. Andernfalls würde Sportjournalismus zum bloßen Distributionswerkezug. Das gilt umso mehr als der Mediensportproduktion das Ausblenden des Produktionsprozesses inhärent ist. Die Attraktivität des TV-Sports besteht – mit Abstufungen bei verschiedenen Sportarten – gerade in dessen „Hyperrealität".[17]

Medien vergrößern durch das Verfügbarmachen von Sport als Medieninhalt die gesellschaftliche Relevanz des Sports, dieser wiederum wird medialen Logiken angepasst, um wirtschaftlichen Profit aus der gestiegenen Relevanz zu ziehen, worauf umgekehrt auch die Medien reagieren, um im Wettbewerb um Zuschauer (und ökonomischen Gewinn) von der gestiegenen Relevanz ebenfalls zu profitieren. Um in diesem Gefüge aber als Mediensystem Autonomie gegenüber Sport und Wirtschaft zu behalten, müssen Medien verstärkt die Strukturen hinter dem Sport thematisieren und in der Folge dessen auch über ihre eigene Funktion aufklären. Insofern könnte verstärkte mediale Selbstbeobachtung auch als Medialisierungsfolge beschrieben werden. Eine solche Beobachtung leisten Blogs wie bspw. die von Daniel Drepper oder Jens Weinreich[18] und Sportsendungen des Deutschlandfunks oder „sport inside" im WDR. Wenn sich diese Konzepte durchsetzen, d.h. mediale Aufmerksamkeit erhalten, kann sich Dopingberichterstattung außerhalb der Unterhaltungsfalle etablieren.

Literatur

Bellamy, R.V. (2013). Reflections on Communication and Sport: On Institutions and Strategies. *Communication and Sport, 1* (1-2), 43–54.

Bertling, C. (2009). *Sportainment. Konzeption, Produktion und Verwertung von Sport als Unterhaltungsangebot in den Medien* (Sportkommunikation, 7). Köln: Herbert von Halem.

[16] So wurde etwa durch Recherchen des Sportjournalisten (und „ARD-Dopingexperten") Hajo Seppelt der positive Dopingtest von Alberto Contador während der Tour de France bekannt und zwang die UCI, die den Test anscheinend geheim halten wollte, zum Handeln (vgl. *Stokes*, 2011).

[17] „Erst durch die Überragungstechniken kommt Spannung ins Geschehen, d.h. die Montage von Bildern erzeugt eine Spannung, die vor Ort allenfalls (bei knappen Entscheidungen) an der Ziellinie ersichtlich wird" (*Penz*, 2009, S. 104).

[18] Danieldrepper.de; Jensweinreich.de.

Bertling, C. & Nieland, J.-U. (2010). Sportevents als Werbeträger. Manipulation und Korruption sind ständige Begleiter des deutschen Sportjournalismus. *message – Internationale Zeitschrift für Journalismus, 12* (3), 86–89.

Bette, K.-H. & Schimank, U. (2006a). *Doping im Hochleistungssport. Anpassung durch Abweichung* (Edition Suhrkamp) (2., erw. Aufl.). Frankfurt am Main: Suhrkamp.

Bette, K.-H. & Schimank, U. (2006b). *Die Dopingfalle. Soziologische Betrachtungen* (XTexte). Bielefeld: Transcript.

Blaschke, R. (2011). … und nun zum Sport. *Journalist, 61* (12), 12–20.

Böcking, T. (2007). Sportskandale in der Presse. *Publizistik, 53* (4), 502–523.

Dohle, M. & Vowe, G. (2006). Der Sport auf der „Mediatisierungstreppe"? Ein Modell zur Analyse medienbedingter Veränderungen des Sports. *Medien und Erziehung, 50* (6), 18–28.

Donges, P. (2005). Medialisierung der Politik – Vorschlag einer Differenzierung. In P. Rössler & F. Krotz (Hrsg.), *Mythen der Mediengesellschaft. The media society and its myths* (S. 321–339). Konstanz: UVK.

Görner, F. (1995). *Vom Außenseiter zum Aufsteiger. Ergebnisse der ersten repräsentativen Befragung von Sportjournalisten in Deutschland.* Berlin: Vistas.

Güldenpfennig, S. (2012). *Macht und Ohnmacht der Sportidee. Sport im Spannungsfeld von Machbarkeit und Rechtfertigung* (Sport als Kultur, 10). Hildesheim: Arete-Verl.

Hauer, S. (2012). *Sportjournalismus in Deutschland. Vom Marktschreier bis zum Missionar ; das berufliche Selbstverständnis von Sportjournalisten in Deutschland* (Sportpublizistik, 8). Berlin, Münster: Lit.

Hauser, S. (2011). „Im Klub der Spitzensportler" – medienlinguistische Beobachtungen zur kontrastiven Analyse von Dopingskandalen. In K. Bulkow & C. Petersen (Hrsg.), *Skandale. Strukturen und Strategien öffentlicher Aufmerksamkeitserzeugung* (S. 207–226). Wiesbaden: VS.

Hjarvard, S. (2013). *The mediatization of culture and society*. London, New York: Routledge.

Ihle, H. & Scharf, W. (2007). Männer, Mythen, Medien – ‚Tour de France'-Berichterstattung in Deutschland. *Studies in Communication Sciences, 7* (1), 203–229.

Imhof, K. (2000). Öffentlichkeit und Skandal. In K. Neumann-Braun & S. Müller-Doohm (Hrsg.), *Medien- und Kommunikationssoziologie. Eine Einführung in zentrale Begriffe und Theorien* (Grundlagentexte Soziologie, S. 55–68). Weinheim: Juventa.

Imhof, K. (2011). *Die Krise der Öffentlichkeit. Kommunikation und Medien als Faktoren des sozialen Wandels*. Frankfurt am Main: Campus.

Kautz, F. (2011). *Blickpunkt Doping. Eine explorative Studie zu Meinungen und Einstellungen von Sportjournalisten im Bezug auf Doping, die Berichterstattung darüber und mögliche Lösungen des Dopingproblems* (Sportpublizistik, 6). Berlin, Münster: Lit.

Kepplinger, H.M. (2002). Mediatization of Politics: Theory and Data. *Journal of Communication, 52* (4), 972–986.

Kepplinger, H.M. (2005). Anpassungszwang und Unterwerfungsbereitschaft. Anmerkungen zur Mediatisierung der Politik. *Forschung & Lehre, 12* (7), 350–351.

Kepplinger, H.M. (2008). Was unterscheidet die Mediatisierungsforschung von der Medienwirkungsforschung? *Publizistik, 53* (3), 326–328.

Kistner, T. (2004). Fairness auf deutsche Art. *message – Internationale Zeitschrift für Journalismus, 6* (3), 10–14.

Kolb, S. (2009). Sportjournalisten in Deutschland. In T. Horky, T. Schauerte & J. Schwier (Hrsg.), *Sportjournalismus* (Reihe Praktischer Journalismus, 86, S. 45–62). Konstanz: UVK.

Krotz, F. (2012). Mediatisierung als Metaprozess. In J. Hagenah & H. Meulemann (Hrsg.), *Mediatisierung der Gesellschaft?* (S. 19–41). Münster, Westf.: Lit.

Leyendecker, H.J. (2006). *Klebrige Nähe. Anmerkungen zur Korruption im modernen deutschen Sportjournalismus*. Zugriff am 10. Mai 2009 unter http://www.sportjournalismus.org/images/downloads/ KIS%20202006.pdf

Leyendecker, H.J. (2009). Abpfiff. In T. Horky, T. Schauerte & J. Schwier (Hrsg.), *Sportjournalismus* (Reihe Praktischer Journalismus, 86, S. 305–312). Konstanz: UVK.

Marcinkowski, F. & Steiner, A. (2010). Was heißt „Medialisierung"? Autonomiebeschränkung oder Ermöglichung von Politik durch Massenmedien. In K. Arnold (Hrsg.), *Von der Politisierung der Medien zur Medialisierung des Politischen? Zum Verhältnis von Medien, Öffentlichkeit und Politik im 20. Jahrhundert* (S. 51–76). Leipzig: Leipziger Universitäts-Verlag.

Meyen, M. (2009). Medialisierung. *Medien & Kommunikationswissenschaft, 57* (1), 23–38.

Meyen, M. & Riesmeyer, C. (2009). *Diktatur des Publikums. Journalisten in Deutschland*. Konstanz: UVK.

Penz, O. (2009). Hyperrealität des Sports. In M. Marschik, R. Müllner, O. Penz & G. Spitaler (Hrsg.), *Sport Studies* (S. 99–111). Wien: Facultas.wuv.

Raney, A.A. (2004). Motives for Using Sport in the Media: Motivational Aspects of Sport Reception Processes. In H. Schramm (Hrsg.), *Die Rezeption des Sports in den Medien* (S. 49–74). Köln: Herbert von Halem.

Rühle, A. (2012). Programmprofile zwischen Markt und öffentlichem Interesse. Sport im Fernsehen 2011. *Media Perspektiven* (11), 555–569.

Schaffrath, M. (2010). Vermittler, Vermarkter und Verkäufer. Empirische Studie zum beruflichen Selbstverständnis von TV-Sportjournalisten. *Medien & Kommunikationswissenschaft, 58* (2), 247–267.

Scharf, W. (1997). Neo-Bonapartismus in der politischen Meinungsbildung. In H. Schatz (Hrsg.), *Machtkonzentration in der Multimediagesellschaft? Beiträge zu einer Neubestimmung des Verhältnisses von politischer und medialer Macht* (S. 119–123). Opladen: Westdt. Verl.

Schierl, T. (2004). Ökonomische Aspekte der Sportberichterstattung. Mögliche Strategien der ökonomisch motivierten Mediatisierung des Sports. In T. Schauerte & J. Schwier (Hrsg.), *Die Ökonomie des Sports in den Medien* (S. 105–126). Köln: Herbert von Halem.

Schulz, W. (2004). Reconstructing Mediatization as an Analytical Concept. *European Journal of Communication, 19* (1), 87–101.

Schürmann, V. (2011). Olympischer Anzeiger. Plädoyer, den Sport ernst zu nehmen. *Zeitschrift für Politikwissenschaft, 21* (4), 605–613.

Stiehler, H.-J. (2007). Mediensport als interdisziplinäre Herausforderung. *Leipziger Sportwissenschaftliche Beiträge, 48* (2), 3–12.

Stokes, S. (2011, 28. März). *Hajo Seppelt Interview: Lingering questions about the Contador positive*. Zugriff am 28. Februar 2013 unter http://www.velonation.com/News/ID/7930/Hajo-Seppelt-Interview-Lingering-questions-about-the-Contador-positive.aspx

Vowe, G. (2006). Mediatisierung der Politik? Ein theoretischer Ansatz auf dem Prüfstand. *Publizistik, 51* (4), 437–455.

Wanta, W. (2013). Reflections on Communication and Sport: On Reporting and Journalists. *Communication and Sport, 1* (1-2), 76–87.

Weischenberg, S. (1976). *Die Aussenseiter der Redaktion. Struktur, Funktion und Bedingungen des Sportjournalismus. Theorie und Analyse im Rahmen eines allgemeinen Konzepts komplexer Kommunikatorforschung.* Bochum: Studienverlag Brockmeyer.

Weischenberg, S. (1994). Annäherungen an die ‚Außenseiter'. Theoretische Einsichten und vergleichende empirische Befunde zu Wandlungsprozessen im Sportjournalismus. *Publizistik, 39* (4), 428–452.

Weischenberg, S., Malik, M. & Scholl, A. (2006). *Die Souffleure der Mediengesellschaft. Report über die Journalisten in Deutschland.* Konstanz: UVK.

Wendelin, M. (2011). *Medialisierung der Öffentlichkeit. Kontinuität und Wandel einer normativen Kategorie der Moderne.* Köln: Herbert von Halem.

Woratschek, H. & Schafmeister, G. (2004). Einflussfaktoren der TV-Nachfrage nach Sportübertragungen – Wettbewerb, Konsumkapital, Popularität, Spannungsgrad und Relevanz. In T. Schauerte & J. Schwier (Hrsg.), *Die Ökonomie des Sports in den Medien* (S. 61–83). Köln: Herbert von Halem.

Motivation zum und gegen Doping: Zur Struktur und Ausprägung von Gründen und Barrieren

Jens Kleinert
Psychologisches Institut, Abt. Gesundheit & Sozialpsychologie,
Deutsche Sporthochschule Köln

Zusammenfassung

Die vorliegende Studie untersucht die Strukturen und Ausprägungen der subjektiven Angaben von Athleten zu Gründen und Barrieren für den Konsum von illegalen leistungssteigernden Substanzen. Sowohl feldtheoretische (*Lewin*, 1943) als auch dissonanztheoretische Überlegungen (*Festinger*, 1957) bilden den Hintergrund der Arbeit. Es wurden 309 Sportler und 223 Sportlerinnen zwischen 12 und 33 Jahren aus unterschiedlichen Sportarten befragt. Auf der Basis vorliegender Literatur zur Dopingmotivation wurde eine 18-Item-Liste unterschiedlicher Gründe (11 Items) und Barrieren (7 Items) konstruiert. 12.6 % der Befragten gaben zu oder waren sich nicht sicher, illegale Substanzen zu nehmen. Doper gaben im Vergleich zu Nichtkonsumenten vor allem die „Kompensation negativer Umstände" als Grund für den Konsum illegaler Mittel an. Weiterhin bewerteten Doper sowohl sportliche Konsequenzen als auch soziale Barrieren weniger als Hindernisse gegen Doping als Nichtkonsumenten. Diese kognitiven Strukturen (Gründe/Barrieren) werden als das Ergebnis eines spannungs- und dissonanzreduzierenden Prozesses aufgefasst, der unter anderem dazu dient, ein moralisches Dilemma zu lösen.

Summary

The present study aims to analyse structures and amounts of athletes' self-reports on reasons and barriers for the intake of illegal performance enhancing substances. Both field theory (*Lewin*, 1943) and dissonance theory (*Festinger*, 1957) constitute the background of the present work. Participants were 309 male athletes and 223 female athletes (age 12 to 33 years) representing a wide range of different sport activities. Based on literature on doping motivation an 18-item-list containing different reasons (11 items) and barriers (7 items) was developed. 12.6 % of the participants admitted the intake of illegal substances, respectively they were not sure about the illegality of their behaviour. Compared with Non-Consumers doping athletes reported especially "compensation of negative circumstances" as a reason for the intake of illegal substances. Furthermore, doping athletes estimated sport-related consequences and social barriers less as obstacles for doping compared with Non-Consumers. This cognitive structure (reasons/barriers) is discussed as a result of a psychological process which aims to reduce tension and dissonance; this dissonance reduction is to overcome a moral dilemma.

Einleitung

Die Versuche, Athleten davon abzuhalten zu dopen, sind vielfältig. Androhung von Strafen und Sportverbot, Aufklärung, Überzeugungsarbeit, Appelle an das Moralverständnis und Fairness: Hinter diesen und ähnlichen Strategien stehen unterschiedliche Erklärungsansätze des Dopingverhaltens. Dies bedeutet, dass je nachdem, wie Dopingverhalten (oder Prävention) theoretisch erklärt und verstanden wird, es zu unterschiedlichen Strategien und Maßnahmen in der Prävention kommt. Der vorliegende Beitrag setzt sich zum Ziel, eine Brücke zwischen theoretischen Erklärungsansätzen und präventiven Maßnahmen zu schlagen und diese mit empirischen Erfahrungen zu festigen.

Der folgende einleitende Teil ist in drei Abschnitte gegliedert. Im ersten wird ein theoretischer Grundgedanke beschrieben, der menschliches Verhalten prinzipiell und hiermit auch Dopingverhalten (bzw. das Verhalten des Nichtdopens) zu verstehen hilft. Im zweiten Abschnitt wird ein motivationales Modell erläutert, welches diesen Grundgedanken aufnimmt, differenziert und dabei hilft, ihn empirisch zu fassen. Im dritten Abschnitt der Einleitung wird eine kurze Übersicht über bisherige Forschungsakzente in Richtung Dopingmotivation gegeben, die dabei helfen, eigene empirische Ergebnisse in die Forschungslandschaft einzuordnen.

Der Grundgedanke: Entspanntes (Nicht-) Dopen

Den Verhaltensweisen und Äußerungen von Dopingsündern (seien sie bloß verdächtigt oder bereits überführt) wird häufig Unverständnis entgegengebracht. Lance Armstrong, 7-facher Tour-de-France-Gewinner, bekannte sich in einem am 18. Januar 2013 veröffentlichten Interview offiziell zu seinem illegalen Dopingverhalten; zugleich schilderte er aber in diesem Interview, dass er sich zu keiner Zeit schlecht oder als Betrüger gefühlt habe. Stattdessen hätte er doch nur „Waffengleichheit“ hergestellt und hiermit in gewisser Weise für gleiche Chancen gesorgt.

Dieser scheinbare rhetorische, hiermit aber auch psychische Kunstgriff half Armstrong dabei, trotz des Bekenntnisses weiterhin zu sich selbst zu stehen und sich selbst als Person wertzuschätzen. Hätte er sein Verhalten grundlegend abgelehnt und verurteilt, hätte Armstrong hiermit vermutlich einen starken intrapsychischen Konflikt provoziert. Das heißt, er hätte dann etwas, was er selbst jahrelang getan und vor sich selbst vertreten hat, als schlecht, falsch und verwerflich dargestellt. Folglich hätte er zugleich einen großen Teil seines Selbst (nämlich seine früheren Entscheidungen, Einstellungen und Verhaltensweisen) ablehnen müssen. Ein solcher Schritt – nämlich die Ablehnung eines wichtigen Teils des Selbst – ist vermutlich für einen Menschen nicht nur emotional hoch belastend, sondern könnte sogar zu einer grundsätzlichen Gefährdung des Selbstwerts, vielleicht sogar zu einer starken psychischen Störung, führen.

Das Beispiel Armstrong zeigt, dass Doping nicht nur gesellschaftlich in einem starken Spannungsfeld steht, sondern, dass auch psychisch der Gedanke an die Einnahme illegaler leistungssteigernder Substanzen mit hohen Spannungen verbunden sein kann. Insbesondere enstehen diese Spannungen dann, wenn viele widersprüchliche Aspekte (z. B. unvereinbare Ziele, Einstellungen) zusammenkommen; dies widerspricht dem psychologischen Grundprinzip des Individuums sich als „insgesamt" spannungs- und konfliktfrei zu erleben.
„Insgesamt" steht hierbei für die Gesamtheit aller psychischen Elemente, wie zum Beispiel aktuelle Wahrnehmungen, Gefühlsregungen, Erfahrungen, Überlegungen, Gedanken (z. B. Zielsetzungen), Erinnerungen, Vorstellungen, Einstellungen oder geistige Vorwegnahmen (d. h. Antizipationen). Zwischen all diesen Elementen – insofern sie eine gewisse inhaltliche und zeitliche Beziehung oder Nähe zueinander besitzen – können entweder Unstimmigkeiten und hiermit Dissonanzen bestehen oder sie lassen sich – für das Individuum selbst – stimmig und konsistent zusammenfügen. Grundlegende sozialpsychologische Theorien (insbesondere die Feldtheorie (*Lewin*, 1951; *Lewin*, 1939) und die Dissonanztheorie (*Festinger*, 1957)) bieten für diese Tendenz der Reduktion von psychischen Spannungen die Erklärungsgrundlage.

Mit Lewins Konflikttypisierung (1951) lässt sich das intrapsychische Spannungsfeld des Dopings im Wesentlichen in drei Richtungen strukturieren. Doping birgt zum einen einen starken Appetenz-Aversionskonflikt, da die Einahme illegaler Substanzen zugleich etwas sehr Positives beinhaltet (z. B. die Chance erhöht, zu gewinnen) und zum anderen etwas sehr Negatives (z. B. die Chance ertappt und bestraft zu werden). Ein weiterer Konflikt wird dann deutlich, wenn neben dem Doping das moralisch gute Verhalten betrachtet wird; beide Verhaltensweisen bergen positive Bewertungen: Doping hilft, zu gewinnen, Nichtdopen hilft, gesellschaftlichen Werten zu folgen. In der Konsequenz entsteht zwischen beiden Verhaltenstendenzen ein Appetenzkonflikt. Schließlich könnten beide Verhaltensweisen auch negativ bewertet werden (auch Nichtdopen könnte z. B. durch ein korruptes Team mit negativen Konsequenzen verbunden sein); in der Folge entsteht ein Aversionskonflikt.

Konflikte sind nicht per se als schlecht zu bewerten. Stattdessen führt eine Konfliktlösung häufig zur Weiterentwicklung und Stärkung der Persönlichkeit. So kann die Auseinandersetzung mit Doping dazu führen, dass ein Sportler sich über die für ihn persönlich relevante Bedeutung des Sports im Klaren wird (z. B. es geht nicht immer um Gewinnen, sondern darum, die eigenen Grenzen auszuloten). Das Bestehen eines (aversiv erlebten) Spannungszustandes ist in dieser Hinsicht gleichzusetzen mit einem Reiz, der Anpassung und Entwicklung hervorruft. Insofern ist Stimmigkeit, Spannungsfreiheit, Konsistenz und Balance zwar einerseits ein individuell erstrebenswerter Zustand. Andererseits würde individuelle Veränderung und Entwicklung behindert werden, wenn dieser Zustand langfristig aufrecht erhalten bliebe. Insofern sind Störung von Stimmigkeit und Konsistenz (d. h. der intrapsychische Konflikt) notwendige

Reize, die Veränderungen in Richtung von Spannungsfreiheit und Konsistenz anstoßen und hiermit der Weiterentwicklung eines Individuums dienen.

Entscheidend – und das gilt auch für die Dopingprävention – ist somit nicht psychischen Konflikten aus dem Weg zu gehen, sondern einen selbst-förderlichen Weg zu finden, Dissonanzen und die hiermit einhergehenden Spannungen zu mindern. Der Dissonanztheorie folgend, kann dies auf zwei verschiedene Arten erfolgen, nämlich die Addition konsistenter Kognitionen oder die Subtraktion dissonanter Kognitionen (*Frey & Gaska*, 1993); beide Formen sind auf den Umgang mit Doping übertragbar: „Die anderen dopen auch", „Doping gehört zum Sport" oder „ich habe es schon mehrfach gemacht" sind Beispiele für (doping-) konsistente Kognitionen. Je stärker und je häufiger derartige Kognitionen psychisch aktiv sind, desto weniger stark sind die psychischen Spannungen, die durch den Konsum illegaler leistungssteigernder Substanzen ausgelöst werden. Subtraktion doping-dissonanter Kognitionen wird erreicht, in dem die Wirkung solche Kognitionen durch andere Gedanken und Überlegungen abgeschwächt werden. Der Gedanke erwischt zu werden (doping-dissonant) wird beispielsweise abgeschwächt durch „die Substanzen sind kaum nachweisbar"; der Gedanke an unmoralisches Verhalten (doping-dissonant) wird abgeschwächt durch „ich glaube, meine Mittel stehen gar nicht auf der Liste". Wiederholte Abschwächung führt unter Umständen zur vollständigen Subtraktion dissonanter Kognitionen.

Ein letzter, sehr wesentlicher Punkt bei der Betrachtung von intrapsychischen Spannungen ist, dass Spannungen umso stärker wiegen, desto bedeutsamer die beteiligten psychischen Elemente für das Individuum sind. Wenn beispielsweise für einen Athleten Erfolg alles bedeutet (und er ihn nur durch Doping erreichen kann), zugleich aber moralische Werte in ihm fest verwurzelt sind, dann besteht ein weitaus höheres Spannungspotenzial, als wenn einer oder beide der beteiligten Elemente (d. h. Erfolgsdrang und Moral) weniger bedeutsam wären.

Da die Bedeutsamkeit psychischer Elemente mit dem Ausmaß korreliert, in dem sie in unser Selbst integriert sind, sind Spannungen zwischen stark integrierten Elementen des Selbst stärker als zwischen weniger stark integrierten. Stark integriert sind beispielsweise Gewohnheitshandlungen (weil sie zum Teil des Ich werden), identitätsbildende Eigenschaften (z. B. ein „Mann" oder eine „Mutter" sein) oder Dinge, die unsere Grundbedürfnisse (z. B. nach Autonomie streben) berühren. Wenn Doping oder Dopingprävention mit diesen stark integrierten Elementen in Verbindung kommt, kann eine starke Bindung (bei konsistenter Verbindung) oder eine starke Spannung (bei dissonanter Verbindung) auftreten.

Zusammengefasst lässt sich „entspanntes Doping" also dadurch erklären, dass doping*konsistente* (d. h. dopingverträgliche) Kognitionen vielfach und/ oder tiefgreifend integriert sind; „gute Dopingprävention" hingegen bedeutet, doping*dissonante* (d. h. dopingunverträgliche) Kognitionen tiefgreifend zu integrieren.

Doping, Internalisierung und die Selbstbestimmungstheorie

Der zuvor beschriebene Prozess der Integration von Verhalten in das Selbst wird im Rahmen der organismischen Integrationstheorie (OIT) von Deci und Ryan (1985) beschrieben. In der OIT führt organismische Integration zu mehr oder weniger starker Internalisierung von (sozial verankerten) Zielen, Gründen oder Begleitumständen eines Verhaltens. Internalisierung ist hiermit „an active, natural process in which individuals attempt to transform socially sanctioned mores or requests into personally endorsed values and self-regulations" (*Deci & Ryan*, 2000, S. 235–236). Je weniger internalisiert ein Verhalten ist, desto stärker wird das Verhalten von außen als kontrolliert erlebt. Je stärker das Verhalten und seine Umstände internalisiert sind, desto selbstbestimmter wird das Verhalten erlebt. Daher umschreiben Deci und Ryan das theoretische Gesamtkonzept ihrer Arbeit als „Selbstbestimmungstheorie".

Internalisierung, als wichtiger Prozess zu selbstbestimmten Verhalten, kann ebenso zu Doping führen wie auch zu dopingfreiem Sporttreiben. Internalisierung hin zum Doping geht beispielsweise einher mit der Übernahme stark leistungsorientierter Ziele und der gleichzeitigen Abwertung (im Sinne der Dissonanztheorie der Abschwächung und Subtraktion) moralischer Werte. Die Übereinstimmung leistungsorientierter Ziele (also sozial erwünschtes Verhalten) mit Dopingkonsum lässt sich – zumindest indirekt – auch empirisch nachzeichnen: Sportler/innen schätzen nämlich den typischen Dopingsünder als zielstrebig und tüchtig ein (*Kleinert & Jüngling*, 2010).

Internalisierung hin zu dopingfreiem Sporttreiben bedeutet, dass moralische Werte (z. B. Fairness) und leistungsferne Sinngebungen von Sport (z. B. Selbstfindung, Entwicklung sozialer Kompetenz) nicht nur als von außen vorgegebene Beweggründe wahrgenommen werden; stattdessen muss die Auseinandersetzung mit derartigen Aspekten zu ihrer tiefgreifenden Integration in das Selbst des Sportlers oder der Sportlerin führen.

Die unterschiedliche Tiefe von Verhaltensintegration beschreiben Deci und Ryan durch fünf Regulationsformen von Verhalten (*Deci & Ryan*, 2000). *External reguliert* ist Verhalten dann, wenn es lediglich wegen sinnentfremdeter Belohnung oder Bestrafung ausgeführt wird. Externales Verhalten ist somit nur wenig integriert und wird stark als von außen kontrolliert erlebt. Verzicht auf Doping Sport allein aus Angst vor Strafe oder Doping aus Angst den Teamplatz zu verlieren, sind hierfür Beispiele.

Introjizierte Regulation beschreibt die Orientierung an sozialen Normen, an Regeln der Gruppe oder auch an expliziten oder impliziten Wünschen oder Vorgaben bedeutsamer Anderer (z. B. Teamkollegen, Familie). Die hiermit verbundenen Normen, Regeln und sozialen Erwartungen sind häufig ein integraler Bestandteil des Selbst – die Integrationstiefe ist hierbei stark abhängig vom Ausmaß der Akzeptanz dieser Normen oder Regeln im Verlauf der sozialen Entwicklung. Trotzdem wird introjiziert reguliertes Verhalten eher als von außen kontrolliert als selbstbestimmt erlebt. Das Nichtdopen aufgrund eines andernfalls schlechten Gewissens (z. B. der Familie gegenüber) und das Dopen aufgrund eines wahrgenommenen Fairnessverlusts („die anderen tun es ja auch“) sind Beispiele introjizierter Regulation.

Identifizierte Regulation liegt dann vor, wenn Doping (oder Nichtdopen) als ein Verhalten eingeschätzt wird, welches Ziele, Zwecksetzungen oder Sinngebungen es zu erreichen hilft, die für das Individuum von Bedeutung sind. Doping wird somit in ein motivational-rationales subjektives Konzept eingebaut. Je besser Doping in dieses Konzept passt und je stärker dieses Konzept zum Ich der Person gehört, desto integrierter ist das Verhalten des Doping. In derselben Weise kann auch Substanzverzicht motivational-rational eingebunden sein. „Wenn ich dope, kann ich meine Grenzen nie finden“ oder „wenn ich verzichte, fühle ich mich wohler“ können kognitive Bestandteile eines dopingfreien kognitiven Konzepts sein.

Die vierte Form der Verhaltensregulation nach Deci und Ryan (2000) ist die integrierte Regulation. Bedingungen oder Konsequenzen von Verhalten sind dann so stark und tief in das Ich integriert, dass subjektiv eine Herauslösung und eigenperspektivische Betrachtung von Verhaltensumständen nicht mehr möglich ist. Das Verhalten ist hiermit ein tief integrierter Bestandteil der eigenen Persönlichkeit[1] oder Identität[1]. Verhalten hat daher keine unmittelbar fassbare Konsequenz, sondern eher die Funktion Persönlichkeit oder Identität in ihrer Stimmigkeit zu erhalten oder zu bestätigen. Doping oder Nichtdoping würde somit umgesetzt, weil ein Athlet sich so (als Doper oder Nichtdoper) sieht und definiert („ich bin eben so“).

Die zuvor genannten Regulationsformen sehen Verhalten als Funktion einer explizit oder implizit angestrebten Konsequenz. Externale Regulation strebt nach Belohnung oder Vermeidung von Bestrafung; introjizierte Regulation strebt nach Stimmigkeit mit Normen oder sozialen Werten; identifizierte

---

[1] Persönlichkeit und Identität sind aus Sicht dieser Arbeit zwei wissenschaftliche Konstruktionen, die unterschiedliche Akzente desselben Gegenstandes, nämlich des Selbst oder Ich eines Menschen betreffen. Persönlichkeit akzentuiert eher psycho-soziale und Identität eher sozio-psychische Bedingungen und Prozesse. Folgende zwei Begriffsbestimmungen machen die Vereinbarkeit dieser Sichtweisen erkennbar.

„Persönlichkeit läßt sich auffassen als der Inbegriff der einzigartigen Verhaltensweisen eines Menschen, die sich in unterschiedlichem Grade als 'individuell' beschreiben lässt; eingeschlossen ist die Vorstellung, daß alle leib-seelischen Vorgänge, alle bewußten oder unbewußten Tätigkeiten, alle Prozesse oder Zustände dieses Menschen sich zu einer Einheit integrieren, daß sie sich auf ein Ich beziehen und – dies sei hinzugefügt – daß sie eine relativ konstante, aber eine dynamische Ganzheit bilden.“ Fisseni (1998, S. 5)

Mit Simon (2004) sind Identitäten relational, sozial konstruiert, sozial strukturiert und multipel. Als relationale Konstrukte ermöglichen sie den Vergleich mit anderen Menschen und Gruppen; als soziale Konstruktion sind sie die Konsequenz sozialer Interaktion und sozialer Lernprozesse; als sozial strukturierte Konstrukte bilden Identitäten soziale und gesellschaftliche Bedingungen ab; multipel sind Identitäten schließlich deshalb, weil das Ich oder Selbst je nach Handlungskontext (z. B. Funktion und Rolle) unterschiedliche Identitäten birgt. Diese vier Aspekte zusammengefasst: „Fifth, identities have social consequences. They are a source of motivation, shape social interaction, direct individual and collective behaviour and can thus also impact on social structure.“ (*Simon*, 2004, S. 25).

Regulation folgt einem zielgerichteten und sinnvollen Handlungsplan; integrierte Regulation schließlich zielt auf die Bestägigung der Persönlichkeit oder Identität ab. Deci und Ryan (2000) bezeichnen Verhaltensweisen, die die Konsequenz von Verhalten betreffen, *extrinsisch motivierte* Verhaltensweisen. Dem steht intrinsisch motiviertes Verhalten gegenüber, die lediglich durch das Interesse am Verhalten selbst (und nicht an seiner Konsequenz) gekennzeichnet sind. Intrinsisches Dopen würde heißen, dass eine Tablette oder eine Spritze genommen wird, weil dies spannend, interessant oder insgesamt lustvoll ist. Intrinsisches Dopen ist –ebenso wie intrinsisches Nicht-Dopen– vermutlich die Ausnahme.

Zusammengefasst ist sowohl Doping als auch dopingfreies Sporttreiben die Konsequenz der Internalisierung aus vier unterschiedlich tief gehenden Regulationsprozessen (vgl. Abb. 1). Externale, introjizierte, integrierte und identifizierte Regulation beschreiben Prozesse, die mit ansteigender Stärke (Nicht-) Doping in das Selbst eines Athleten integrieren. Wichtig ist zudem, dass die vier Regulationsformen sich nicht ausschließen, sondern zeitparallel existent sein können und sich in ihrer Integrationsleistung somit ergänzen.

Forschungarbeiten zu Dopinggründen und -motiven

Internalisierung oder Integrationsprozesse sind im Rahmen der psychologischen Dopingforschung keine zentralen Themen. Trotzdem beschäftigen sich verschiedene Arbeiten, insbesondere die von Laure und Reinsberger (1995), Özdemir, Nur, Bagcivan, Bulut, Sümer und Tezeren (2005), Scarpino, Arrigo,

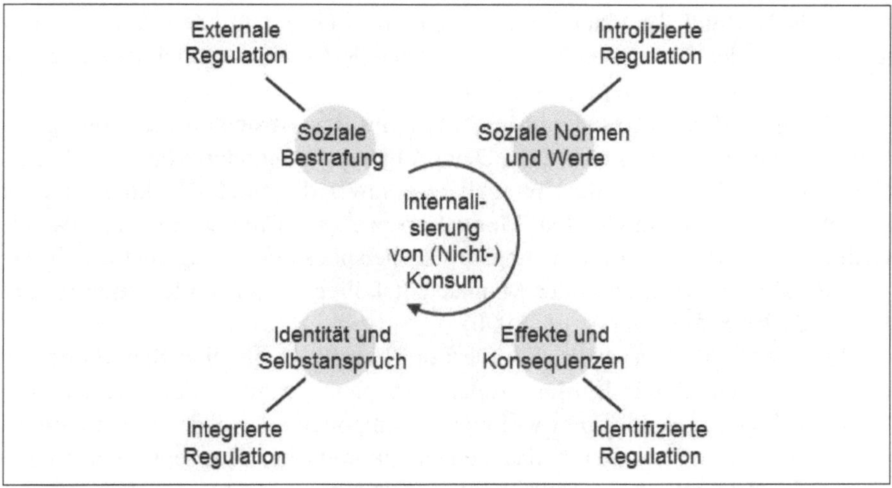

Abb. 1: *Internalisierung des Konsums oder Nicht-Konsums illegaler leistungssteigernder Substanzen als Funktion unterschiedlich stark integrierender Regulationsformen von Verhalten.*

Benzi, Garattini, La Vecchia und Bernardi (1990), Striegel, Vollkommer und Dickhuth (2002) sowie Anshel (1991) mit den Ursachen und Gründen, die im Leistungssport zur Einnahme von Dopingmitteln führen können. Während in der Arbeit von Anshel Interviews (mit 126 Athleten) durchgeführt wurden, erfolgte die Datenerfassung in den anderen Studien durch Fragebögen. Absichts- und Motivstrukturen werden in den genannten Studien sowohl aus der Eigenperspektive als auch aus der Fremdperspektive (angenommene Absichten und Motive für Doping aus der Sicht von nicht-dopenden Sportler/innen) erfasst.

Anshel (1991) unterscheidet drei Kategorien: (1) körperliche, (2) psychische und (3) soziale Bedingungen oder Motive. Diese Einteilung lässt sich auch für die in anderen Studien gefundenen Beweggründe und Ursachen für Dopingverhalten anwenden. Körperliche Absichten, die Sportler/innen mit der Einnahme von Dopingmitteln verbinden, sind vor allem Schmerzreduktion, Beschleunigung der Regeneration nach Verletzungen, Gewichtszu- oder abnahme sowie allgemein die Verbesserung der körperlichen Leistungsfähigkeit (vgl. *Anshel*, 1991; *Laure & Reinsberger*, 1995; *Özdemir et al.*, 2005; *Scarpino et al.*, 1990).

Psychische, insbesondere emotionale Beweggründe von Leistungssportlern und Leistungssportlerinnen hängen eng mit der Angst vor Misserfolg oder dem Mangel an Selbstsicherheit zusammen (*Anshel*, 1991). Häufig wird die Einnahme von leistungssteigernden Substanzen allgemein mit dem Wunsch begründet, im Wettkampf gewinnen zu wollen und sportlich erfolgreich zu sein (*Laure & Reinsberger*, 1995; *Scarpino et al.*, 1990; *Striegel et al.*, 2002). Eine genauere Differenzierung dieses allgemeinen Wunsches findet oftmals nicht statt. Als Beispiel für einen sozial orientierten Grund für den Konsum leistungssteigernder Substanzen wird der finanzielle Gewinn bezeichnet (*Laure & Reinsberger*, 1995; *Striegel et al.*, 2002).

Einige Studien befassen sich nicht nur mit den Absichten des Dopingverhaltens, sondern auch mit sozialen Determinanten. So moderieren nach Anshel (1991) die fehlende soziale Unterstützung sowie die Modellfunktion anderer Athleten und Athletinnen den Motivationsprozess. Eine weitere auslösende Bedingung ist der soziale Leistungsdruck, beispielsweise ausgelöst durch den Trainer oder die Trainerin oder Mannschaftskollegen und -kolleginnen (*Özdemir et al.*, 2005; *Scarpino et al.*, 1990).

Insgesamt gesehen, stellt sich die Forschungslage als eine Sammlung unterschiedlich denkbarer Einflussgrößen dar, ohne genauere Analyse von Zusammenhängen einzelner motivationaler Komponenten auf der Basis modelltheoretischer Ansätze. Durch das Fehlen theoretischer Konzeptionen gelingt weder eine Einbettung der untersuchten Bestimmungsgrößen in einen situativen Kontext (z. B. eine aktuelle Erfolgs-/Misserfolgslage des Athleten oder der Athletin), noch eine systematische persönlichkeitsorientierte Perspektive von Doping (z. B. Selbstsicherheit oder Ängstlichkeit).

Fragestellungen

Vor dem Hintergrund der theoretischen Vorbemerkungen und der Darstellung bisheriger Forschungsarbeiten beziehen sich die Fragestellungen der vorliegenden Arbeit auf die Ausprägungen und Strukturen von Dopinggründen und Dopingbarrieren. Zum ersten soll dargestellt werden, wie stark Gründe für Doping und Barrieren gegen Doping ausgeprägt sind, die sowohl in der Literatur als auch der Öffentlichkeit häufig erwähnt werden. Zum zweiten stellt sich die Frage nach der psychologischen Binnenstruktur (Dimensionen) solcher Gründe und Barrieren, das heißt nach strukturgebenden Zusammenhängen der einzelnen Gründe oder Barrieren. Hierbei wird angenommen, dass diese Binnenstruktur bei (potenziellen) Konsumenten illegaler Substanz anders beschaffen ist als beispielsweise bei Sportlern, die keinerlei leistungssteigernde Substanzen nehmen. Zum dritten soll getestet werden, ob Unterschiede solcher Strukturen (der Motiv- und Barrieredimensionen) zwischen unterschiedlichen Konsumententypen von leistungssteigernden Substanzen (z. B. legaler Konsum, illegaler Konsum) bestehen (falls hier vergleichbare Dimensionen vorliegen). Schließlich und viertens sollen Ausprägungen der Motiv- und Barrieredimensionen zwischen unterschiedlichen Teilpopulationen (je nach Geschlecht, Alter, Sportaufwand) verglichen werden.

Methodisches Vorgehen

Untersuchungsgruppe

Es wurden 532 Sportler im Alter zwischen 12 und 33 Jahren befragt (M = 18.6, SD = 4.5). Von den Befragten waren 41.9 % weiblich; die betriebene Hauptsportart war zumeist eine Einzelsportart (53.8 %; Leichtathletik: n = 97, Schwimmen: n = 90, Radsport: n = 63, Eisschnelllauf: n = 35); 44.5 Prozent der Teilnehmer betrieben Mannschaftssport (Fußball: n = 109, Handball: n = 55, Basketball: n = 49, Volleyball: n = 14, Eishockey: n = 10). Neun Befragte betrieben sonstige Sportarten.

Ein Drittel der Befragten (34.8 %) gaben an, einem Landes- oder Bundeskader anzugehören (A-Kader: 17, B: 18, C: 39, D (D/C): 111). Im Durchschnitt trainierten die Befragten 3.8 Mal pro Woche (SD = 0.91) und waren durchschnittlich 11.7 Stunden pro Woche in ihrer Hauptsportart aktiv (SD = 5.5). Hinsichtlich des zeitlichen Sportaufwands lässt sich (mittels Clusterzentrenanalyse) eine Gruppe mit hohem Aufwand (17.7 Wochenstunden Sport an 4.4 Trainingseinheiten) und eine Gruppe mit mittlerem Aufwand (8.5 Std. an 3.4 Trainingseinheiten) unterscheiden. Aufgrund der sehr heterogenen Alters- und Sportartenstruktur ist für die Gesamtgruppe das Leistungsniveau schlecht beschreibbar; festzustellen ist allerdings, dass 34.8% der Befragten Wettkämpfe auf Bundesebene durchführten.

Erfassung von Konsum

Die Teilnehmer/innen wurden zum Konsum legaler und illegaler Substanzen befragt. Weiterhin wurde erfasst, ob sie Substanzen konsumiert haben, bei denen sie hinsichtlich der Legalität unsicher waren. Insbesondere diese Kategorie war für die vorliegende Untersuchung wichtig, da hierdurch dem/der Befragten eine Möglichkeit gegeben wird, illegales Verhalten zu kaschieren, ohne es abzustreiten. Folgende Aussagen sollten mit ‚ja' oder ‚nein' beantwortet werden: „Ich selbst habe schon einmal legale Tabletten, Tropfen, Spritzen oder ähnliches genommen, um meine Leistung zu optimieren", „Ich selbst habe schon einmal Mittel genommen, bei denen ich mir nicht sicher bin, ob es verbotene Mittel waren", „Ich selbst habe schon einmal verbotene, leistungssteigernde Substanzen genommen".

Erfassung von Gründen und Barrieren

Der Itempool zur Erfassung von Gründen für und Barrieren gegen Doping wurde auf der Basis zweier Quellen erstellt. Die erste Quelle waren bisherige Veröffentlichungen zum Thema Dopingmotivation und die hierin häufig genannten Gründe und Hindernisse. Die zweite Quelle war eine exemplarische Durchsicht der medialen Berichterstattung und der hierin diskutierten Gründe und Barrieren. Insgesamt wurde so ein Itempool mit 11 Items für Gründe für Doping und sieben Items für Barrieren gegen Doping erstellt.

Instruktion. Folgende Grundinstruktion leitete den Fragebogen ein: „In den nun folgenden Abschnitten geht es um *Ihre Person* selbst! Bewerten Sie die Aussagen bitte aus *Ihrer persönlichen Sicht* als Sportler/in!" (Herv. i. Original). Die weitere Instruktion zu Gründen war „Gründe *für* die Einnahme verbotener, leistungssteigernder Substanzen *wären für mich* persönlich …" (Herv. i. Original). Durch den Konjunktiv sollte erreicht werden, dass auch bei Konsumenten die Antworten aus dem expliziten Kontext des eigenen Verhalten gelöst werden. Hierdurch sollte die Wahrscheinlichkeit sozial erwünschter Antworten zugunsten spontaner (und hiermit tatsächlich persönlich relevanter) Antwortassoziationen erhöht werden. Die Instruktion zu Barrieren entsprach: „Gründe *gegen* die Einnahme verbotener, leistungssteigernder Substanzen *wären für mich* persönlich …" (Herv. i. Original).

Die Antwortskala lag zwischen 1 und 6 gegeben (1: keinesfalls, 2: nein, 3: eher nein, 4: eher ja, 5: ja, 6: in jedem Fall). Die Anwortwerte 2 und 5 geben somit bereits eine deutliche Zustimmung oder Ablehnung wider.

Statistisches Vorgehen

Alle statistischen Berechnungen wurden mit dem IBM SPSS Statistikpaket Version 21.0 durchgeführt. Motiv- und Barrieredimensionen wurden mit Hilfe von explorativen Faktorenanalysen berechnet. Kriterien für die Anzahl von Faktoren waren der Steigungsverlauf der Eigenwerte (Screeplot) sowie ein

Eigenwert >= 1 (im Falle der Faktorisierung von Barrieren wurde ein Faktor mit Eigenwert =0.99 aufgrund des Screeplots aufgenommen). Unterschiede zwischen Einzelitems und Dimensionen der Gründe und Barrieren wurden mittels ANOVA geprüft (Signifikanzschranke p<.05). Post-hoc-Tests wurden nach Bonferroni adjustiert. Unterschiede zwischen den weiteren (dichotomen) Gruppierungen (Alter, Geschlecht, Sportaufwand) wurden in einer gemeinsamen Varianzanalyse (MANOVA) berechnet.

Ergebnisse

Einnahmeverhalten

Von den Befragten nehmen 60.7 Prozent keinerlei leistungssteigernde Mittel (Abb. 2). Bei den Antworten zum Konsum waren Mehrfachantworten möglich: Ein Drittel der Sportler (34.2 %) nehmen legale Mittel zur Steigerung der Leistungsfähigkeit ein (z.B. Vitaminpräparate). Den Konsum illegaler Substanzen geben 3.2 Prozent an; weiterhin geben 10.8 Prozent an, Substanzen zu nehmen, bei denen sie sich nicht sicher sind, ob diese illegal sind (dies teilweise zusätzlich zu wissentlich illegalen Substanzen). Insgesamt sind (nach subjektiver Auskunft) 12.6 % der Befragten entweder bewusste Konsumenten illegaler Substanzen oder nehmen eine potenzielle Illegalität in Kauf. Für die weiteren Berechnungen wird dieser Einahmetyp als „potenziell illegale Konsumenten“ (PIK) bezeichnet und den beiden Einnahmetypen „legale Konsumenten“ (LK) sowie „Nicht-Konsumenten“ (NK) gegenübergestellt.

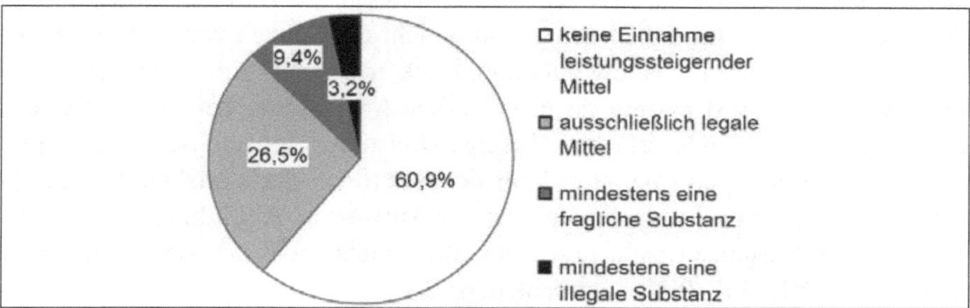

Abb. 2: *Einnahme leistungssteigernder Substanzen in der Untersuchungsgruppe (die Gruppen „mindestens eine fragliche Substanz“ und „mindestens eine illegale Substanz“ werden im Konsumententyp „potenziell illegale Konsumenten“ (PIK) zusammengefasst).*

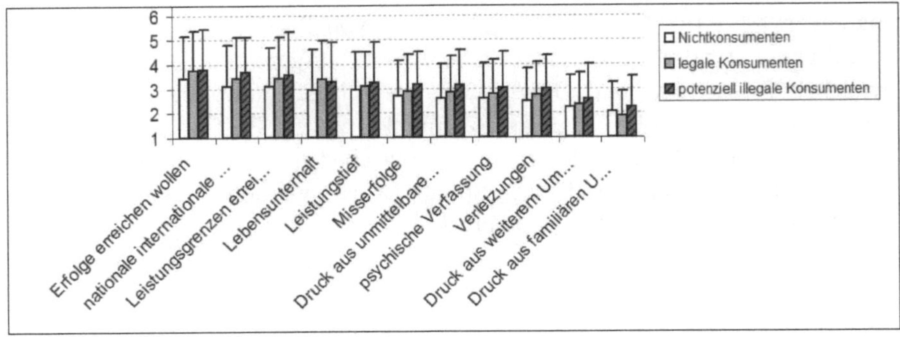

Abb. 3: *Ausprägungen der Dopinggründe bei den drei Konsumententypen* (Ordinate: 1: keinesfalls, 2: nein, 3: eher nein, 4: eher ja, 5: ja, 6: in jedem Fall).

In der Gegenüberstellung von Männern und Frauen, von hohem und mittlerem Sportaufwand, von Einzel- und Mannschaftssportlern sowie von älteren und jüngeren Sportlern ergab lediglich der letztgenannte Vergleich eine signifikant auffällige Häufigkeitsverteilung (Chi(2) = 17.934, p < .001): Volljährige Sportler/innen gehören häufiger der Gruppe LK (legal) an als Sportler/innen unter 18 Jahren (34.9 % vs. 19.2 %); für die Gruppe NK (Nichtkonsum) zeigt sich der umgekehrte Effekte (Ältere: 52.1 %; Jüngere: 68.3 %).

Ausprägungen von Dopinggründen und Dopingbarrieren

Dopinggründe. Tabelle 1 zeigt, dass die Variabilität der Ausprägungen einzelner Dopinggründe sowohl innerhalb der Gründe als auch innerhalb der Individuen sehr hoch ist. Innerhalb der Gründe reicht die Spanne von einer geringen Ausprägung bei den Items, die äußeren Druck erfassen (Familie, weiteres Umfeld; M = 2.0 – 2.3) bis hin zu eher starker Ausprägung bei Items, die leistungsorientierte Gründe erfassen (Erfolge, Leistungsgrenzen; M = 3.2 – 3.6). Die hohen Streuungen (bis zu 1.7 auf der 6-stufigen Antwortskala) verdeutlichen die hohe interindividuelle Varianz der Antworten. Abbildung 3 zeigt, dass diese hohen Varianzen sich augenscheinlich nicht zwischen den Konsumentengruppen (NK, LK, PIK) unterscheiden.

Dopingbarrieren. Die intraindividuelle Variabilität der Ausprägungen einzelner Dopingbarrieren ist ähnlich hoch wie im Falle der Dopinggründe (Standardabweichungen bis zu 1.5). Zwischen den einzelnen Barrieren zeigen sich jedoch im Vergleich zu den Gründen weniger starke Unterschiede (M = 4.3 – 5.1), dies bedeutet, Barrieren werden weniger stark differenziert als Gründe. Abbildung 4 zeigt, dass das geschilderte Bild der Antwortvariabilität bei Dopingbarrieren augenscheinlich zwischen den drei Konsumentengruppen ähnlich ist.

Tab. 1: *Ausprägungen der Einzelitems zu Gründen für sowie Barrieren gegen Doping in der Gesamtgruppe (Darstellung in absteigender Reihenfolge der Mittelwerte).*

Gründe für Doping

	n	*M*	*SD*
Erfolge erreichen wollen	524	3.56	1.71
Leistungsgrenzen erreichen wollen	522	3.23	1.62
nationale internationale Spitzenposition	522	3.22	1.69
Lebensunterhalt	524	3.12	1.68
Leistungstief	523	3.08	1.53
Misserfolge	523	2.81	1.46
Druck aus unmittelbar sportlichem Umfeld	523	2.72	1.43
psychische Verfassung	523	2.71	1.45
Verletzungen	524	2.61	1.36
Druck aus weiterem Umfeld	522	2.31	1.32
Druck aus familiärem Umfeld	524	2.02	1.16

Barrieren gegen Doping

	n	*M*	*SD*
Sportschäden	528	5.12	1.22
Sperre	529	4.85	1.29
moralische Gründe	527	4.82	1.40
Erklärungsbedarf im familiären Umfeld	527	4.52	1.39
Erklärungsbedarf im sportlichen Umfeld	526	4.42	1.34
Geldstrafe	527	4.35	1.46
privatrechtliche Verfolgung	528	4.32	1.42

Motivdimensionen und Barrieredimensionen von Doping

Motivdimensionen. Für jede der drei Konsumententypen wurde eine explorative Faktorenanalyse durchgeführt. Die Stichprobeneignung war in allen Fällen gut bis sehr gut (KMO = .91, .88 und .84). Unter Berücksichtigung der beschriebenen Kriterien (Methode) wurden für Nichtkonsumenten ein Faktor, für legale Konsumenten zwei Faktoren und für potenziell illegale Konsumenten drei Faktoren extrahiert.

Bei legalen Konsumenten lässt sich eine Dimension „sozialer Druck“ abgrenzen von den übrigen Gründen. Die Ladungen dieser Items auf den zwei Faktoren unterscheiden sich zumeist deutlich (Δ_a: .13 - .77; s. Tab. 2). Die Dimension „sozialer Druck“ lässt sich auch bei potenziell illegalen Konsumenten extrahieren. Zusätzlich kann bei dieser Gruppe aber der restliche Itempool differenziert werden (s. Tab. 2). Zwei Dimensionen lassen sich identifizieren, von denen eine Dimension das „Anstreben positiver Konsequenzen“ darstellt/charakterisiert (z. B. Erfolg, Geld), und die zweite Dimension die „Kompensation negativer Umstände“ beschreibt (z. B. Misserfolg, Verletzung).

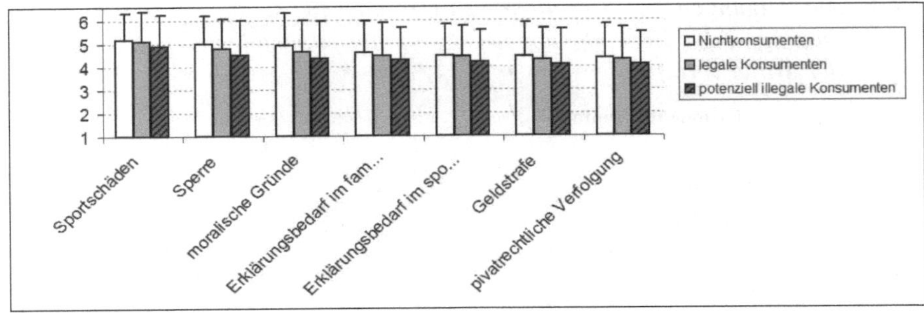

Abb. 4: *Ausprägungen der Dopingbarrieren bei den drei Konsumententypen* (Ordinate: 1: keinesfalls, 2: nein, 3: eher nein, 4: eher ja, 5: ja, 6: in jedem Fall).

Barrieredimensionen. Die Stichprobeneignung der EFAs für die Ermittlung von Barrieredimensionen waren in allen Fällen akzeptabel bis gut (KMO = .81, .73 und .73). Unter Berücksichtigung der beschriebenen Kriterien (Methode) wurden für Nichtkonsumenten ein Faktor, für legale Konsumenten zwei Faktoren und für potenziell illegale Konsumenten drei Faktoren extrahiert.

Bei legalen Konsumenten lässt sich eine Dimension „soziale Barrieren" (z. B. Erklärungsbedarf im Umfeld, Moral) abgrenzen von den übrigen Gründen (s. Tab. 3). Die Ladungen dieser Items auf den zwei Faktoren unterscheiden sich deutlich (Δ_a: .43 - .75; s. Tab. 2). Die Dimension „soziale Barrieren" lässt sich auch bei potenziell illegalen Konsumenten extrahieren. Zusätzlich kann bei dieser Gruppe aber der restliche Itempool differenziert werden (s. Tab. 3).

Tab. 2: Motivdimensionen bei legalen Konsumenten und potenziell illegalen Konsumenten (für nachfolgende Tests wurde die dreifaktorielle Struktur der Gruppe „potenzielle illegale Konsumenten" verwendet).

	Legale Konsumenten		Potenziell illegale Konsumenten		
	1	2	1	2	3
Erfolge erreichen wollen	**.835**	.172	**.880**	.339	.097
Leistungsgrenzen erreichen wollen	**.834**	.063	**.868**	.278	.062
nationale internationale Spitzenposition	**.790**	.330	**.765**	.071	.409
Lebensunterhalt	**.814**	.217	**.511**	.328	.359
Leistungstief	**.828**	.309	.398	**.821**	.120
Verletzungen	**.572**	.403	.212	**.800**	.175
psychische Verfassung	**.615**	.451	.084	**.796**	.324
Misserfolge	**.793**	.323	.396	**.706**	.353
Druck aus familiäremUmfeld	.073	**.811**	.081	.193	**.896**
Druck aus weiterem Umfeld	.250	**.789**	.188	.298	**.825**
Druck aus unmittelbar sportlichem Umfeld	.398	**.738**	.476	.256	**.676**

Anmerkung: Berichtet sind die Ladungen der Items auf den jeweiligen Faktoren bei zweifaktorieller Lösung (legale Konsumenten) und dreifaktorieller Lösung (potenziell illegale Konsumenten).

Tab. 3: Barrieredimensionen bei legalen Konsumenten und potenziell illegalen Konsumenten (für nachfolgende Tests wurde die dreifaktorielle Struktur der Gruppe „potenziell illegale Konsumenten" verwendet).

	Legale Konsumenten		Potenziell illegale Konsumenten		
	1	2	1	2	3
Erklärungsbedarf im familiären Umfeld	*.891*	.136	*.903*	.183	.206
moralische Gründe	*.674*	.238	*.823*	.373	.001
Erklärungsbedarf im sportlichen Umfeld	*.862*	.237	*.729*	.153	.438
Geldstrafe	.091	*.874*	.241	*.918*	.162
privatrechtliche Verfolgung	.166	*.887*	.270	*.891*	.182
Sportschäden	.330	*.572*	.169	.056	*.911*
Sperre	.320	*.731*	.193	.478	*.754*

Es zeigen sich zwei Dimensionen, von denen eine „negative gesetzliche Konsequenzen" (Geldstrafe, privatrechtliche Verfolgung) und die andere „negative sportliche Konsequenzen" (Sportschäden, Sperre) umfasst.

Unterschiede der Dimensionen zwischen Konsumententypen

Unterschiede der Motivdimensionen. Die Items der drei Motivdimensionen wurden jeweils zu einem Faktor zusammengefasst (Mittelwertfunktion); die Ausprägungen dieser drei Faktoren wurden zwischen den drei Konsumentengruppen verglichen. Signifikante Unterschiede zeigten sich für das „Anstreben positiver Konsequenzen" (F(2,522) = 6.607; p = .041) und die „Kompensation negativer Umstände" (F(2,521) = 8.985; p = .004). Für das „Anstreben positiver Konsequenzen" zeigten die Post-hoc-Tests, dass LK tendenziell geringfügigere Werte angaben als NK (LK: M = 3.15, SD = 1.44, NK: M = 3.48, SD = 1.45; p = .074). PIK unterschieden sich von beiden Gruppen nicht (M = 3.47, SD = 1.40). Bezogen auf die „Kompensation negativer Umstände" wiesen PIK (M = 3.24, SD = 1.20) signifikant höhere Werte auf als NK (M = 2.68, SD = 1.29, p = .003). LK unterschieden sich von beiden Gruppen nicht (M = 2.87, SD = 1.23).

Unterschiede der Barrieredimensionen. Auch die Items der drei Barrieredimensionen wurden mittels Mittelwertfunktion zu jeweils einem Faktor zusammengefasst und zwischen den drei Konsumentengruppen verglichen. Signifikante Unterschiede ergaben sich hinsichtlich sozialer Barrieren (F(2,526) = 4.155; p = .041) und sportlicher Konsequenzen (F(2,527) = 4.811; p = .008). Für soziale Barrieren zeigten die Post-hoc-Tests, dass PIK signifikant niedrigere soziale Barrieren haben (M = 4.57, SD = 1.13) als NK (M = 4.66, SD = 1.11; p = .036). LK unterschieden sich von beiden Gruppen nicht (M = 3.47, SD = 1.40). Sportliche Konsequenzen sind für PIK weniger eine Barriere (M = 4.88, SD = 1.17) als für NK (M = 5.10, SD = 1.00, p = .018). LK unterschieden sich von beiden Gruppen nicht (M = 3.47, SD = 1.40).

Unterschiede nach Geschlecht, Alter, Sportartengruppe und Sportaufwand

Im Rahmen einer MANOVA wurden Haupteffekte der Variablen Geschlecht, Alter (<18 Jahre vs. 18 Jahre und älter), Sportartengruppe (Einzel- vs. Mannschaftssport) sowie Sportaufwand (hoch vs. mittel; vgl. Beschreibung der Untersuchungsgruppe) auf die sechs Dimensionen für Dopinggründe bzw. Dopingbarrieren geprüft. Lediglich für die Variable Alter ergaben sich signifikante Haupteffekte im Bereich sozialer Barrieren (F(6,493) = 17.426, p <.001, eta2 = .034) und gesetzlicher Konsequenzen (F(6,493) = 11.411, p =.001, eta2 = .022). Jüngere Athleten schätzen soziale Barrieren (M = 4.80, SD = 1.08) und gesetzliche Konsequenzen (M = 4.59, SD = 1.27) stärker als Dopinghindernis ein als ältere Athleten (soziale Barrieren: M = 4.36, SD = 1.60; gesetzliche Konsequenzen: M = 4.06, SD = 1.40). Interaktionseffekte der vier Einflussfaktoren kommen nur selten vor und sind in diesen Fällen sehr niedrig; entsprechend werden diese Effekte mangels Relevanz und aus Platzgründen hier nicht berichtet.

Diskussion

Mit der vorliegenden Untersuchung sollten Strukturen und Ausprägungen von Gründen und Barrieren erfasst werden, die aus Sicht von Konsumenten oder Nichtkonsumenten illegaler Substanzen das Dopen oder Nichtdopen erklären. Sowohl die Strukturen als auch die Ausprägungen der Gründe und Barrieren wurden zwischen unterschiedlichen Konsumententypen verglichen, nämlich zwischen (a) Sportlern und Sportlerinnen, die angeben keinerlei leistungssteigernde Mittel nehmen, (b) Aktiven, die angeben nur legale Mittel zu nehmen und (c) Athleten, die illegale Mittel nehmen oder zumindest die Möglichkeit nicht ausschließen.

Jede oder jeder Achte der Befragten (12.6 %) gab an, illegale Mittel einzunehmen oder zumindest nicht genau zu wissen, ob die eingenommenen Mittel zur Leistungssteigerung illegal sind. Dieses "In-Kauf-Nehmen" von Illegalität kann einerseits bedeuten, dass tatsächlich Unwissenheit über die Illegalität des Mittels vorlag; es kann aber auch anderseits heißen, dass die Befragten ihr bewusst illegales Handeln nach außen maskieren wollten. Die Antwortmöglichkeit „ich weiß nicht, ob das, was ich nehme, illegal ist" wäre somit ein Weg, die häufig erwähnten Dunkelziffern von Dopingkonsum zumindest teilweise aufzuklären. Diese Dunkelziffern werden aufgrund alternativer Befragungsmethoden teils sehr hoch geschätzt. So schließen Breuer und Hallmann (*Breuer & Hallmann*, 2013) aus ihren Daten, dass über 40 Prozent der Befragten auf die Frage nach Doping keine wahrheitsgemäße Antwort abgeben.

Der selbstberichtete Dopingkonsum ist in der vorliegenden Studie weder von Geschlecht, Alter, Sportart noch Sportaufwand abhängig. Dies zeigt, dass derartige soziodemografische Daten nicht unmittelbar für bestimmte Einnahmetendenzen verantwortlich sind. Stattdessen könnten aber soziodemografische Faktoren einen *mittelbaren* Einfluss auf Konsum illegaler Mittel haben: Beispielsweise könnten das Alter oder das Geschlecht einen Zusammenhang mit Einstellungen oder Erfolgsstreben haben; letztere Faktoren würden somit den Einfluss von Alter und Geschlecht vermitteln.

Von den verschiedenen Gründen für Dopingkonsum ist vor allem das „Anstreben positiver Konsequenzen" (z. B. Erfolg, Geld) hoch ausgeprägt. Diese Art von Gründen bildet bei potenziellen Konsumenten eine eigene Antwortdimension, während sie sich bei den restlichen Befragten nicht oder nur wenig von anderen Gründen abgrenzt. Die Ergebnisse zeigen somit, dass die kognitive Struktur von Gründen bei potenziellen Dopingkonsumenten differenzierter ausgeprägt ist, als bei legalen Konsumenten; die letzteren besitzen die am wenigsten differenzierte kognitive Struktur.

Ein ähnliches Bild zeigt sich bezüglich der angegebenen Barrieren. Auch hier ist die Antwortstruktur der potenziellen Doper differenzierter aufgebaut (Unterscheidung in „soziale Barrieren", „gesetzliche Konsequenzen", „sportliche Konsequenzen") als die Struktur der legalen Konsumenten und Nichtkonsumenten.

Die ausgeprägte Differenzierung der kognitiven Struktur von potenziellen Dopern in Hinsicht auf Gründe und Barrieren könnte ein Verweis auf eine differenzierte Auseinandersetzung sein: Das heißt, Sportler/innen, die dopen (oder dies in Kauf nehmen) setzen sich stärker und genauer mit der Frage auseinander, welche Gründe und Barrieren sie für sich selbst oder andere als akzeptabel ansehen könnten. Diese differenzierte Auseinandersetzung ist somit gleichbedeutend mit einem Prozess, in dem psychische Spannungen (sensu *Lewin*, 1943) und Dissonanzen (sensu *Festinger*, 1957) aufgelöst werden. Somit wird durch genaues Abwägen von Pro und Contra ein kognitives Netzwerk geschaffen, welches die Wahrnehmung des eigenen Konsums möglichst spannungsarm in die eigene Persönlichkeit bzw. Identität einbettet. Zugleich geht dieser Prozess einher mit einer stärkeren Internalisierung von dopingassoziierten kognitiven Strukturen (entsprechend der Theorie der organismischen Integration, OIT; *Deci & Ryan*, 2000)

Hinsichtlich dieser differenzierten Struktur ergaben sich Unterschiede zwischen potenziellen Dopern und solchen Sportlern oder Sportlerinnen, die keinerlei Mittel nehmen. Doper gaben im Vergleich zu Nichtkonsumenten eher die „Kompensation negativer Umstände" als Grund für den Konsum illegaler Mittel an. Dies verdeutlicht, dass Doper (gemäß der OIT; *Deci & Ryan*, 2000) eher external reguliert sind, das heißt auf die Vermeidung negativer Ereignisse stärker fokussiert sind als auf positive Konsequenzen.

Weiterhin schätzten Doper sowohl sportliche Konsequenzen als auch soziale Barrieren weniger als Hindernisse gegen Doping ein als Nichtkonsumenten. Dies verdeutlicht, dass der Abbau von Dissonanz insbesondere dadurch erreicht wird, dass ein moralisches Dilemma gelöst wird, in dem soziale Barrieren abgewertet und zugleich die eigene missliche Lage aufgewertet wird.

Zur weiteren Entspannung wird darüber hinaus die Erwartung sportlicher Konsequenzen (z. B. Sperre), und hiermit eine mögliche Barriere, reduziert.

Aus den Ergebnissen leiten sich Implikationen für die Dopingprävention ab. Zum einen bietet die Differenzierung von Gründen und Barrieren ein systematisches Raster für Themen der Prävention, welches sich an der kognitiven Struktur potenzieller Doper orientiert. Vereinfacht gesagt, könnte sich Dopingprävention demzufolge mit den Themen beschäftigen, die den Athleten „durch den Kopf gehen". Es lässt sich vermuten, dass eine solche, am Athleten orientierte Präventionsarbeit effizienter ist, als herkömmliche Ansätze.

Zum anderen verdeutlicht die vorhergende Diskussion, dass ein erfolgsversprechender Weg von Dopingprävention sein müsste, den Prozess der kognitiven Entspannung (Dissonanzreduktion) zu unterbrechen oder im Umkehrverfahren sogar Dissonanzen (wieder) herzustellen. Dies könnte beispielsweise heißen, dass die eigene missliche Lage relativiert wird (z. B. „andere Athleten haben mit ähnlichen Problemen zu kämpfen") oder soziale Barrieren (z. B. „Erklärungsbedarf", „moralische Werte") aufgewertet werden. Solche Strategien decken sich mit der Praxis der Dopingprävention nur zum Teil. Letztendlich wäre jedoch für Praxismodelle entscheidend (z. B. durch diagnostische Zugänge), mehr über die kognitiven Strukturen und hierin liegende psychische Spannungslagen der individuellen Athleten in Erfahrung zu bringen.

Literatur

Anshel, M. H. (1991). A survey of elite athletes on the perceived causes of using banned drugs in sport. *Journal of Sport Behavior, 14,* 283–307.

Breuer, C. & Hallmann, K. (2013). *Dysfunktionen des Spitzensports. Doping, Match-Fixing und Gesundheitsgefährdung aus Sicht von Bevölkerung und Athleten.* Bonn: Eigenverlag.

Deci, E. L. & Ryan, R. M. (1985). *Intrinsic motivation and self-determination in human behavior.* New York: Plenum Press.

Deci, E. L. & Ryan, R. M. (2000). The "what" and "why" of goal pursuits. Human needs and the self-determination of behavior. *Psychological Inquiry, 11* (4), 227–268.

Festinger, L. (1957). *A theory of cognitive dissonance.* Stanford, Calif: Stanford University Press.

Fisseni, H.-J. (1998). *Persönlichkeitspsychologie. Auf der Suche nach einer Wissenschaft* (4. Aufl.). Göttingen: Hogrefe.

Frey, D. & Gaska, A. (1993). Die Theorie der kognitiven Dissonanz. In D. Frey & M. Irle (Hrsg.), *Theorien der Sozialpsychologie. Band I: Kognitive Theorien* (Bd. 1, 2. Aufl., S. 275–324). Bern: Hans Huber.

Kleinert, J. & Jüngling, S. (2010). "Typisch Doping" - Unterschiede zwischen personaler Identität und Dopingstereotypen im Alters- und Geschlechtervergleich. In I. Hartmann-Tews, B. Dahmen & D. Emberger (Hrsg.), *Gesundheit in Bewegung. Impulse aus Geschlechterperspektive* (Brennpunkte der Sportwissenschaft, Bd. 32, S. 145–151). Sankt Augustin: Academia Verlag.

Laure, P. & Reinsberger, H. (1995). Doping and high-level endurance walkers. Knowledge and representation of a prohibited practice. *Journal of Sports Medicine & Physical Fitness, 35,* 228–231.

Lewin, K. (1939). Field theory and experiment in social psychology. Concepts and methods. *American Journal of Sociology, 44* (6), 868–896.

Lewin, K. (1943). Defining the 'field at a given time'. *Psychological Review, 50* (3), 292–310.

Lewin, K. (1951). Behavior and development as a function of the total situation. In K. Lewin (ed.), *Field theory in social science. Selected theoretical papers* (S. 238–303). New York, NY: Harper & Brothers.

Özdemir, L., Nur, N., Bagcivan, I., Bulut, O., Sümer, H. & Tezeren, G. (2005). Doping and performance enhancing drug use in athletes living in Sivas, Mid-Anatolia. A brief report. *Journal of Sports Science and Medicine, 4,* 248–252.

Scarpino, V., Arrigo, A., Benzi, G., Garattini, S., La Vecchia, C., Bernardi, L. R. et al. (1990). Evaluation of prevalence of "doping" among Italian athletes. *Lancet, 336,* 1048–1050.

Simon, B. (2004). *Identity in modern society. A social psychological perspective.* Malden, MA: Blackwell.

Striegel, H., Vollkommer, G. & Dickhuth, H. H. (2002). Combating drug use in competitive sport. An analysis from the athletes' perspective. *Journal of Sports Medicine and Physical Fitness, 42,* 354–359.

Manipulation im Behindertenleistungssport: von Steigerungs- und Verhaltenstechniken

Birte Steven-Vitense und David Jaitner
Institut für Pädagogik und Philosophie,
Deutsche Sporthochschule Köln

Zusammenfassung

Im Zuge rasant voranschreitender Professionalisierung und Kommerzialisierung erscheint ein Anstieg von Manipulationsvorhaben und -fällen im Behindertenleistungssport zunehmend wahrscheinlich. Zugleich rückt das Phänomen Doping hier vermehrt in den Fokus medialer Berichterstattung. In der bislang eher spärlichen wissenschaftlichen Auseinandersetzung werden vier Aspekte als Doping markiert und diskutiert: Einnahme unerlaubter Wirkstoffe, „Boosting", unerlaubte technische Hilfsmittel sowie falsche Klassifizierung. In Abhängigkeit der Betrachtung von Doping als einer Steigerungstechnik schlagen die Autoren vor, eine absichtliche Manipulation bei der Klassifizierung nicht als Doping aufzufassen. Eine durch Verstellung erlangte falsche Klassifizierung verändert nicht die personale Leistungsfähigkeit des Athleten, sondern ordnet ihn mittels Verhaltenstechnik einer vermeintlich leistungsschwächeren Vergleichsgruppe zu. Das Verbergen von vorhandenen Funktionen und Fähigkeiten zur Erlangung eines Wettbewerbsvorteils wird anschließend in den Kontext historischer Denkfiguren der europäischen Moralistik eingeordnet.

Summary

The fast-progressing professionalization and commercialization in high performance disability sports suggests an increased likelihood for manipulation. At the same time an increased media attention on the phenomenon of doping can be observed. Scientific research which has shown only sparse interest in the topic thus far focuses and discusses four aspects of doping within disability sports: banned substances, boosting, banned equipment as well as false classification. Depending on the definition of doping as an enhancement technology, the authors suggest not to consider the intentional manipulation of the classification process as doping. A false classification obtained by dissimulation does not change the performance potential of the athlete but changes the reference group by the means of a behavioral technology. Following this differentiation proposal the concealing of existing functions and abilities in order to gain a competitive advantage is placed within the context of historical figures of thought of European Moralistic Theory.

Einleitung

Im Leistungssport der Menschen mit Behinderung zeigt sich seit einigen Jahren weltweit eine stetige Professionalisierung und Kommerzialisierung (*Anneken*, 2007). Wechselseitig bedingend manifestiert sich dieser Prozess auf der Ebene der Athleten[1] (stetig wachsende Teilnehmerzahlen und -nationen, ansteigendes Leistungsniveau, progressive Leistungsdichte), in struktureller Transformation (Organisation von Verbänden, Ausdifferenzierung von Wettkampfsystemen und Personalstäben, Internationalisierung) und ansteigender Öffentlichkeitswirksamkeit bzw. -wahrnehmung von Großereignissen[2] (*Abel & Anneken*, 2010). In Anbetracht dieser Beobachtungen liegt in Analogie zur Entwicklung des Leistungssports der Menschen ohne Behinderung die Vermutung nahe[3], dass einhergehend auch die Versuchung der Manipulation steigt, da die sozialen Anerkennungsleistungen (Prämien, Ruhm, Sponsoren usf.) einer überlegenen Leistung bzw. eines Sieges, deren Erreichen im Zuge der Professionalisierung zudem beständig schwieriger wird, zunehmen bzw. *wert*voller werden (*van de Vliet*, 2012).[4] Als Inbegriff für Leistungsmanipulation im Sport gilt so genanntes Doping. Während Doping medial bereits seit längerem als ein Phänomen (auch) des Behindertensports diskutiert wird, sind wissenschaftliche Äquivalente im paralympischen Sport rar. In den Fokus rücken vorrangig Ansätze zur Anwendung verbotener Substanzen und/oder biotechnologischer bzw. biomedizinischer Methoden laut Verbotsliste der Welt-Anti-Doping-Agentur (*Thevis, Hemmersbach, Geyer & Schänzer*, 2009) sowie das behinderungsspezifische „Boosting"[5] (*Burnham, Wheeler, Bhambhani, Belanger, Eriksson & Steadward*, 1994; *Peters*, 2006; *Bhambhani, Mactavish, Warren, Thompson, Webborn, Bressan, Tuilo de Mello, Tweedy, Malone, Frojd, van de Vliet & Vanlandewijck*, 2010). Zusätzlich offenbaren die Besonderheiten und Bedingungen des Behindertensports darüber hinaus spezifische Ansatzpunkte für Manipulationsvorhaben: Zum einen sind dies technische Hilfsmittel (Prothe-

---

[1] Aus Gründen der Lesbarkeit wird auf die Darstellung der weiblichen Form verzichtet. Die Verwendung der männlichen Form impliziert jedoch stets die gleichzeitige Berücksichtigung der weiblichen Form.

[2] Im Vergleich zu den Paralympics 2008 in Peking verzeichnete das Pendant 2012 in London einen Anstieg an verkauften Tickets von 1,8 Mio. auf 2,7 Mio., die Übertragungsquantität im deutschen Fernsehen wurde auf 65,5 Stunden verdoppelt (*Fischer*, 2012).

[3] Zu intendierten und nicht-intendierten Auswirkungen der Professionalisierung und Kommerzialisierung des (Hoch-)Leistungssports vgl. Neidhardt (1985, S. 74f.), Gugutzer (2009a, S. 7f.), Hägele (2012, S. 124ff.).

[4] Insbesondere bei den Paralympics sind Siege ein knappes Gut, da hier die Anzahl der Wettbewerbe begrenzt ist.

[5] „Boosting" bezeichnet eine Methode zur bewussten Auslösung des Zustands der autonomen Dysreflexie (AD). Autonome Dysreflexie ist eine „Überreaktion des spinalen sympathischen Nervensystems auf einen unspezifischen Reiz bei Rückenmarkläsion oberhalb von Th6 [ein Wirbel der Brustwirbelsäule], gekennzeichnet durch exzessive Blutdruckanstiege. [...] [Ein] nozizeptive[r] [schmerzempfindlicher] Reiz [stellt] den hauptsächlichen Auslösungsfaktor der AD dar" (*Dietz & Schurch*, 2005, S. 173).

sen, Rennrollstühle etc.), die als Sportgeräte fungieren (*Burkett*, 2010), zum anderen die Einteilung in Startklassen, die so genannte Klassifizierung. Insbesondere zur Einflussnahme bei der Klassifizierung dokumentiert sich ein Desiderat wissenschaftlicher Auseinandersetzung. Janke und Schüle (2006, S. 166) subsumieren in einer Arbeit zur Entstehung und Entwicklung der Paralympischen Winterspiele alle vier Bereiche gesammelt unter den Begriff des Dopings: „[...] folgende Methoden des Dopings [lassen sich im Behindertensport] unterscheiden: 1) falsche Klassifizierung 2) Einnahme unerlaubter Mittel (Dopingwirkstoffe) 3) „Boosting" (Dopingmethode) 4) „Technisches" Doping."

Hier setzt der vorliegende Beitrag an. Die Autoren stellen im Folgenden dar, warum die Klassifizierung zwar als Ansatzpunkt von Manipulation mit dem Ziel der Erhöhung der Erfolgswahrscheinlichkeit im Wettkampf ausgemacht werden kann, eine Kategorisierung in die Semantik des Dopingbegriffs per definitionem aber nicht zutrifft. Der resultierende Unterscheidungsvorschlag rekurriert dabei anschließend auf den europäischen Moralistik-Diskurs der Frühen Neuzeit. Es folgt nicht nur eine Schärfung der Terminologie, zugleich wird eine differenziertere Betrachtung von Manipulation im Behindertenleistungssport möglich.

Steigerungstechniken

In Betrachtung historischer Entwicklungen und Grenzziehungen der begrifflichen Fassung von Doping (*Haug*, 2006[6]) lässt sich Doping grundlegend als *illegitime körperliche und/oder mentale Leistungssteigerung* verstehen. Doping im Spitzensport rastet zum einen an der systeminternen Steigerungs- bzw. Maximierungslogik ein („höher, schneller, weiter") und ist zugleich moralischer *worst case*. Insofern lässt sich Doping im Spitzensport als quantitativ-maximale, aber moralisch-pessimale[7] *Steigerungstechnik* begreifen.

Die Tatsache, dass bestimmte pharmakologische Substanzen leistungssteigernd wirken, ist wissenschaftlich nachgewiesen und eine terminologische Integration unter den Dopingbegriff daher zweckmäßig. Als unerlaubte Hilfsmittel zur Leistungssteigerung gelten ausschließlich pharmakologische *Substanzen* (körpereigen oder körperfremd) und/oder biomedizinische bzw. biotechnologische Methoden, die in der jeweils aktuellen Fassung der Verbotsliste der Welt-Anti-Doping-Agentur (WADA) aufgeführt sind. Auch die für den Behindertensport spezifische Methode des „*Boosting*" lässt sich im Sinne der angeführten begrifflichen Festsetzung unzweifelhaft als Doping identifizieren: der Leistungssteigerungsgedanke ist bereits im Namen der Methode angelegt: „to boost something", etwas steigern/verstärken/fördern. Für die illegitime

---

[6] Umfassende Grundlage der rechtswissenschaftlichen Analyse aus sportethischer Sicht von *Haug* (2006) sind die begrifflichen Fassungsversuche des Deutschen Sportbundes (1952, 1970), des Europarates (1963, 1989), des Internationalen Olympischen Komitees (1967, 1999) und der Welt-Anti-Doping-Agentur (2003).

[7] In Anlehnung an *Körner* (2012).

Anwendung von behinderungsspezifischen *technischen Hilfsmitteln* im Wettkampf ist ebenfalls eine Einordnung als Doping möglich. Die Grenzziehung gedopt/nicht-gedopt entzündet sich hier an der Frage „Performance enhancement or essential for performance?“ (*Burkett*, 2010, S. 215), der Einhaltung der Wettkampfbestimmungen an das jeweilige Hilfsmittel/Sportgerät und an der (potentiellen) Zugänglichkeit zum jeweiligen Hilfsmittel. Diese Aspekte finden sich in den vier fundamentalen Prinzipien des Internationalen Paralympischen Komitees (IPC) zur Regulierung der Anwendung von behinderungsspezifischen technischen Hilfsmitteln im Wettkampf: Safety[8], Fairness, Universality und Physical Prowess markieren die Einschlusskriterien für die legitime Verwendung der Hilfsmittel. Der Aspekt der Fairness weist darauf hin, dass das Hilfsmittel den jeweiligen Wettkampfregeln entsprechen muss, Universality verweist auf die Notwendigkeit der freien Verfügbarkeit der Hauptteile des Hilfsmittels für eine ausreichend große Anzahl an Athleten unter Berücksichtigung der Kosten. Physical Prowess kennzeichnet als Einschlusskriterium das Gebot, dass die menschliche Leistungsfähigkeit der kritische Faktor für die erbrachte Leistung zu sein habe und nicht der Einfluss von Technologien oder Hilfsmitteln[9] (*International Paralympic Committee*, 2011). Für die abschließende Beantwortung der im Aspekt Physical Prowess versteckten grundlegenden Problematik „Leistungssteigerung versus Notwendigkeit“ existiert zweifelsfrei eine (wissenschaftliche) Grauzone, wie beispielsweise der Fall Oscar Pistorius eindrücklich belegt.[10]

Verhaltenstechniken

Anders als im Leistungssport nichtbehinderter Athleten trifft man im Behindertenleistungssport auf hochgradig heterogene Teilnehmerfelder: Athleten mit unterschiedlichsten körperlichen Beeinträchtigungen, Seh- oder Hörbehinderungen oder intellektuellen Einschränkungen. Die Wahrung des leistungssportlichen Wettkampfgedankens unter Gewährleistung von Chancengleichheit stellt den Behindertenleistungssport angesichts dieser Verschiedenartigkeit vor besondere Herausforderungen und macht ein System der funktionsgerechten Leistungsbewertung und Klassifikation unabdingbar (*Innenmoser*, 2004). Die

---

[8] Safety bezieht sich auf die notwendige Gewährleistung des Schutzes der Gesundheit und Sicherheit des Athleten selbst, der Konkurrenten, Kampfrichter und Zuschauer sowie die Tatsache, dass die Wettkampfstätte keinen Schaden durch das Hilfsmittel nehmen darf. Insofern ist dieser Aspekt nicht relevant für die Unterscheidung gedopt/nicht-gedopt.

[9] Automatische, computergestützte und robotische Hilfsmittel sind generell verboten.

[10] Oscar Pistorius, ein beidseitig unterschenkelamputierter Leichtathlet, startete 2011 bei den Weltmeisterschaften der nichtbehinderten Athleten und 2012 bei den Olympischen Spielen: Er hatte die Startberechtigung erhalten, nachdem wissenschaftliche Untersuchungen, die aufgrund der Befürchtungen eines Wettbewerbsvorteils in Auftrag gegeben wurden, keinen Leistungsvorteil seiner High-Tech-Karbonfaser-Prothesen feststellen konnten. Diese Startberechtigung löste eine kontroverse mediale wie auch wissenschaftliche Diskussion zur Problematik „Leistungssteigerung vs. Notwendigkeit“ aus (vgl. auch *Kehl*, 2010).

Einteilung in Startklassen, die so genannte Klassifizierung[11], erfolgt sportartspezifisch nach international festgelegten Kriterien. Bei einer Körperbehinderung werden beispielsweise medizinisch-funktionelle sowie sportartspezifisch-funktionelle Möglichkeiten des Athleten bewertet. Die Verteilung der Startklassen in den einzelnen Sportarten gestaltet sich sehr unterschiedlich. So gibt es im *Schwimmen* beispielsweise insgesamt 14 Startklassen: Zehn Kategorien für Körperbehinderungen (S1-S10, mit jeweils Differenzierungen in die Stilarten Freistil, Rücken- und Delfinschwimmen, Brustschwimmen und Lagenschwimmen), drei Klassen für Sehbehinderungen (S11-S13) und eine Klasse für geistige Behinderungen (S14). In der *Leichtathletik* nehmen Athleten aller Behinderungskategorien teil. Den übergeordneten Klassen (Sehschädigung/ Blindheit, Körperbehinderung stehend, Rollstuhlfahrer, spastische Lähmungen, geistige Behinderung) werden in der Folge jeweils numerisch Schweregrade zugeordnet (Ausmaß der Sehbehinderung, Schweregrad der frühkindlichen Hirnschädigung/Amputation bzw. anderen Körperbehinderungen/Rückenmarkverletzungen), bei geistiger Behinderung und Kleinwuchs existiert nur eine Klasse im Sinne einer Minimalvoraussetzung. Teilweise sind in einem Wettkampf mehrere Klassen zusammengelegt und der Klassenunterschied wird aus Gründen der Chancengleichheit mathematisch angeglichen. Zusätzlich werden Bahn-Wettbewerbe und technische Disziplinen unterschieden. Im *Rollstuhlbasketball* sieht das Klassifizierungssystem des Internationalen Rollstuhl-Basketball-Verbands fünf Spielerklassen mit 1 bis 4,5 Punkten vor (1 Punkt markiert die am stärksten beeinträchtigten Spieler). Während des Spiels darf die Punktsumme aller fünf Spieler auf dem Feld 14 Punkte nicht überschreiten (*Bundesinstitut für Sportwissenschaft*, 2008).

Die Klassifizierung als innerer Bedingung des Behindertenleistungssports entscheidet über die Verläufe der Sportlerkarrieren und ist damit eine wesentliche Stellgröße des Erfolgs. Durch ein bewusstes Verbergen von vorhandenen Funktionen und/oder Fähigkeiten (im Sinne eines „sich behinderter machen“ oder überhaupt erst „behindert machen“, sich also gezielt zu verstellen) bei der Klassifizierung kann der Athlet in eine für ihn vorteilhafte(re) Startklasse gelangen oder überhaupt erst eine Klassifizierung zur Teilnahme an Wettkämpfen des Behindertensports erhalten.[12] Eine derartiges Potential der Manipulation wird wie obenstehend aufgeführt von *Janke und Schüle* (2006), aber auch von verschiedenen Funktionsträgern nationaler paralympischer Verbände (*Firth*, 1999; *Kamp*, 2012) als Doping postuliert. Diese Bezeichnung scheint aller-

[11] Selektive Klassifizierung wird auch im Nichtbehindertensport praktiziert: Einteilung in Gewichtsklassen, Altersgruppen etc.

[12] Einer der bislang spektakulärsten Manipulationsfälle ereignete sich bei den Paralympics 2000 in Sydney: Die spanische Basketballmannschaft gewann die Goldmedaille in der Startklasse der Athleten mit intellektuellen Einschränkungen, später stellte sich heraus, dass zehn Athleten den nötigen IQ-Test gar nicht abgelegt hatten (*Witt*, 2000). In der Folge wurde die Startklasse für intellektuelle Einschränkungen aus dem paralympischen Programm gestrichen und erst 2012 in ausgewählten Sportarten wieder aufgenommen (*Winkler*, 2012; *Zylbersztajn*, 2012).

dings fraglich: Bei der Manipulation der Klassifizierung durch Verbergen vorhandener Funktionen und Fähigkeiten handelt es sich gerade *nicht* um eine wie oben beschriebene Steigerungstechnik, denn die Manipulation setzt gerade *nicht* an der Variable „Leistungssteigerung" an, sondern an den Rahmenbedingungen des Wettkampfes. In Individualsportarten nimmt der Athlet Einfluss auf die Variable „Vergleichsgruppe". Durch eine günstige(re) Klassifizierung tritt der Athlet gegen vermeintlich oder tatsächlich leistungsschwächere Athleten an (z. B. im Schwimmen) oder erhält für seine Leistung mehr Wertungspunkte gutgeschrieben (z. B. in der Leichtathletik) und erhöht somit seine Erfolgswahrscheinlichkeit *ohne* die eigene Leistung(sfähigkeit) verändern zu müssen. Ein Athlet einer Mannschaftssportart, der durch das Verbergen von Funktionen und/oder Fähigkeiten als „behinderter" eingeschätzt wird und in eine entsprechende Startklasse klassifiziert wird, nimmt ebenso Einfluss auf die Rahmenbedingungen des Leistungsvergleichs ohne die eigene Leistung(sfähigkeit) verändert zu haben: Er verändert das Aufstellungspotential der eigenen Mannschaft. Die Auswirkung der veränderten Aufstellung ist eine vermeintliche oder tatsächliche Steigerung der Gesamtleistung(sfähigkeit) der Mannschaft. Dementsprechend handelt es sich beim Verbergen des eigenen Könnens (Funktionen, Fähigkeiten) primär um eine *Verhaltenstechnik*, die in der Folge im Mannschaftssport (und nur dort) zu einer vermeintlichen oder tatsächlichen Verbesserung der summativen Leistungsrealität des Teams führen kann.

Verbergen und Entlarven

„The opposite of truth hath many shapes and an undefinite field."
(Montaigne, in: Zagorin 1996)

Tatsächliche Manipulation erfordert Akte und Strategien des Verbergens und Vortäuschens. In kulturwissenschaftlicher Perspektive bietet sich hier eine Anknüpfung an das der Moralistik entlehnte Begriffspaar *simulatio/dissimulatio* an. Simulatio (oder auch Simulation) bezeichnet das Vorgeben oder Vortäuschen von etwas, das tatsächlich nicht vorhanden ist, Dissimulatio (oder auch Dissimulation[13]) dagegen das Verbergen von etwas, das tatsächlich existiert (vgl. *Blamberger & Körner*, 2004). Diese beiden Konzepte, auch als Kulturtechniken bezeichnet, bilden zentrale Kategorien der praktischen Lebensklugheitslehren der Frühen Neuzeit und nahmen damals Bezug auf das höfisch-aristokratische Leben. Ein bedeutendes Werk dieser Zeit ist das „Handorakel und die Kunst der Weltklugheit" (Oráculo manual y arte prudencia) vom spanischen Jesuiten, Moralisten und Philosophen Balthasar Gracián, der in seinen

[13] Insbesondere von der Rolle der Dissimulation in menschlichen Beziehungen geht eine enorme Faszination aus, wie beispielsweise ein Blick in die Werke Shakespeares zeigt: Die falsche Darstellung des Selbst ist ein wiederkehrendes Thema in dessen Tragödien (*Zagorin*, 1996).

Werken auch insbesondere den Grundsatz bzw. das Instrument der Dissimulation aufgreift. „Die Handhabung der Dissimulation beruht bei Gracián auf der epistemologischen Voraussetzung einer scharfen Differenzierung von Sein und Schein" (*Lasinger*, 2000, S. 212). Diese Trennung von Sein und Schein „geht bei Gracián soweit, dass die strategische Disponibilität des Scheins möglich wird" (*ebd.*). Aus der „Verfügbarkeit des Scheins" (*Schröder*, 1972, S. 212) und seiner „performativen Logik" (*Körner*, 2002, S. 46) ergibt sich die Möglichkeit eines verstellungsstrategischen Zusammenspiels von Dissimulation und Simulation, welches Blamberger und Körner (2004, S. 27) in Bezug auf dopende Sportler beschreiben: „Sie haben zu verbergen, was existiert – den Tatbestand der illegitimen Leistungssteigerung in Training und/oder Wettkampf –, und müssen zugleich für sich reklamieren, wovon de facto nicht die Rede sein kann – regelkonformes Verhalten, Fairness, moralische Gesinnung i.w.S." Für die Manipulation bei der Klassifizierung trifft dieses Zusammenspiel in gleicher Weise zu, es ist lediglich der Tatbestand der illegitimen Leistungssteigerung durch den Tatbestand der vorhandenen Funktionen und Fähigkeiten zu ersetzen. Die Erfolgswahrscheinlichkeit der Manipulation ist dabei eindeutig an das Instrument der Dissimulation gekoppelt: „[A]ngesichts permanent drohender Kontrollverluste durch biochemische [oder anderweitige] Überführung und mediale [oder anderweitige] Entlarvung" (*ebd.*) erfordert es Verbergungs*kunst* (dissimulatio artis), um auf diese Art und Weise „Karriere zu machen". Die vom Moralisten Gracián in seinen Werken beschriebene Lebens- oder Weltklugheit (arte prudencia) ist dabei ein entscheidendes Element dieser Kunst[14], die zudem eine „Ökonomie des Scheins" (*ebd.*, S. 29) einschließt. In diesem Sinne wird die arte prudencia „zu einer Selbsttechnik zur Durchsetzung der Eigeninteressen" (*Lasinger*, 2000, S. 196).

Gerade bei der Manipulation mittels einer Verhaltenstechnik kommt der Habitualisierung der Verstellung eine besondere Bedeutung zu, wie das Beispiel einer sehbehinderten russischen Skilangläuferin verdeutlicht: Die Sportlerin soll bei den Paralympics 2006 in Turin nach dem Überqueren der Ziellinie (mit Begleitläuferin) ihren Kopf Richtung Anzeigetafel gedreht und daraufhin ihre Arme hochgerissen und gejubelt haben, da dort zu lesen war, dass sie eine Medaille gewonnen habe. Auch außerhalb des Wettkampfes muss die Verstellung konsequent fortgesetzt werden: Die niederländische Rollstuhlfahrerin Monique van der Vorst, zweifache Silbermedaillengewinnerin bei den Paralympics 2008 in Peking im Handbike und Sportheldin in ihrer Heimat, wurde beispielsweise beim Tanzen gesichtet: ohne Rollstuhl (*Eberle*, 2012). Zunächst rechtfertigte sie ihre Heilung als ein Wunder. Letztendlich musste die angeblich querschnittsgelähmte Sportlerin aber zugeben, dass sie die ganze Zeit habe gehen und stehen können und das Problem im Kopf und nicht im Rückenmark

14 Zum fließenden Übergang von Kunst und Strategien des Individuums schreibt *Schröder* (1972, S. 275): „Wird die Kunst zur Taktik, so kann umgekehrt die Lebenstaktik als Kunst betrachtet werden."

gelegen habe (*Grauvogl*, 2012). Die Beispiele zeigen: Einmal begonnen, erfordert Dissimulation, als eine „Strategie nach außen“ (*Lasinger*, 2000, S. 12) ein hohes Maß an Selbstkontrolle und sogar Selbstbeschränkung. Kontrollverluste, also genau jene „Momente, die habituelle Verstellung über Gebühr strapazieren, in denen die Ökonomie des Scheins nicht eingehalten wird oder eingehalten werden kann“ (*Blamberger & Körner*, 2004, S. 29), sind in diesem Fall Momente der selbst provozierten Entlarvung. Gracián bringt die an dieser Stelle notwendige Klugheit auf den Punkt: Erst sei man Herr über sich – so wird man es nachher über andere sein (*Gracián*, 1647/1992). Der organisierte Spitzensport wartet nun aber nicht nur auf eben diese Momente, in denen Selbstkontrolle zusammenbricht oder aufgegeben wird, denn dort wo Manipulation im Sport vermutet werden kann, scheinen zugleich aktive Strategien des Entlarvens erforderlich, um vor allem eines herzustellen: Vertrauen in den fairen Leistungsvergleich.

„In beiden Situationen, dem des Täuschens wie des Entlarvens, hängen ihre Erfolgsaussichten an einem speziellen Wissen, das sich wesentlich durch die Fähigkeit des Unterscheidens erzeugt“ (*Danneberg*, o.J.). Dementsprechend hängen die Erfolgsaussichten der Manipulation aus Sicht des Athleten mit dem Unterscheidungswissen (discretio) der Bewertungs- bzw. Kontrollinstanz (Dopinglabor, Kontrolleur, Klassifizier, Kampfrichter) zusammen. Doch welches Unterscheidungswissen benötigt ein Klassifizierer zur Entlarvung der Manipulation mittels einer Verhaltenstechnik, die auf der „Beschränkung der fremden Zugänglichkeit des eigenen Selbst“ (*ebd.*) basiert? In einigen Fällen löst der Rückgriff auf Technologie das Problem: Die Entwicklung eines speziellen Geräts zur Überprüfung der elektrischen Aktivität des Sehnervs entlarvte beispielsweise im Jahr 1998 die fünffache Paralympics-Siegerin im Schwimmen, Yvonne Hopf, die später sogar den Führerschein machte (*Eberle*, 2012). Wenn der Rückgriff auf Technologie nicht möglich ist, so obliegt es laut IPC Classification Code and International Standards (*International Paralympic Committee*, 2007) der Einschätzung („opinion“) des Klassifizierers bzw. des Klassifizierungsteams, ob der Athlet bewusst seine Funktionen und/oder Fähigkeiten falsch darstellt.[15] Hier zeigt eine weitere wesentliche Facette des verstellungsstrategischen Zusammenspiels und Simulation und Dissimulation: die Fähigkeit ein bestimmtes Selbstbild zu erzeugen. Je besser das Eindrucksmanagement, desto höher die Erfolgsaussichten der Manipulation. Verbergen und Entlarven sind dementsprechend aufeinander bezogen, und zwar auf eine besondere Art und Weise: „Die Kunst des Verbergens sieht Gracián in einer Wechselbeziehung zur Kunst des Entbergens, und [...] beides steigert sich im Wechselspiel“ (*Danneberg*, o.J.). Auf Manipulationen im Sport bezogen heißt dies: Weiterentwicklungen der Kontrollmechanismen führen gleichsam zu

[15] Inwieweit diese Einschätzung möglichen Protesten standhält, lässt sich nur vermuten. Stichwort: gerichtsfeste Nachweisbarkeit, insbesondere die der subjektiven Absicht des Handelnden (intentio fallendi).

Weiterentwicklungen der Verstellungs- und Verbergungsstrategien und vice versa.[16] Die Lösung des Problems wird selbst zum Problem[17] und zielt dabei vielmehr auf ein einziges Problem: das Vertrauen in das menschliche Zeugnis (*ebd.*).

Schöner Schein

Ausgehend von den strukturellen Bedingungen und Besonderheiten des Behindertenleistungssports zeigt sich, dass die Möglichkeiten der Einflussnahme zur Erlangung eines Wettbewerbsvorteils vielfältiger und teilweise komplexer als im Leistungssport der Menschen ohne Behinderung sind. In einer differenzierten Analyse der potentiellen Ansatzpunkte für Manipulation wird deutlich, dass von einer grundsätzlichen Verwendung des Doping-Begriffs im Behindertenleistungssport abgesehen werden sollte. Als Kriterium für die inhaltliche Unterscheidung Doping/Nicht-Doping ist die manipulierte Variable geltend zu machen: Nimmt der Athlet auf illegitime Weise Einfluss auf seine Leistungsfähigkeit, ist per definitionem von Doping zu sprechen, nimmt der Athlet Einfluss auf die strukturellen Rahmenbedingungen des Wettkampfes, wie beispielsweise die Vergleichsgruppe, so ist dies per definitionem nicht als Doping zu deklarieren.

Nicht jeder Ansatzpunkt ist allerdings für jeden Athleten mit Behinderung verfügbar. So fallen technische Hilfsmittel wie Prothesen beim Schwimmen grundsätzlich weg. „Boosting“ ist nur für Athleten mit Querschnittslähmung relevant. Die Klassifizierung durchlaufen zwar alle Athleten, doch nicht für alle Behinderungsarten ist das Verbergen von Funktionen und/oder Fähigkeiten überhaupt möglich. So kommt dieser Ansatzpunkt beispielsweise für Athleten mit Amputationen kaum in Frage. Einzig und allein die Manipulation durch Anwendung verbotener Substanzen und/oder biotechnologischer Methoden ist für alle verfügbar. Für den theoretischen Fall, dass ein Athlet aus den Möglichkeiten der Manipulation mittels verbotener Substanzen/Methoden oder der Manipulation bei der Klassifizierung wählen kann, so kann die Wahl der Klassifizierung als Ansatzpunkt auf jeden Fall ein Problem lösen: das der potentiellen Gesundheitsschädigung.

Wettbewerbsverschärfungen, wie eingangs für den Leistungssport der Menschen mit Behinderung beschrieben, scheinen den Einsatz von Verhaltenstechniken zu befördern (*Lethen*, 1994). Vielleicht hat der Teammanager der deutschen paralympischen Schwimmer während der Paralympischen Spiele 2012 in London deshalb die Manipulation bei der Klassifizierung als *neues* Doping angemahnt (*Kamp*, 2012). Den organisierten Behindertensport scheint

[16] „Viel Kopf ist erfordert, um den fremden auszumessen“ (*Danneberg*, o.J. bezugnehmend auf einen Ausspruch von Gracián).

[17] Diese Beobachtung findet sich beispielsweise aus soziologischer Perspektive auch bei *Gugutzer* (2009b).

dies wenig zu beunruhigen. Dieser baut – exemplarisch in persona Karl Quade, Vizepräsident Leistungssport des Deutschen Behindertensportverbandes und Leiter der deutschen Delegation bei den Paralympics 2012 – rhetorisch auf Selbstvergewisserung: „eine Querschnittslähmung ist deutlich" (*Grüling*, 2012). Wir erinnern uns an den Fall Monique van der Vorst. Schöner Schein.

Literatur

Abel, T. & Anneken, V. (2010). Behindertensport – Ein Überblick. Zu den Wurzeln, zum Verständnis und zur Organisation. *FIT: das Wissenschaftsmagazin der Deutschen Sporthochschule Köln, 15* (1), 6-13.

Anneken, V. (2007). Zum Stellenwert des Sports für Menschen mit Behinderung - Herausforderungen für den deutschen Behindertensport. In H. Deimel, G. Huber, K. Pfeifer & K. Schüle (Hrsg.), *Neue aktive Wege in Prävention und Rehabilitation* (S. 225-242). Köln: Deutscher Ärzte-Verlag.

Bhambhani, Y., Mactavish, J., Warren, S., Thompson, W. R., Webborn, A., Bressan, E., Tuilo De Mello, M., Tweedy, S., Malone, L., Frojd, K. & Vliet van de, P. (2010). Athletes with high-level spinal cord injury: knowledge, incidence and attitudes of athletes in paralympic sport. *Disability and Rehabilitation, 32* (26), 2172-2190.

Blamberger, G. & Körner, S. (2004). Moralistik/Sport. Sichtweisen einer skeptischen Anthropologie auf den 'homo sportivus'. In S. Körner & P. Frei (Hrsg.), *Medien-Sport-Kultur* (S. 13-31). St. Augustin: Academia.

Bundesinstitut für Sportwissenschaft (2008). *Das Klassifizierungssystem der paralympischen Sportarten*. Zugriff am 30. Januar 2013 unter http://www.dbs-npc.de/leistungssport-downloads.html

Burkett, B. (2010). Technology in Paralympic sport: performance enhancement or essential for performance? *British Journal of Sports Medicine, 44* (3), 215-220.

Burnham, R., Wheeler, G., Bhambhani, Y., Belanger, M., Eriksson, P. & Steadward, R. (1994). Intentational induction of automatic dysreflexia among quadriplegic athletes for performance enhancement: Efficacy, safety and mechanism of action. In R. Steadward, E. Neslon, G. Wheeler (eds.), *Vista '93 – The Outlook* (S. 224-241). Edmonton: Rick Hansen Centre.

Danneberg, L. (o.J.). *List, Lüge und die Logik von Wissen und Verstehen im 17./18.Jahrhundert*. Zugriff am 30. Januar 2013 unter http://fheh.org/projekte/hermeneutik/35/67-list-luege-und-die -logik-von-wissen-und-verstehen-im-17-18-jahrhundert

Dietz, V. & Schurch, B. (2005). Komplikationen und Spätfolgen nach Wirbelsäulen-Rückenmark-Trauma. In C.-W. Wallesch, A. Unterberg & V. Dietz (Hrsg.), *Neurotraumatologie* (S. 173-183). Stuttgart: Georg Thieme.

Eberle, L. (2012). Geborgter Rolli. *Der Spiegel, 17*, 114-116.

Firth, F. Y. (1999). Seeking missclassification: „doping" in disability sport. *British Journal of Sports Medicine, 33* (3), 152.

Fischer, J. (2012, 09. September). *Paralympics in London – glamourös, ehrgeizig, fähig*. Zugriff am 30. Januar 2013 unter http://waz.m.derwesten.de/dw/sport/paralympics/paralympics-in-london-glamouroes-ehrgeizig-faehig-id7078638.html?service=mobile

Gracián, B. (1992). *Handorakel und die Kunst der Weltklugheit*. Stuttgart: Kröner. (Original veröffentlicht 1647).

Grauvogl, A. (2012, 03. April). *Van der Vorst - "Ich habe nicht gelogen"*. Zugriff am 30. Januar 2013 unter http://www.welt.de/sport/article106153419/Van-der-Vorst-Ich-habe -nicht-gelogen.html

Grüling, B. (2012, 01. Juli). *„Eine Querschnittslähmung ist deutlich"*. Zugriff am 30. Januar 2013 unter http://www.taz.de/!96490/

Gugutzer, R. (2009a). Doping im Spitzensport der reflexiven Moderne. *Sport und Gesellschaft, 6* (1), 3-29.

Gugutzer, R. (2009b). Körperlichkeit und Leistung. Doping im Sport der reflexiven Moderne. In M. Marschik, R. Müllner, O. Penz & G. Spitaler (Hrsg.), *Sport Studies* (S. 212-224). Wien: Facultas.

Hägele, W. (2012). Hochleistungssport zwischen Ideal und Wirklichkeit. Olympischer und paralympischer Leistungssport im Vergleich. In F. Kiuppis & S. Kurzke-Maasmeier (Hrsg.), *Sport im Spiegel der UN-Behindertenrechtskonvention* (124-136). Stuttgart: Kohlhammer.

Haug, T. (2006). *Doping. Dilemma des Leistungssports. Rechtliche Gesichtspunkte unter Berücksichtigung sportethischer Argumente*. Hamburg: merus.

Innenmoser, J. (2004). Paralympics (Teil I). *Leipziger Sportwissenschaftliche Beiträge, 45* (1), S. 74-91.

International Paralympic Committee (2007). *IPC Classification Code and International Standards*. Zugriff am 30. Januar 2013 unter http://www.paralympic.org/sites/ default/files/document/120201084329386_2008_2_Classification_Code6.pdf

International Paralympic Committee (2011). *IPC Policy on Sport equipment*. Zugriff am 30. Januar 2013 unter http://www.paralympic.org/sites/default/files/document/ 120203164107739_Sec_ii_Chapter_3.10_IPC_Sport_Equipment_Policy.pdf

Janke, P. & Schüle, K. (2006). *Entstehung und Entwicklung der Paralympischen Winterspiele: Örnsköldsvik 1976 bis Turin 2006*. Bonn: Sportverlag Strauß.

Kamp, C. (2012, 08. September). *Paralympics: Fair und ungerecht*. Zugriff am 30. Januar 2013 unter http://www.faz.net/themenarchiv/sport/paralympics-2012/paralympics-fair-und-ungerecht-11882587.html

Kehl, M. (2010). Institutionalisierung des Behindertensports. Die Rolle der Medizin zwischen Stigmatisierung, Normalisierung und Body-Enhancement. In J. Schreiber, J. Förster & S. Westermann (Hrsg.), *Auf der Suche nach Antworten. 20 Jahre Forum "Medizin und Ethik"* (S. 73-82). Münster: LIT.

Körner, S. (2002). *Der Körper, sein Boom, die Theorien. Anthropologische Dimensionen zeitgenössischer Körperkonjunktur*. Berlin: WBV.

Körner, S. (2012). Doping im Spitzensport der Gesellschaft. In S. Körner & S. Schardien (Hrsg.), *Höher – Schneller – Weiter. Gentechnologisches Enhancement im Spitzensport. Ethische, rechtliche und soziale Perspektivierungen* (S. 129-148). Münster: mentis.

Lasinger, W. (2000). *Aphoristik und Intertextualität bei Baltasar Gracián: eine Strukturanalyse mit subjektgeschichtlichem Ausblick*. Tübingen: Narr.

Lethen, H. (1994). *Verhaltenslehren der Kälte*. Frankfurt am Main: Suhrkamp.

Neidhardt, F. (1985). Professionalisierung im Sport – Tendenzen, Probleme, Lösungsmuster. In G. Anders & G. Schilling (Hrsg.), *Hat der Spitzensport (noch) Zukunft?* (S. 71-81). Magglingen: Eidgenössische Turn- u. Sportschule.

Peters, C. (2006). Doping in handicapped sport. In H. Sarikaya, C. Peters, T. Schulz, M. Schönfelder & H. Michna (eds.), *Biomedical side effects of doping* (S. 245-249). München: Uni-Druck.

Schröder, G. (1972). Gracián und die spanische Moralistik. In A. Buch (Hrsg.), *Renaissance und Barock II, Neues Handbuch der Literaturwissenschaften, Band 10* (S. 257-279). Wiesbaden: Athenaion.

Thevis, M., Hemmersbach, P., Geyer, H. & Schänzer, W. (2009). Doping im Behindertensport. Dopingkontrollaktivitäten bei den Paralympischen Spielen 1984-2008 und in Deutschland 1992-2008. *Medizinische Klinik – Intensivmedizin und Notfallmedizin, 104* (12), 918-924.

Vliet van de, P. (2012). Antidoping in Paralympic Sport. *Clinical Journal of Sport Medicine, 22* (1), 21-25.

Winkler, P. (2012, 06. September). *Betrugsgefahr bei geistiger Behinderung.* Zugriff am 30. Januar 2013 unter http://www.focus.de/sport/paralympics2012/geistig-behinderte-bei-den-paralympics-die-angst-vor-dem-betrug-macht-mit_aid_809028.html

Witt, C. (2000, 04. Dezember). *Dummheit (mit Attest) siegt.* Zugriff am 30. Januar 2013 unter http://www.focus.de/sport/mehrsport/olympia-dummheit-mit-attest-siegt_aid_187130.html

Zagorin, P. (1996). The historical significance of lying and dissimulation. *Social Research, 63* (3), 863-912.

Zylbersztajn, D. (2012, 30. August). *Tiefenprüfung für die Fairness: Auch Sportler mit intellektuellen Einschränkungen sind in London dabei.* Zugriff am 30. Januar 2013 unter http://www.taz.de/!100600/

Günter Stibbe und Norbert Schulz (Hrsg.)

Lehrpläne – Grundlagen, Entwicklungen, Analysen

Brennpunkte der Sportwissenschaft Band 34

2013. 160 S. 17,50 EUR. 15,5 × 23,5 cm. ISBN: 978-3-89665-616-2

Lehrpläne als offizielle Dokumente der verantwortlichen Bildungsministerien haben vor allem die Aufgabe, Ziel- und Inhaltsentscheidungen für die einzelnen Schulfächer im bildungspolitisch gewünschten Sinn zu steuern. Das gilt auch für das Fach Sport, dessen Lehrpläne dem Fach eine verbindliche, jeweils zeitgemäße Auslegung geben und sichern wollen. In der aktuellen Lehrplangeneration geschieht das insbesondere mit Schlagworten wie „Kompetenzorientierung" und „Kernlehrplan".

Im Gegensatz zu der zweifellos wichtigen Funktion von Lehrplänen ist Lehrplan*forschung* in der dafür vornehmlich zuständigen Sportpädagogik und –didaktik ein eher noch unterentwickeltes Gebiet. Diesem Mangel wollen die im vorliegenden Band versammelten Beiträge ein Stück weit entgegenarbeiten. Sie diskutieren die Lehrplanthematik aus unterschiedlichen Perspektiven und in unterschiedlichen Kontexten (Fachdidaktik, Fachpolitik, Sport, Schule) und legen damit zugleich auch das komplexe Beziehungsgeflecht frei, in dem Lehrpläne verankert sind und in dessen Rahmen sie letztlich reflektiert werden sollten, will man ihnen umfassend gerecht werden.

Zeitfracht Medien GmbH
Ferdinand-Jühlke-Straße 7
99095 Erfurt, Deutschland
produktsicherheit@kolibri360.de